The

The True Story of A Band of Women Who Survived the Worst of Nazi Germany

鳟鱼之歌

九位女性逃出纳粹集中营的真实故事

[德]格温·施特劳斯 著　　俞琰 译

Gwen Strauss

文化发展出版社
Cultural Development Press
·北京·

图书在版编目（CIP）数据

鳟鱼之歌 ：九位女性逃出纳粹集中营的真实故事 /（德）格温 · 施特劳斯著 ；俞琰译 .— 北京 ：文化发展出版社 ,2023.9（2025.1重印）
ISBN 978-7-5142-3664-4

Ⅰ . ①九… Ⅱ . ①格… ②俞… Ⅲ . ①第二次世界大战－犹太人－集中营－史料 Ⅳ . ① K152

中国版本图书馆 CIP 数据核字 (2023) 第 052630 号

著作权合同登记号：01－2023－1626

鳟鱼之歌：九位女性逃出纳粹集中营的真实故事

著　　者：[德] 格温 · 施特劳斯
译　　者：俞　琰

出 版 人：宋　娜
策划编辑：冯语嫣　　　　责任编辑：冯语嫣
责任校对：岳智勇　　　　封面设计：梁依宁
责任印制：杨　骏
出版发行：文化发展出版社（北京市翠微路 2 号 邮编：100036）
发行电话：010－88275993　010－88275711
网　　址：www.wenhuafazhan.com
经　　销：全国新华书店
印　　刷：唐山楠萍印务有限公司

开　　本：880 mm × 1230 mm　1/32
字　　数：260 千字
印　　张：13.5
版　　次：2023 年 9 月第 1 版
印　　次：2025 年 1 月第 2 次印刷

定　　价：88.00元
I S B N：978-7-5142-3664-4

◆ 如有印装质量问题，请与我社印制部联系　电话：010－88275720

献给伊莉莎、诺亚和苏菲

我们共同走过，

在恐惧、寒冷、饥饿和希望中，

那身体和精神上的磨难。

不能再重复，哪怕对我们来说，

它被限制在永不复返的世界里。

我们一起承受的，

是我们的那段生活，那些时刻。

就像从一个人到另一个人的嬗变，

在另一生中。

——妮科尔·克拉朗斯，九姐妹之一

目录

CONTENTS

九姐妹

埃莱娜·波德利亚斯基（Hélène Podliasky），我的舅祖母，被其他八姐妹称作“克里斯蒂娜”。24 岁在法国东北部参加抵抗组织时被捕。能说五种语言，是位天才工程师。在逃亡过程中担任队长。

苏珊·莫代 / 扎扎（Suzanne Maudet / Zaza），埃莱娜高中时的朋友。22 岁在巴黎青年旅舍工作时被捕，被捕时刚与勒内结婚。自称队里的学者，战争一结束就写了本关于逃亡的书，基调乐观，于 2004 年出版。

妮科尔·克拉朗斯（Nicole Clarence）抵抗组织里的重要人物，于 22 岁生日翌日在巴黎被捕。是 1944 年 8 月巴黎解放前最后一批转移的 57 000 名战俘之一。

马德隆·费尔斯南 / 隆（Madelon Verstijnen / Lon），队里两名荷兰姑娘之一。27 岁于巴黎与同在荷兰抵抗组织的兄弟会合后被捕。她和埃莱娜是队伍里德语最娴熟的人，是前哨斥候。固执而勇敢，在 1991 年时记叙了她逃亡时的往事。

吉耶梅特·丹德尔斯 / 居居（Guillemette Daendels / Guigui），隆在荷兰时的朋友。23 岁时和隆来到巴黎，第二天便被捕。性情平和，是队伍里的外交官，后同梅娜成为挚友。

勒妮·勒邦·沙特奈 / 津卡（Renée Lebon Châtenay / Zinka），队伍里最勇敢的姑娘，在 29 岁潜入监狱营救丈夫时被捕，并在法国一处监狱分娩。是地下抵抗组织“彗星网络”（Comète network）成员，曾协助被击落的盟军士兵逃亡西班牙。

约瑟芬·博达娜瓦 / 若塞（Joséphine Bordanava / Josée），西班牙人，九姐妹中最小的，20 岁时在马赛被捕。在法国南部一家保育院里长大，是“马塞尔网络”的成员。为隐蔽的犹太儿童和抵抗组织家庭送救济包裹，因优美歌声而出名。

雅克利娜·奥贝里·杜·布莱 / 雅基（Jacqueline Aubéry du Boulley / Jacky），战争遗孀，逃亡中为白喉所苦。参加过“布鲁图斯网络”（Brutus network），29 岁时在巴黎被捕。坚韧而直率，经常畅所欲言。同妮科尔一样，也是 1944 年 8 月巴黎解放前最后一批转移的 57 000 名战俘之一。

伊冯娜·勒·吉尤 / 梅娜（Yvonne Le Guillou / Mena），巴黎的荷兰抵抗组织的一员，22 岁时被捕。风情万种又随心所欲，易于坠入爱河。巴黎工人家庭出身，但祖籍是布列塔尼。

第一章

埃莱娜

埃莱娜·波德利亚斯基｜图片来源：玛蒂娜·富尔卡德（Martine Fourcaut）

一个女人跑出队列，冲进起伏荡漾的油菜花田中。她双手把花朵从茎上扯下来，填进嘴里。虽然又乏又蒙，但每个人都看见了她的行为，恐慌像一股电流一样在女人群里快速传开。埃莱娜惊呆在原地，坐等着随之而来的枪声。可能马上就是一阵机枪扫射，把她们这一整队人都打倒——警卫经常干这样的事：对着人群无差别射击，好给她们上一课——但是什么也没发生，她只听见几千只穿木鞋的脚继续前进的踏步声。

当那个女人跑回队列里，埃莱娜看见她脸上粘着点点黄花，她在微笑。

于是另一个女人跑进花田里，拼命地尽量摘花，用她破衣服上的布头兜着。当她回到队列里以后，女人们争先恐后地挤向她，迫不及待地抢着将花吃下肚去。

她们凭什么这么侥幸？

就在昨天，埃莱娜前面隔了几队的一个可怜女人头上就挨了一枪，只是为了摘一个烂了一半的苹果。

埃莱娜四下看看，她的队列拉得很长，行列之间到处是空当，视线里没有警卫。

“快！”她立刻悄悄对雅基说，并用胳膊肘捣了她一下。

“我们说好了要等到天黑的。”雅基向她耳语道，声音又急又怕。

埃莱娜拍拍津卡的肩膀：“看，没警卫。”

“瞅着啦。”津卡点点头，抓住扎扎的手说，“这是最好的机会。”

她们走到路的拐弯处，一条土路在此交叉，旁边并列着一条深沟。埃莱娜知道机会来了：大队需要排两列前进，所以没人能发现她们的小动作。津卡、扎扎、隆、梅娜和居居在她前面，小心地蹭出队伍，然后埃莱娜带着雅基、妮科尔和若塞闪身出来。一个女人混进她们之间，停下来喊着她太累了。

“别管她了。”埃莱娜嘘道，把她的朋友们一个个拉走，“快点儿。”

她们一共九个姑娘，手拉着手，闪出队列，一个接着一个跳进沟里。她们趴在沟的最深处，沟底的土湿漉漉的。埃莱娜觉得她的心顶着肋骨狂跳，她渴坏了，甚至想舔沟底的湿泥。她不敢抬头看她们被发现没有，看她会不会在舔泥地时被一枪打死在沟里。她朝隆看去，隆正望向上面的大路。

“你看见什么了？”埃莱娜悄声道，“我们暴露了吗？”

“光看见脚了。”隆盯着望不到头的妇女队伍，从她们头上艰难跋涉过去。女人们有一半是光着脚的，有一半穿着木鞋。那些泥泞的光脚无不走得通红，流着鲜血。

隆又确认了一遍，确认没人发现她们。实际上，队伍一路上路过了许多尸体，这几个沟底的女人看上去也只不过是另一堆死人。

她们胳膊环抱在一起，心狂跳着，等着木鞋的拖地声渐渐远去。等大队再也看不见了，机械的脚步声也不再响起了，隆说道：“没人了。”

“现在我们快走。”埃莱娜站起来，指挥大家沿着沟的反方向走。不一会儿她们就气喘吁吁，但都沉浸在劫后余生的喜悦中。她们爬出阴沟，躺倒在田野里，她们躺在地上望着天空，一边互相紧握着手，一边神经质地大笑着。

她们成功了！她们逃出来了！

但她们现在还处于萨克森的腹地，在她们面前的是恐慌而不怀好意的德国村民、惊怒败退的德国党卫队军官、苏联红军，还有头顶上的盟军轰炸机。但愿美军在附近某个地方吧，她们得找到美军，不然就会死在路上。

我的舅祖母——我总叫她埃莱娜姨姨（原文为法语 tante）——是个年轻漂亮的女人。她额头有点高，笑容很有感染力；她头发像夜一样黑，眼睛漆黑发亮，眉毛又浓又俏。虽说看上去小巧玲珑，但你能感觉到藏在她那副小个子里的巨大能量。她一直都有种庄严雍容的风度，哪怕到老，也从来都穿得优雅得体，十指修剪得整齐精致，浑身散发出睿智的光辉。她有一张二十多岁时拍的照片，那时的她看上去宁静又机智。啊，她简直天生就是个领导。

1943 年 5 月，我舅祖母参加了抵抗组织，具体来说是航空局在 M 地区的支部。这个航空局于 4 月成立，主要负责法国内地军（F.F.I. 戴高乐给抵抗组织的命名）和英国的联络。它的主要职能是确保特工和情报安全传递，以及接收空投武器。M 地区是 F.F.I. 最大的分区，囊括诺曼底、布列塔尼和安茹。诺曼底登陆快开始时，此处的工作变得非常关键，又相当危险。盖世太保对地下组织破坏严重，捕杀了一大批干部和成员。登陆日前后那几个鸡飞狗跳的日子里，埃莱娜所在的地区成了个马蜂窝。抵抗组织的活动非常活跃，盖世太保也越来越凶残，他们挥舞着螳臂，大肆捣毁地下组织。

埃莱娜是 23 岁时加入组织的，那时候她在索邦大学的数理课程读了一半，还在一家电灯厂当化学工程师，成绩显著。但随着抵抗组织的战斗越来越重要，她也就辞了工，全身心地投入到打击法西斯的事业之中。父母问她的境况，她也没说实话。她在组织里的化名是“克里斯蒂娜”[1]①，在纳粹的花名册上，就是这个名字。在这一群逃亡的姑娘中间，

① 埃莱娜的信息大部分来自 2002 年我对她的采访。

大家也这么叫她。

她的上级是保罗·施密特（Paul Schmidt），代号“基姆”（Kim）。战争爆发时，基姆是法国山地步兵里一支精锐部队的队长。1940 年，他在挪威作战时得了严重的冻疮，于是撤到了英国，在那里恢复了健康。伤愈后他潜回法国，参加了内地军，于 1943 年主持航空局，并在法国北部设立了一系列的“接收委员会”。埃莱娜是他亲自招募的 14 名特工之一，负责勘察地貌，寻找合适的伞降地点。每一次空投行动时，她还负责组织一队抵抗组织成员在降落区接应。后来她的工作还包括建立起不同的地下抵抗网络与 M 地区的联系，以及和英国传递情报。她一方面向伦敦加密通报辖地的近况，一方面解译公开电台发布的暗号，接收伦敦的指示。

她在满月之下期待着，期待着盟军飞机找到空投地点。三天前，她准时打开收音机。暗号是通过 BBC 发布的，在特定的某一刻钟内，广播里会播送“法国人对法国人讲话”。埃莱娜常常好奇，当那些普通听众听到这些暗号，譬如说“艾琳的皮拖鞋太大了”的时候，会是什么反应？

她和她的小组在图尔区桑布朗赛镇空投点附近的林荫下静静地等待着，一会儿就听见渐渐增强的飞机引擎轰鸣声。埃莱娜按亮电筒，一亮一灭，发出准备接头的摩尔斯电码。等了一会儿，小飞机也一亮一灭地回信，她松了一口气。

“快上！”她朝队员低声道。他们一个接一个打开电筒，就像多米诺骨牌一样，在地上排出空投点的轮廓。小飞机盘旋了几周，埃莱娜的心紧绷了起来，生怕周围村里的村民们听见飞机的引擎声，或者看见明亮月夜中的点点伞花。一等到空投箱落地，队员们便奔过来取。箱里装满了轻武器和炸药，还有一部新电台以及新的密码本。为了鼓舞士气，英国人还附赠了巧克力和香烟。

正当她的小组往大包小包里塞着各种枪支、弹药和香烟的时候，小飞机又绕回来了。他们停下来观看，发现又有什么从飞机上降落下来。埃莱娜分辨出白色降落伞下是一个人的剪影，她赶忙把剩下的东西分给各人，命他们赶快分头隐蔽。但愿大家在那人落地之前就藏好吧，这种事情知道的人越少越好。现在就剩两个人了，他们得把空箱子收拾好，把降落伞埋掉。这些降落伞都是用好绸子做的，她早就想用它们做条裙子了。可是上级不允许，命令就是命令。

神秘人从伞具中解脱下来，点了根烟。他站在一边，看着埃莱娜指挥剩下的两个人。因为需要在谈话前捋捋思路，她先没接近他。而且这样的行动必须速战速决，要在 15 分钟内疏散完毕。这样即使有人看见了降落伞或者听到飞机声赶来，也只会看见一片空空如也的土地。

埃莱娜终于有空去见这个又高又瘦的新人。他把烟卷拿开，烟头的火星映照出他棱角分明的方脸。他看上去还有点儿高兴，但是埃莱娜不是。“他们可没说还要扔个能喘气的下来。”她生气地说，丝毫没有遮掩自己的不满。

“Fantassin。”他回应道，伸出手来和她握手，埃莱娜不情愿地握了一下。“那你肯定是克里斯蒂娜了？别人跟我提过你。”

“别人怎么没跟我提过你？我这边一点儿准备都没有。”埃莱娜有点儿受惊，打算让自己听起来凶一点儿。Fantassin 在法语中是“步兵”的意思，大家私底下谈论过这个代号，说这人是个重要人物。还好，天很黑，对方没看出来她的尴尬。

“我们不想冒险让人知道我回到了法国。泡菜佬[1]破坏了组织，以后得愈加小心。”

他递给埃莱娜一支烟，帮她点着了。这让她有空考虑一下。

“但我不晓得把你安排在哪儿。”她说，顺便放下了她那硬充坚强的架子。

“我们信任你。在和这边接上头之前，我先待在你那边吧。”他直接命令道，毫无商量的余地，似乎还有点儿乐见她发窘。“要是我妈知道了这事……”她想道。她母亲上学的那个年代，学校内男女生是严格分隔开的。带她们的嬷嬷会告诫姑娘们，要她们在路过男生寝室时，要避开男孩们的注视，否则就会被原罪所诱惑。

从空投点要骑好长一段时间自行车才能回到埃莱娜的公寓，“步兵”

---

① 泡菜佬即“boches”，同盟国对德国人的蔑称。——译者注

的手腕上锁了一个黑皮公文包，以防跳伞时失落。现在他把公文包转交给她，还说他们可以一起骑车子，让她坐在后座上。埃莱娜一手抱着包，一手抓住这个陌生人，两人就在夜间的小道上骑着自行车颠簸着。她努力不要抓得太紧，但依然能感受到男人背后传来的热气。一路上，除了简单的指路之外，两人没说什么话。有好几次，埃莱娜让“步兵”停下车子，藏到墙后或草丛里，观察后面有没有尾巴。这些程序是老生常谈了，但今夜她却格外谨慎。

他们一直骑到清晨，早上的潮气让她冷静了下来。他们在日出前赶到，埃莱娜累坏了。她的住处不大：一间带简易厨房的主厅，以及一个袖珍的小卧室。她决定把床让给男人，自己睡到客厅里。但当他们走进房间时，埃莱娜突然害羞了。“这是我的工作。”她这样提醒自己。于是她挺了挺腰杆，大步走进去。

“步兵”把包放在桌子上，打开让她看。里面全是钱，比她这辈子见过的都多。男人伸出手去，递给她几沓。

“不。”她涨红了脸，“我不是为了钱。我是为了法兰西，为了我的荣誉。”她又惊又怒，不想被看作“那种女人”。

“这不是给你的，这是给你的小组的，给昨晚上那些‘好汉’的。”

“他们也是为了法兰西。”她不假思索地回答，她以前基本不会这么不过脑子。

“那就给那些烈属，给那些已经有亲人牺牲了的家庭。”

她点了点头，因为这话说得没错。荣誉心和不安干扰了她的思维。许多人在饿肚子，为了躲避搜查，他们得不到平民应得的配给。而这些钱可以帮助他们。“要振作起来。”她深吸一口气。

“你肯定累坏了。”他的话音柔和起来，“你今年多大？”

埃莱娜说她前几周刚过了 24 岁生日。

“步兵”坐在沙发旁，点了一支烟。接下来是一段长长的沉默。

“你去卧室睡吧。”过了一会儿，姑娘说道。

“没事，我就在这儿吧，在这儿挺好。”他指指沙发。

当埃莱娜坚持说他是上级领导的时候，他回应道：“没错，我们是军人。不过还是请让我当一回绅士吧。”

“步兵”的真名是瓦朗坦·阿贝耶（Valentin Abeille），是 M 地区的总指挥。[2] ① 德国人开了大价钱买他的人头。战事进行到现在这个阶段，盖世太保已经是无所不用其极，抵抗组织的某些支部可能已经被德国人安插了眼线。如果一个组里大多是训练不足、轻视安保规章，还热血上头的年轻人，那这个组里就可能有叛徒。这些年轻人会吹嘘他们是怎么

① 作者在网上查阅了一些瓦朗坦·阿贝耶的档案。埃莱娜称她那段时间在图尔附近同一个重要的情报员接过头，此人来时带着一箱钱。记录显示，“步兵”自图尔附近某处进入法国，而埃莱娜的服役记录表明她曾接待和协助过“步兵”。见《瓦朗坦·阿贝耶，年轻一代的榜样》，《南方电讯报》，1997 年 2 月 27 日。

耍弄泡菜佬的。比如四处吹牛，任凭敌人盯梢，或者漠视安全制度，诸如此类。结果是，抵抗组织里一个人从加入到被抓的平均时间是三到六个月。

“步兵”最后应该是被他贪图赏金的助手出卖的。盖世太保抓住了他，在被押往索萨伊街（rue des Saussaies）的盖世太保总部拷问时，他从车上跳了出来。他在凯旋门附近中了好几枪，很快就死在医院里。在他们在一起的那几天里，他告诉埃莱娜说他不能被活捉，还给她看了随身的氰化物毒药。他曾对她说，她知道的东西越少，她就越安全。

在抵抗组织里的时候，埃莱娜比法国的一般姑娘都要自由。战争打响时，她的父母和妹妹搬到了格勒诺布尔（Grenoble），她父亲在那儿有家工厂。父母觉得她应该待在后方完成学业，但直到抵抗组织联系他们，他们才知道女儿到底在干什么。

在埃莱娜的印象中，那几个月过得很刺激。作为一个年轻姑娘，她能够独自肩负重担，指挥一群比她大的男人，大家的生命安全都着落在她肩上。曾经有好几回间不容发的紧张时刻，是她从来没有体验过的。有一次，她晚上来到预定的空投点时，发现一群法国宪兵已经等在那儿了。毫无疑问，这群兵是来抓她的。一股凉意从她的脚底蹿到头顶。一个兵喊出接头暗号，她几乎下意识地就要答应了。她待在那儿，努力让自己冷静下来思考。假如他们知道了暗号，那他们就什么都知道。她有点儿晕眩，又有点儿如释重负：全完了，跑也没用。但她还是机械地回应了暗号，接着这群人走近前来，询问下一步的命令。

她怔了一阵子才发现，这群人不是来抓她的，而是她的接收小组。她曾以为这是终点，结果却只是另一个奇怪的转折。一整队宪兵集体加入了抵抗组织，这件事使得埃莱娜大受鼓舞，觉得自己势不可挡。

1944 年 2 月 4 日，埃莱娜受命向 M 地区一部的司令马赛尔·阿拉尔（Marcel Allard）将军送信。来到布列塔尼约定好碰头的小旅馆时，她发现将军从前门夺门而出，后门紧跟着进来五个德国兵，把她困在中间。德国人抓住了她，只因为他们收到命令抓捕旅馆大堂里所有人，而她正好也在。密信缝在她的钱包里，盖世太保竟然没找出来。这给了她个机会，一口咬定不认识在逃的什么阿拉尔。德国人不是来抓她的，而且她的良民证也没问题。于是和往常几次一样，她装成了一个胆小的天真小姑娘。

她在瓦讷（Vannes）被关了几天。一个狱卒向她保证，说她一点儿也不用担心，只是走个程序，很快就能回家见爹娘。但后来德国人并没有放她走，而是把她押送到雷恩（Rennes）的监狱里又关了两个星期。在那里，他们并没有拷打她，只是问她为什么在那个时候正好在那家旅馆里。

直到有一天，两个看守到关着她和另外 20 个女人的大牢房门口叫她出来。德国人给她上了铐子，把她塞到一辆黑汽车里。他们把她转运到昂热（Angers）一座位于卢瓦尔河谷里的监狱，一路上怒气冲冲，不答她的问题，也不跟她说话。她在那所监狱又熬了两个月。

58 年之后，我在埃莱娜的公寓采访她，她让我把她的故事一字一句写下来。她说："在我记忆里，昂热那个地方，就是痛苦的代名词。"

在昂热，她被严刑拷打，有时候被打得只能用担架抬回牢房。最残酷的刑罚叫作"浴缸之苦"（原文为法语 le supplice de la baignoire），或者说水刑。审讯者会把她带到一间普通的浴室里，背铐着手被按跪在地上，旁边有一个灌满凉水的浴缸。拷问时，两个人会抓着她的肩膀，把她的头按进浴缸里。她的脸浸在水里，挣扎着想要呼吸。她感觉到两只大手抓着她，一只钳着脖子，一只抵着头。肺都要憋炸了，心脏被恐慌攫住，根本没法冷静。胸腔里一阵剧痛，头和脖子也一抽一抽地疼。她用力呼吸，拼命反抗，但是毫无作用。冷水涌进她的嘴里，慢慢地使她窒息。

当德国人感觉她不再挣扎时，便扯着头发，把她拉出水面，然后再重复先前的动作。她吐了一遍又一遍。正是在这些极度痛苦的时刻，她敏锐地感受到了她的身体、她的肉体的存在。她的身体仿佛成了她的敌人，成了她所受的这些罪的根源。

德国人已经知道了她是谁，她为什么组织效劳，她与哪些人共事。他们知道"步兵"曾和她接触过。每次拷问她时，都会问她诸如其他特工的名字，接头暗号，情报中心的所在，空投的位置、日期、具体时间，等等。她也试着不暴露任何有用的情报。在好几个又湿又冷的夜晚里，她被锁在暖气片旁，手被反绑在身后。那时，她绞尽脑汁编造故事，试图既让故事符合德国人知道的一切，又不会暴露任何一个战友。

她曾被双手吊起来押进那个浴室，一遍又一遍地呛水，她的指甲被一片片拔出来。她还遭受过其他可怕的苦痛。当采访进行到这里时，埃莱娜停下了，我也不再追问。在这段沉默中，她点起一支烟，而我注意到了她精心涂抹过甲油的指甲。

重新开腔后，她向我提起一名耶稣会牧师。“佩雷·阿尔坎塔拉（Pere Alcantara），”她回忆起了这个名字，“当时他被允许探视某些监狱。有一天他交给我一个小包裹，上面有个写着我名字的标签。我发现那是我母亲的亲笔，我哭了。”

当看到包裹时，她跪倒在地，开始抽泣。这是她被捕后第一次痛哭——为了鼓起勇气，为了不被酷刑击垮，她尽量不去回想起她爱的人和她的家庭。但这个包裹说明，她的家人知道了她在被父母庇护在身后时做的事。她感到一股锥心的负罪感，因为她让家人难过了。她的心头涌起极度的期盼，期盼着能够听到妈妈的声音。

看守埃莱娜牢房的警卫和她差不多大，是个阿尔萨斯人。因为埃莱娜的德语说得不错，也能偶尔和警卫聊几句。警卫看到盖世太保对她的所作所为，感到非常心慌。他恨这些恶棍，每当他看见埃莱娜血肉模糊地躺在担架上回来，眼中都噙满热泪。在埃莱娜半昏迷时，迷迷糊糊之间能听到警卫隔着牢房小窗向她小声说话，为她打气。警卫劝她，为何要这样勇敢，不如向敌人坦白，这样至少不用再受苦。有一回警卫甚至设法带给了她一公斤黄油，埃莱娜十分感激。但这些黄油在牢房里也藏不住，她也不知道拿它们怎么办，因为没有可以搭配着吃的东西。又过了几天，警卫又给了她一些白糖，这比黄油可有用多了。

他收下了一封埃莱娜写给家里的信，设法寄给了她的教父。埃莱娜知道这样德国人就不会追踪到她头上了。这个年轻的阿尔萨斯士兵肯定保留了地址，因为战争结束后，他通过她的教父找到了她。他想知道埃莱娜有没有活下来，近况如何。但到了那时，埃莱娜已经不再是当初那个昂热的监狱里在他看管下的稚嫩的小姑娘了，她经历的已经太多了。所以她回信说她还活着，但仅此而已，还请他不要再联系她了。

在昂热的监狱里，她独自一人，身边什么也不让带。没有书，没有纸，没有杂志，过这样的日子，她觉得自己快要熬不下去了。她乞求看守，想要一支铅笔。有了笔，她便在牢房的白墙上做数学题，聊以自娱。当我问起是什么样的数学题时，埃莱娜扯过一张纸，写下一个等式：

$$\int_{-\infty}^{+\infty} \mathrm{e}^{-ax^2}\mathrm{d}x = \sqrt{\frac{\pi}{a}}$$

我姐姐安妮是个数学家，我给她看了这个式子，问她，埃莱娜当时是在解什么题。安妮说："她在做高斯积分。"高斯积分是包含 e 和 π 的式子。安妮解释道，e 和 π 叫作"超越数"，而超越数和虚数一样，是初等算术范畴以外的概念。在数学史上，随着数学家们逐渐发现引入虚数的必要性，虚数的概念开始在数学界引发争议。19 世纪初，一位名叫埃瓦里斯特·伽罗瓦（Évariste Galois）的意气用事的年轻法国数学家因政治活动而被巴黎高等师范学院开除。虽然数学界认为他是有前途的，但他的数学思想太过激进，不能被体制所接受。伽罗瓦因决斗而死，在前一天晚上，他狂热地留下了一些笔记，在他的证明的空白处做了一些备注，其中涉及超越数和虚数。伽罗瓦认识到，有些问题只靠日常生活中的具体数字是无法解决的。他留给他兄弟的遗言是："别哭了，阿尔弗雷德！我需要我所有的力量才能在 20 岁时死去。"

在她的牢房里，埃莱娜积攒着她所有的力量，为了在 24 岁时死去。她研究了几个经典的数学问题，证明不能单靠尺规三等分任意角或者化圆为方。同理，有一些数字是不能被构建的。

后来，当埃莱娜被转到拉文斯布吕克（Ravensbrück）集中营后，她找到了她高中时的朋友扎扎。她们在浴室里紧紧靠在一起，担心那个传言是真的，传说天花板上的小孔很快就会放出毒气毒死她们。而实际上没有，从莲蓬头里喷出来的是凉水，泡透了她们。她们很快被编了号：埃莱娜是 43209 号囚犯，扎扎则是 43203 号。犯人们得忍受着无休无止的点名，一遍遍地重复之下，人变成了数字，其他的什么也不是。

不只是实数才是无限的，我姐姐说，超越数肯定也是无穷的。但我们只知道一点点。安妮认为这是因为我们人类被工具限制住了：直尺和圆规限制了我们的想象力，而思维限制了我们的认知。

当我写下这个故事时，我好奇我们的语言是否会限制我们的思维。我曾经采访过的那几家人，逃出德国的那九位姑娘的子孙们也会赞同我，因为他们的母亲、祖母或者姨母都觉得无法完全表达她们的经历。她们能说的是有限的，即使把她们的故事全说出来，也只能表达出一半的意思。

1944 年 6 月，在昂热的监狱中，她们能听到远方传来的爆炸声。盟军正在猛攻诺曼底的海滩。那个年轻的阿尔萨斯守卫对埃莱娜说："明天你就自由了，而我就要坐牢了。"

希望渐渐在心里浮现。但是她整天被关在囚室里，双手抱腿，下巴放在膝盖上，盯着墙上一大片复杂的公式，那是她用超越数解题的尝试。就在外面的监狱院子里，每隔一段时间就会爆发一阵枪声，打断她的思绪，那是德国人在按计划处决所有男囚犯。"做好最坏的打算。"她告诉自己。

当天晚上晚一点儿的时候，可能是杀人杀累了，那群警卫把仅剩下的少数几个女囚赶上火车，送去罗曼维尔（Romainville），那是巴黎城外的一个转运营。

有的妇女暗地准备了一些被称作"蝴蝶"的小纸片，上面写着她们家人的地址和给他们的留言。当路过巴黎城区时，她们会把这些小纸片扔出车厢外。这些小纸片有时会被一些勇敢的市民捡起来，捎给她们的家人。这往往就是他们的女儿、姐妹或者母亲的最后线索。

埃莱娜记得，她曾在罗曼维尔营区里眼看着一个女人躺在地上，奄奄一息。德国人怀疑她得了梅毒，而且传染给了几个警卫，就把她扔在众人面前等死。

埃莱娜已经忘了她坐在那重重铁丝网包围之中时做了什么。除了模糊记忆中无尽的等待之外，什么都没有。她不允许任何感觉削弱她活下去的决心。当她渐渐适应新环境时，一种麻木的空白占据了她的内心。环境炎热，尘土飞扬。她们被关在大围栏里，没有阴凉，也没有遮蔽。人们在痛苦中默默地坐着，双眼空洞无神。苍蝇四处嗡鸣，人们低声呻吟，但没有一句类似语言的东西。充满了各种味道：腐肉的味道，粪尿的味道，污秽的味道，汗液的味道，恐惧的味道，还有死亡的味道。

过了几天——埃莱娜也不知道具体是几天——她被塞进一节拥挤的火车。就像车厢里原先拉的牲口一样，她被拉着向德国腹地驶去。此行的目的地是拉文斯布吕克，就在柏林北边 90 公里处。

我的家人都知道，埃莱娜姨姨曾得到很高的评价。她被授予军官级荣誉军团勋章——荣誉军团勋章是法国的最高奖章，而军官级在她那个年代很少被授予女性。她被授予战争十字奖章，以奖励她在战时卓绝的英勇行为。她还被授予抵抗军勋章和自由法国纪念章，以表彰她在抵抗组织里的功绩。全家以她为傲，但很少提及她的往事。就和战后很多家庭一样，人们希望把那黑暗的过去抛在身后。大家认为径直把往事忘掉对谁都好。不要再提起，也不要沉湎于黑暗。还有幸存者的负罪感，创痛引起的记忆丧失，以及有些人无法言说的经历导致的记忆丧失。埃莱娜不想让家人知道那些残酷的细节。如果你没有经历过那些，你就很难想象。谈论战争和过去需要时间，需要没有经历过这一切的人主动了解这段历史。就在 2002 年，有一次和我祖母吃午饭的时候，埃莱娜告诉了我她是如何同另外八个女人逃出纳粹的魔掌的。我当时惊讶极了，便问她能否采访她，我想知道完整的故事。

我和大姨埃娃去埃莱娜的住处拜访她，她住在巴黎近郊，塞纳河畔讷伊（Neuilly）一处非常优美的社区里，小屋里满是照片和书籍。埃莱娜的头发盘得漂漂亮亮的，身着香奈儿的套裙，她还请我们喝茶。但当我感谢她允许我们记录下她的故事后，她说的第一句话是："这有什么意义呢？"

"这非常重要。"我马上回应道。刚说完，我就突然感到一阵尴尬：我过于年轻，我的热情似乎是轻飘飘的美国式的，我的生活也相对舒适。

"曾经有很多人在努力争取有尊严地活着，虽然他们随时面临着沦丧的风险，尽管纳粹分子一直在给他们搞破坏。而我的这个故事仅仅讲了他们之中的少数几个人。”她说道，似乎她早就提前准备过这段话。

我问她为什么加入抵抗组织。“因为纳粹主义和所有的极权统治都让人恐惧。”她答道。

我问她，她可曾害怕过，她说从未怕过。尽管知道风险重重，但她一直是快乐的，因为她知道她在帮助那些为了祖国而战斗的人。

她大声发问，问再把这些陈年旧事翻出来有什么意义。而我暗自反省，我是不是太急着去强迫她回忆这些她可能一直想忘记的东西了。她说她一般不愿意谈论过去的事，但她也承认，每天她都会想起那场战争。可以说，这些事一直缠着她，当时发生在她身上的事一直影响着她日后的生活。

随着时间一分一秒地过去，她也渐渐变得健谈起来。我模糊地猜想，大概我们交谈的次数还会更多，而随着时间的推移，她会把细节一点点补上。后来我开始觉得，她也许会对同我言无不尽而感到有点儿后悔，还好之后她仍然愿意和我谈话。然而不管是因为她的沉默还是我的犹豫，我们之后再也没谈起过去的事。

在那以后，当我开始写她的故事，深挖我们家族的历史时，我感到我打破了一个禁忌。我脑中有一个声音说不关我的事，说我应该耻于大肆宣传她的故事。让往事安息罢。但是往事总会折腾，历史就像一个人的记忆一样，不会沉寂下来，而是会一遍又一遍地复活。

就在采访埃莱娜两年以后，我偶然读到了苏珊·莫代的《拒绝死亡的九姐妹》（*Neuf filles jeunes qui ne voulaient pas mourir*）。作为埃莱娜的朋友，扎扎在她们逃出来后没过几个月就马上记录下了她们的故事，只不过手稿直到 2004 年，即她去世 10 年之后才刊印[3]。扎扎书中的细节把我引向另一篇文章，是妮科尔·克拉朗斯在 1964 年，她被驱逐出境整整 20 年时为 *Elle* 杂志写的。这篇文章里提到了妮科尔做的几次广播访谈[4]。就在 2012 年，埃莱娜去世前不久，一部名叫《逃离》（*Ontsnapt*）的纪录片上映，片里主要讲述了埃莱娜和九姐妹中的一员隆·费尔斯南重聚的故事[5]。纪录片主要基于隆的书《我的战争纪实》（*Mijn Oorlogskroniek*），出自两个荷兰电影人之手，一个叫安赫·维贝尔丁克（Ange Wieberdink），另一位名叫耶茨克·施潘耶尔（Jetske Spanjer）。又过了几年，居居的儿子，马克·斯皮伊克（Marc Spijker）把隆送给他母亲的著作英译本又转赠给了我。

总体来说，埃莱娜、扎扎、妮科尔和隆讲述了一个关于友谊、大无畏和求生的故事。她们的叙述或许有些细节出入，但关键部分一致。故事已佚失大部，而到底是由于记忆丧失还是故意遗漏已不可考。最开始时，我只是从外号认识了其他八位姑娘：除了克里斯蒂娜（就是我舅祖母埃莱娜）以外，分别是扎扎、隆、居居、津卡、若塞、梅娜、妮科尔和雅基，她们当时都是政治犯。后来我得知埃莱娜的父亲是犹太人，妮科尔一家也都是犹太人。但这两人完全没说起这事，或者是根本没被甄别成犹太人过。就算她们此前曾落实过犹太身份，那也必然瞒过了德国人。毕竟，虽然被关进集中营里非常悲惨，但作为犹太人被关进去还会更悲惨十倍。

妇女们五人一排

图片来源：世界大屠杀纪念中心（The World Holocaust Remembrance Center）

埃莱娜的父亲年轻时曾在立陶宛做数学教授，之后去了海德堡大学深造。学业完成后，他又去了索邦大学（Sorbonne）。埃莱娜的母亲玛蒂娜（Martine）是当时索邦大学仅有的两名女生之一，她来自洛特省（Lot）乡下，父亲是个著名的酿酒师，神父会用她们家的酒做周日弥撒，这一点特别让她们自豪。玛蒂娜全家虔信天主，她也是由修女教育大的。

嬷嬷的规矩十分严格，哪怕是洗澡时都不许她脱光衣服。但她必定是冰雪聪明，因为当她高中毕业后，嬷嬷建议她继续往下念——这建议非常惊世骇俗，因为在当时的观念看来，姑娘读书读得太多就不好嫁人了。惊人的是，她父母也同意她去巴黎读化学。埃莱娜的父亲很有音乐天才，但他放弃了作曲事业，转而研究原子物理。她父母在校园里相爱，闪婚六个月后，埃莱娜便出生了。

天才少女玛蒂娜只得终止学业，这个转折可能影响了她们母女的关系，但埃莱娜其实跟她爸更像。分别在七年和八年以后，埃莱娜又有了两个妹妹。她和小妹妹们的关系一直不好，因为她被迫要带着妹妹，她爸又特别专宠她。当得知大女儿被押去德国后，老父亲就一直心神不宁。有一天晚饭时，一个小女儿问他一个问题，而他没反应。玛蒂娜说："你怎么不回你女儿的话？"

"我就一个女儿，她在德国呢。[6]"老头回答道。

埃莱娜是姐妹几个里最聪明的：她拿了数学和工科好几个文凭；她天生外语学得好，能非常流利地说波兰语、德语、英语、俄语和其他几门语言。她的语言水平、她遇到危险时的清晰思维和她冷静的交际手腕使她在拉文斯布吕克顺理成章成了领导。后来妮科尔回忆起来，说她是队伍里的"中流砥柱"。

埃莱娜在一节运牛的车厢里挤了五天。没有水，没有吃的，没法透气，也没法伸一伸腿。她和另外200个法国女政治犯——“女抵抗战士”（les résistantes）一起被拉走。她们自发组织起来，轮流站起来和躺下休息，借此熬过了非人的运输过程。病得最重的被安置在最靠近窗户的地方，好能透一口气。她们高唱《马赛曲》等歌曲，以此给自己鼓劲。

直到抵达菲尔斯滕贝格（Fürstenberg）前，埃莱娜都不知道她们被运往哪里。那是离拉文斯布吕克最近的城镇，和集中营隔湖相望。这地方靠近波罗的海，日日寒风呼啸，有个“小西伯利亚”的别名。

她们晚上到站，站台上的探照灯光亮得刺眼。四周满是党卫队，女性看守——“女总管”（Aufseherinnen，原文为德语）牵着的狼狗狂吠着作势扑向囚犯们。犯人们必须从车厢跳到站台上，有的老人摔倒在地，扭到了膝盖或者脚腕，被看守推来搡去。混乱之中，有的人还被绊倒了，女总管们就操着德语破口大骂，挥鞭抽打她们。仅剩的几件行李被胡乱扔在卡车上拉走，死在路上的人被扔在另一辆卡车上，看守还高喊着：“快点儿！”“往外走！”

女人们被排成两行：一行是还能走得动路的，另一行是站都站不住的。更弱的就被送上卡车，和行李一起。有的女儿还在给她们疲惫不堪的妈妈加油，浑然不知她们将是第一批进焚尸炉的，她们再也见不到她们的妈妈了。

“五个人！”看守吼叫着。人们并没有听懂这个德语指令，又招来好一阵毒打。

“让我们五人一排。”埃莱娜着急地悄悄说道。

“五人一排……”她听见法语的重复声，在人群中回荡着。

她们从火车站向四公里外的集中营进发。这是 1944 年 10 月 14 日，埃莱娜抵达了肮脏的集中营。里面满地泥泞，充斥着腐肉和人粪的恶臭，焚尸炉浓密灰暗的烟雾笼罩在头顶，久久不散。

埃莱娜长着“一张令人难忘的脸，让我在人群中一眼就能认出来”。扎扎后来在回忆录中这样记起当时抵达集中营时她从人堆里遇见埃莱娜[7]①的场景。扎扎是那种别人只顾着发愁下一顿饭时，却有心思仰望星空的人。如果说埃莱娜清醒而精打细算，那扎扎就正好是她的反面，热情而开朗活泼。扎扎被捕时 22 岁，那时候她处世乐观，热爱生活，富有幽默感，对所有人都很耐心。尽管她和大家都是朋友，但还是跟埃莱娜关系最好，好到只有她才能跟埃莱娜没大没小。自从来到了拉文斯布吕克，她们就一直在一起了。埃莱娜在想尽办法计划逃跑，扎扎却比较被动。只不过长久以来的信任让她等着看会发生什么。

自 1939 年设立至 1945 年解放，拉文斯布吕克是德国唯一一座专

① 我在本书中将称她为埃莱娜，尽管其他人称她为克里斯蒂娜。在纳粹的记录中，她只有克里斯蒂娜这一个名字。

收女囚的集中营。大部分女犯从此处流向几百所奴隶营或灭绝营，但也有不少人在此遇害。集中营的档案在纳粹投降前一周被销毁了大半，但由于不少历史学家和获救囚犯的努力，人们还是收集了足够的证据。这其中就有热尔梅娜·蒂利翁（Germaine Tillion），一位极富专业素养的民族学家。她在被关押的最后几个月里保留了详细的笔记。

拉文斯布吕克集中营共有 40 个附属营地，一个小号的男囚营地，一个西门子囚犯工厂，还有一个名为乌克马克青年营（Youth Camp of Ückermark）的灭绝营。集中营总共经手了 12.3 万名妇女儿童和 2 万成年男子，死难者大约有 3 万至 9 万人。被驱逐者纪念基金会（Fondation pour la mémoire de la déportation）估算的死亡人数是 4 万余人，但详情已无法统计。战争的最后一个月集中营管理非常混乱，那时抵达的大部分妇女并未登记在册。另外也有不少女囚被送往临时毒气室毒杀，据估算总数有五六千人[8]，但这部分数字实际上不得而知。更不用说附属营地里的死亡人数、出生即被害或出生后饿死的死婴数和向集中营行军途中的死亡人数了。

幸存者们最终认为，具体的受害者姓名比单纯的数字要更有意义[9]。但数字更能说明情况的残酷性：1944 年 6 月埃莱娜的九人小组有七人都被关进了拉文斯布吕克；到那时为止，设计容纳 3000 人的集中营里塞进了 30 849 人[10]。早点名要持续至少三个小时，在这期间所有囚犯必须一直站着等待。由于极度拥挤和缺乏基本资源，集中营的环境恶化到了地狱般的程度。

女犯们到达集中营时,第一站是库房(Effektenkammer,原文为德语)。她们要在那里脱下所有衣服，装在大纸袋里上交，警卫会给袋子编号，堆在一旁。小零碎也要上交，比如珠宝和零钱之类的。纳粹是个文牍主义盛行的组织，这些个人物品都被仔细记录归档了。我曾在 2018 年向位于巴特阿罗尔森（Bad Arolsen）的国际寻人服务（International Tracing Service）档案馆查询过埃莱娜的记录，得到了一大批档案，里面就包括几页个人物品的登记表。我了解到扎扎上交了她的结婚戒指和五个法郎，埃莱娜上交了一个手镯、一块手表和 70 个生丁。

她们的头发被剃光了，甚至阴毛也要剃掉。剃毛时她们不得不大张着腿站着，但剃头匠还是动作野蛮地把她们的下身刮出了一道道血口子，很多人就这样感染了。

她们被推进浴室里，扎扎抬头看着天花板上的洞，攥住埃莱娜的手问道："从那里面出来的是什么，是水还是毒气？"

被凉水透浇之后，她们走向下一间大屋，等着分发衣服。到了 1944 年时，囚服早就发光了，狱方开始给她们发死人的衣服——每个星期都有卡车从奥斯维辛过来，运的是从被害的犹太女人身上扒下来的衣服[11]。这些衣服也不管搭配，胡乱地一发——到手的可能是夜总会舞女的晚礼服，也可能是女学生的睡衣。所以等她们换好衣服出来时，每个人看起来都稀奇古怪的。毫无疑问，这是为了羞辱她们，打击她们。但是女人们竟然还能够相对大笑。“笑是一种人性”（Le rire est bien le propre de l’homme）[12]，一个名叫利斯·伦敦（Lise London）的女抵抗战士在日记里忆起这一幕时，引用了拉伯雷的这么一句话，她和九姐妹同车到达拉文斯布吕克。在笑声和歌声中，她们守住了人性，并以此反击。

德国警卫们非常害怕疾病蔓延，她们刚到还没几周时就被赶到了检疫区去，那时那里面已经有快400个囚犯了。检疫区里还关着德国人所称的“asozial”，或者说社会边缘人：妓女、同性恋、辛提人和罗姆人（指吉普赛人），以及普通囚犯。

大厅的一半空空荡荡地摆着桌子，另一半立着四层的木头架子床。埃莱娜和扎扎在最高层寻了个位置。“在高处一览无余，一直警惕点儿，应该没问题吧。”埃莱娜这样想道。

埃莱娜记得，当她们还在检疫区时，每天都要处理成堆的德军军装。军装都是东线战场阵亡德国兵身上的，上面全是血迹，大部分还有子弹洞。她们得去掉扣子，拆开缝线，整理布料。有时候能在衣兜里找到还没寄出的家书之类的，读着这些信，埃莱娜了解到东线战场上德军的士气非常低落。

一周以后，就在6月23日，另一批人被运到了。里面有两个埃莱娜的荷兰朋友：28岁的隆和25岁的居居。1944年，她俩放弃了在莱顿（Leiden）的学业，双双前往巴黎参加抵抗组织。

居居是个健壮而优雅的人，棕色的直发剪成一个童花头：发梢垂到下巴，额前留着刘海。她长着一张鹅蛋脸，棕眼睛里闪着温柔的光。再加上端庄宁静的气质，看上去就像圣母再世。虽说囚室里一片混乱，她却能丝毫不受打扰，她的平静也能让周围的人安下心来。

隆和居居恰好相反。她是个勇敢的行动派。比较谨慎的人在某些地方可能会犹豫逡巡，而她会毫不犹豫地跳下去。她天生活泼外向，身材魁梧，笑声洪亮。她说一句话恨不得能用六种语言，因此交了许多不同国籍的朋友。隆可能有点儿专横霸道，但她的勇气为九姐妹解决了不止一次麻烦。

有一天等着点名时，埃莱娜悄悄问隆："你在想什么呢？"

"我在想，六个月前我未婚夫要跟我做爱，我没答应，现在有点儿后悔。[13]"

隆回忆起当初检疫时和她打交道的另一个荷兰女囚："当初只能从扎比内（Sabine）那里听到点儿好消息。她也是荷兰的，住在海牙，跟我父母家离得近。她雷打不动地隔几天就过来敲窗户聊天，每次也雷打不动地被赶走。但是她不管，还是一直来。我们每次只能急匆匆地聊上两句，但是就这两句话已经非常宝贵了。再就是我们记起以前的邻居时也挺难过的。[14]"

扎比内向隆介绍了集中营里的情况，有一批法国政治犯已经检疫完毕。扎扎也听说她的朋友，来自弗雷讷（Fresnes）的津卡就在那里面。

九位姑娘里，只有扎扎和津卡成了家。扎扎结婚刚过一个月就被捕，而津卡的丈夫在她被捕后九个月也被捕了。这两个丈夫被送去的地方不得而知，这让年轻的新娘子们心急如焚。

津卡 29 岁，是九姐妹里最大的。但她性格乐天，这就使她显得年轻得多。她有一头淡金色的长鬈发，蓝眼睛大大的。两颗门牙间有道可爱的小缝，还有个精致而又上翘的鼻子，让她的神情看起来有点儿挑衅的味道。她丝毫不为恐惧所动，遇到营地中一些暴力帮派的威胁时，她便扬起下巴，一笑置之。当别人重复那些可怕的小道消息时，她却耸耸肩，告诫她们“别再胡说八道这些没意思的了”。她身材娇小，木鞋穿在小脚上就跟两只船一样，把她的脚磨出了血泡。但津卡用钢铁般的意志激励朋友们，她每次都背最重的行李，干最累的活，逼得大家合起伙来阻止她。

埃莱娜从隆的荷兰朋友那里听说她的朋友热纳维耶芙·戴高乐（Geneviève de Gaulle）也在营地里，她是夏尔·戴高乐的侄女。到 1943 年，很多人都能从收音机里听到这个名不见经传的准将号召他们起来反抗，但没几个人知道他是谁。热纳维耶芙用笔名“高卢”写了两篇文章介绍她叔叔，登在抵抗组织的地下报纸《防御》（*Défense*）上。她的文章让抵抗组织成员对这个显然是在伦敦自封的领导有了些信心[15]。

埃莱娜想找热纳维耶芙打听一下营地里有没有抵抗组织，但她首先得设法离开检疫区。幸运的是，她们监室的牢头（blockova，原文为波兰语）比较友好。牢头一般是波兰人，是每个监室里囚犯的头儿，负责管理犯人。有的牢头会用他们的特权帮犯人反抗守卫，有的借以自肥，有的比德国人还坏。她们的牢头叫希尔达·辛库洛娃（Hilda Synkova），是个捷克的共产主义者，经常会提点法国囚犯们。一个周日，埃莱娜问她能不能溜出去找热纳维耶芙，希尔达同意了。

集中营面积很大，长长的巷道两边是用木板分隔出的四方区块。埃莱娜数错了区间，拐错了一个弯，在迷宫一般的营区里迷路了。所有的一切看起来都一样，都灰蒙蒙脏兮兮的。囚犯们周日下午休息，除了犹太人、耶和华见证人[①]和被额外惩罚的人要干活以外，其他人都尽量待在屋里。营地浸泡在热浪和恶臭中，毫无人气。埃莱娜乱了方寸，慌不择路地转过一个拐角，径直撞上了两个党卫队看守。他们一个是个大个子，比营区里其他饿肚子的人要胖得多；另一个是个干瘦邋遢的家伙，眼神残忍。一看到她，他们便笑起来。

埃莱娜慌了。但愿下次不会这么狼狈吧，但现在她根本编不出任何在这儿的理由，想不出任何借口。“来，我们给你指路，嘿嘿。”大个子一边说，小个子一边咯咯怪笑。两个看守一人拽着她的一条胳膊，把她拖进警卫室。

① 一个教派，它的派名和信徒都叫此名。——译者注

他们把她推到墙上，粗糙的木板壁摩擦着她的后背。她试着回忆起当初在昂热忍受拷打时，咬牙忍受的那种麻木的心理状态。但她鼻子里能闻到看守的汗酸味，耳中听到他们残忍地谈笑着要怎样“帮助她”。

她想闭住双眼，但马上意识到这是示弱，而示弱会助长对方的气焰，她强迫自己盯着大个子的眼睛。大个子拿出一把钳子，在她面前晃晃。“来吧，让我们把她弄得漂亮点儿。”他俯身向前，让耳语传到她耳边，“你这样肯定好看。[16]”

“张嘴！”他一边号叫着，一边用那香肠一样的肥手指头撬开她的嘴。

看守把钳子捅进她嘴里，凑到一颗臼齿旁边。她尝到油腻的金属味道，感觉到钳子夹紧了。“按住她！”大个子命令道，她感觉到小个子的胳膊汗津津的。他抓住了她，把她推倒在地，同时她的牙被拔了出来。牙根撕裂的剧痛像灼热的火一样，接着她嘴里涌满了热血。她浑身冒着冷汗，感到一阵难以抵挡的恶心。但她还是努力把血水吞咽了下去。

“哎，这挺好，好多了。”看守举着她的牙，把血淋淋的牙根凑到她面前。埃莱娜觉得他没满意，像他这种人是不会满意的。但是，老天保佑，每小时固定的铃声响了起来，打断了他们的动作。他们终于反应过来还有事要做，铃声提醒了他们，死板排班表的下一轮开始了，他们不情愿地把她扔出门。她跌跌撞撞地吐着血，却神奇地找到了回去的路，回到检疫区她朋友们身边的路。

第二章 扎扎

苏珊·莫代（扎扎）｜图片来源：扎扎家人

党卫队用分而治之的原则管理集中营，他们向犯人们放权自治，多少丢出一些权力和利益来保持现状。总体来说，女囚们以国籍分组，以防她们在各组间结成同盟。新到的人必须得学会营地里的等级制度和潜规则才能生存。

在拉文斯布吕克的最初几年，纪律是由戴着绿色和黑色三角的囚犯维持的，他们是刑事犯和所谓的“社会边缘人”。但到了 1941 年夏天，因为怕被传染小儿麻痹症，党卫队暂时把营地所有的管理权都交给了囚犯。作为最大的群体，波兰人便能借此机会占据集中营内部大部分的实权管理职位。人们通常认为波兰人反犹、反苏，还和德国当局沆瀣一气。但也有些出身上层阶级的波兰人积极地抵抗德国人，他们通常被称为“克拉科夫知识分子”（Krakow intelligentia，原文为波兰语）。因为深刻的历史渊源，他们中不少人也怀着反犹主义情绪。这件事比较复杂，隆和她亲密的波兰难友阿琳娜（Alina）一直在争论。“她站在中立角度向我讲述了犹太裔和非犹太裔波兰人间的仇恨。这仇恨的根基非常深，但我一直没能知道到底是为什么[1]。”

不同国籍囚犯的阶层谱系各不相同。有的苏联囚犯是在苏德开战前就被交给希特勒的，大部分苏联女囚则是纳粹入侵者掳获的平民，甚至还有一群红军战士，大多是斯大林格勒战役被俘的军医和护士，德国人称她们为“扛枪娘子”（Flintenweiber，原文为德语）。她们极富英雄气概，集中营里传唱着她们的斗争事迹。在叶夫根尼娅·拉扎列夫娜·克莱姆（Yevgenia Lazarevna Klemm）的秘密领导下，一大批苏联红军女战士意识到她们要在弹药工厂里上工，便组织起来进行斗争，拒绝生产射向她们父兄的子弹。她们的立场是，作为战俘，根据《日内瓦公约》，纳粹不能强迫她们制造军火。于是集中营当局惩罚她们在外面站了好几天，不给食水。但苏联人没有屈服，这先是激怒了德国人，后来终于将他们震住了。最后，德国人出人意料地退让了，分配给了她们厨房的工作。

克莱姆是个红军，还是个满腔热忱的共产党员。她组织起了大约500名红军女战士，鼓舞她们的士气。同志们信任她，坚定不移地听她指挥，但德国人却找不出来谁是头儿。有一起著名的行动，那是一个周日下午，集中营当局命令所有囚犯围着“点名区”（Appellplayz，原文为德语）绕圈，这“点名区”乃是囚犯们每日站着等待冗长的点名的空地。女红军们用来之不易的一点点水仔细地清洗自己，尽可能地把自己收拾得干净利索，而她们的衣服则是在前一天晚上放在床垫下面“熨平”的。尽管她们饥渴交加，还害着肺结核和斑疹伤寒，但还是尽量保持了军容严整。达格玛·哈依柯娃（Dagmar Hajkova）是捷克共产党员，她后来如此形容当时的景象：所有人都一拐一拐地向前蹭着，无精打采地唱着进行曲或者军歌，一心盼着这愚蠢至极的操练赶紧结束。但一阵咆哮迸发出来，传遍了整个营区。所有人都回头看去，望见女红军们整齐地列队，大踏步地行进过来。

当她们行进到广场中央，便齐声唱起一首红军军歌。她们引吭高歌，一首接着一首。虽然德国人为了羞辱她们，剃光了她们的头发，但是她们高昂着年轻的头颅走进广场，就像在红场阅兵一样。所有人都惊呆了[2]。

她们的英雄气概和严明纪律深深折服了其他女囚，除了那些非犹太裔波兰人。这群波兰人里一直有些讨论：到底谁才更欠波兰的？

法国女囚崇敬苏联女兵们，尽管她们对普通俄国人又恐惧又蔑视，因为法国人通常认为俄国人“天性野蛮”。而不少法国囚犯是共产党人，更是十月革命的仰慕者。

但法国人在其他国家的囚犯里名声不好，这要从1944年2月说起。那时候第一大批法国政治犯抵达拉文斯布吕克，因为编号都以27开头，她们也被称作“2万7000人”（les vingt-sept mille，原文为法语）。这群人对集中营里的艰难生活毫无准备，她们甚至以为德国人闹出了笑话，她们应该马上就会被转运到条件好一点儿的地方。甫一到达，法国政治犯们就被安排在所谓的“贫民窟”里，那是“社会边缘人”的营区，编序为第27号至第32号。这几个营区拥挤得一塌糊涂，设计容纳 200 人，却住下了 600 人。头一批法国人知道自己要跟这些人待在一起之后都惊呆了。法国人带有她们那个时代和阶级的种族主义偏见和社会习俗。她们被罗姆人和辛提人吓坏了，被妓女排斥了，被女同性恋者震惊了，她们从没想过要团结盟友。而这几个营区是由波兰牢头和室长（Stubova，原文为波兰语）管理的，波兰人对法国人又有一种根深蒂固的怨恨，因为 1939 年希特勒入侵时他们见死不救。同样地，其他国家的人也对法国人非常不满：捷克人是因为他们在慕尼黑会议上放任希特勒吞并苏台德；西班牙人是因为他们在西班牙内战时偏袒佛朗哥；而德国囚犯是因为维希政府和纳粹合作。

过了不久，这群 27 开头的法国囚犯里开始死人了。她们来的时候看起来骄傲又时髦，化着妆，戴着漂亮的爱马仕围巾，拎着花哨的提包。但没过几周，疖子和虱子就找到了她们头上，结核病和斑疹伤寒也开始收割她们。境况困窘成这样，她们都快没勇气活下去了。其他狱友们眼看着法国人潦倒下去，却还是说这是她们自找的：她们不懂得想尽办法把自己洗干净；她们太不坚强；她们光顾着表面光鲜，却不知道保持元气；她们不会想办法弄吃的，所以就只能饿肚子。

总体来说，当这群法国人抵达时，集中营的小社会里没人愿意帮她们。她们得花些功夫学习营地里的规矩，不过后面的几批人就表现得好一些了。等到了 4 月，一批从巴黎来的囚犯带来了个好消息：战况对德国人越来越不利了。

1944年6月，一面是九姐妹中的七人身陷集中营，一面是德军在东线遭到毁灭性打击，纳粹基本上已经失败了。但是妄自尊大的最高统帅部仍然推动了最后一轮军备扩充计划，包括建造世界上第一种远程弹道导弹V-2。1943年8月17日至18日，盟军成功轰炸了佩内明德（Peenemünde）的导弹工厂，但工厂主管科学家韦恩赫尔·冯·布劳恩（Wernher von Braun）冒险抢救出了资料，并于十日后在德国中部一处秘密工厂里重启了生产。德国人相信这些神奇的武器会扭转战局，因此在这里建立了密特尔堡－多拉（Mittelbau-Dora）集中营。由于德国所有适龄男性全部充军入伍，纳粹开始用分遣营[①]（卫星城强制劳动营）扩大他们的集中营网络。到战争中期，纳粹已建立了约15 000处分遣营，这是一个包含了10万名囚犯的庞大集中营网络，而纳粹便可以将军备生产转移到这网络中来。

海因里希·希姆莱（Heinrich Himmler）负责监督集中营系统（Konzentrationslager）。他年轻时身体瘦弱，视力低下，完全没有个士兵的样子，德国军官团对他评价甚低。但他在慕尼黑一个政治小团体里如鱼得水，那便是后来的国家社会主义工人党，或者说纳粹党。

① kommando，原文为德语，字义为“特遣队”，此处做集中营分遣营讲。——译者注

希姆莱后来成了希特勒的侍卫长，1933 年他改组了党卫队[3]，而党卫队后来主管集中营工作[4]①。

奴工营为纳粹的战争机器出力颇多。党卫队以每人每天四马克的价格把女犯人租给包括克虏伯、宝马、法本化工和西门子在内的 19 家企业，这些钱直接流进了纳粹的小金库。希姆莱等纳粹党人把犯人的生活费减到极限，和租金比起来根本不值一提。作为集中营秘书，热尔梅娜·蒂利翁亲眼看见他们是怎么以此塞满了腰包的（更别提从囚犯身上直接搜刮来的钱，比如拔犯人的金牙）[5]②。1943 年 9 月，西门子的老板鲁道夫·宾格尔（Rudolf Bingel）捐了 10 万帝国马克给希姆莱的“朋友圈子”[6]，因为他在女囚身上赚翻了。德国银行也跟在德国企业屁股后面吃得满嘴流油，但是它们在德国战败后基本上没被清算。

---

① 纳粹集中营系统是以纳粹党所坚持的原则为指导的。正如历史学家尼古劳斯·瓦赫斯曼（Nikolaus Wachsmann）所总结的那样，这些原则是：“通过清除任何种族、政治或社会异己来建立一个统一的民族共同体；牺牲个人来实现种族纯洁；使用奴隶劳动来建设祖国；统治欧洲并奴役外国民族，使得雅利安人能够扩展生存空间；以及大规模灭绝不需要的种族和民族，尤其是犹太人。”

② 1944 年 8 月，蒂利翁计算出在拉文斯布吕克登记的妇女有 58 000 人，其中 18 000 人生命垂危。按 4 万名工人每天净收入 2.5 马克计算（她扣除了 1.5 马克的食物成本等），她估计当局每天可获利 10 万马克，或每年 3500 万马克。

1944 年 6 月，扎扎她们刚解除“检疫”（即入营后的统一清洁）团聚不久，集中营当局便宣布马上会遴选一批人去分遣营。她和埃莱娜刚从与津卡、隆、居居这些朋友的重逢中得到些慰藉，这个消息又把她的心情打入谷底。她们会被送去何方？她们的境遇会不会进一步恶化？最让人揪心的是，她们会不会被再次分开？毕竟她们刚刚勉强适应了拉文斯布吕克的生活。虽然条件非常糟糕，但好歹养成了习惯。

如果在遴选的那一天，当局认定一个囚犯“没用了”，那她就会被送去毒气室，有的也会被“选”到希姆莱开的妓院里去，取悦党卫队看守，或者作为男囚犯的奖励。之前，希姆莱从柏林街头和沦陷国家征集妓女充实妓院，但到了 1944 年夏天，他得开发新的人员渠道了。至少 200 名妇女被送到所谓的“特殊营区”[7] 里。其中有的人是自愿的，因为德国人答应增加她们的供给，等她们“完成服务”后还会放了她们，而大多数人最终因疾病和虐待而死。一个女人在那种妓院里待了六周便回了集中营，如实描述了其中的惨状：“每天早上姑娘们起来之后由女看守擦洗身子，刚喝完一杯咖啡，党卫队的人就来了。一天要接 16 个小时的客，吃饭时间只有两个半小时，强奸和虐待是常事[8]。”

扎扎担心她的新朋友若塞会被送到“特殊营区”去。若塞是一对西班牙移民的女儿，18 岁就加入了抵抗组织，一年半之后被捕。虽然在惨淡的集中营里，周围都是剃了光头、饥肠辘辘的行尸走肉，她的美在这惨境之中也丝毫没有黯淡半分。神奇的是，若塞的头发依然浓密乌黑，难友们都祈祷她的秀发不要被某个金发看守[①]剃掉。若塞长得像电影明星一样：鹅蛋脸，高颧骨，嘴唇秀气，比安娜·马尼亚尼（Anna Magnani）[②]还要优雅几分。可能是因为年轻，她更情绪化一些。大家都想保护她，但她其实并没有那么脆弱，因为她的青春期是在法国南方一个寄养家庭中度过的。

人人都爱若塞的好嗓子。一到晚上，大家聚在拥挤的监号里，小声传着最新的可怕流言。因为下一次的遴选快到了，妇女们请求若塞唱一首歌安慰她们。若塞全心全意地把舒伯特唱得淋漓尽致，以此安慰大家内心的恐惧。

7月18日晨，遴选的时候到了。看守要求女囚们在点名前全部脱光。扎扎看见有的年轻姑娘勉力遮住胸部和私处，她们又羞又惧，怕得发抖。扎扎觉得自己的思绪飘走了，直到埃莱娜用胳膊肘捅了她一下。她得回过神来，在如今的境遇下走神可太危险了。扎扎短暂地瞥了一眼埃莱娜，打算和她私下谈谈。埃莱娜勉强笑了一下，她缺的那颗牙实在让她很苦恼。她向扎扎诉苦说，每当舌头舔到那处牙洞时，一股怒气就涌上头。这总在提醒她，当这一切都结束以后，她要怎么报复。埃莱娜挑衅地抬

① 应是暗指某些极端的日尔曼种族主义者。——译者注

② 意大利女星，曾出演罗西里尼执导的电影《罗马，不设防的城市》。——编者注

起下巴，毫不掩饰她的怒火。

她们行进到一群党卫队军官和民间商人面前，他们是各工厂的老板。这群人一边挑出选中的女人，一边嘲笑落选的。“看那玩意儿，那还是个女人吗？”一个一脸厌恶地说。“她已经给榨干了。”另一个人一边笑着，一边对他嘲笑的老太太指指点点，因为她的乳房下垂了。党卫队指挥官稍一点头，被取笑的可怜女人便被拖出队列，拉去枪毙。

有的年轻姑娘吓得发抖，但扎扎学着埃莱娜和津卡的样子，一点儿虚弱也不流露出来，不能让那群人觉得快活。相反，她觉得血往头上涌：下垂的乳房证明那个老太太曾是一位母亲，但她却因此被塞进焚尸炉。健壮的人接下来要检查疥疮、疹子和感染，还要检查阴道看有没有性病，查体的那个党卫队士兵从不换他的手套。

一个叫罗西（Rosie）的小姑娘被这一套侮辱人的步骤吓哭了。她到了崩溃的边缘，但另两个妇女撑住她，不让她瘫倒。和若塞一样，罗西很年轻，从没答应过男人吻她或者看她的身体，更没让男人碰过。埃莱娜用眼角的余光看到一个大姐正试着安慰罗西，在耳边悄悄地说着让她坚强一点儿。这得要几个月的爱和关怀才能让罗西恢复过来。[9]

当德国人发给她们一件黑蓝条的睡衣之后，扎扎松了一口气。她觉得要是他们想杀人，就不用费工夫发衣服了。其实，她们要被送到分遣营去。看守给她们每人发了一个红三角，这代表她们是政治犯；又给了她们一条印着编号的布条，还有针线，好把标识缝到衣服上（只有奥斯维辛才在犯人胳膊上烙编号，而且基本上只对犹太人这么干）。过了一阵子，扎扎骄傲地向埃莱娜展示她偷藏下来的针线，这些东西可有大用。

从 7 月 18 日到 21 日，她们一直待在一个大围栏里等着被运走，而这几天难友们也偷偷过来送她们告别礼物：一件毛衣、一小块肥皂、纸头上写的一首诗或者一双袜子。团结让女人们坚持下去，却也让迫近的分别尤其令人断肠。

在她们被运到新劳动营的路上时，火车在柏林附近的一条支线上等了几个小时。一个懂德语的女囚听见两个铁路工人闲聊，说纳粹党高层曾有人试图暗杀希特勒。这个新闻很快就在车厢间传开了。虽然扎扎和其他人十分可惜希特勒逃得狗命，但她们还是感到振奋，因为看来连希特勒的身边人也开始反对他了。

纳粹德军曾经几乎是天下无敌的。扎扎 19 岁时，曾在自家窗台边望见德军开进巴黎，她也望见惊慌的人群大包小包丢盔弃甲狼狈不堪地逃出巴黎，逃向敌军兵锋还没到的南方。当时她可能会想，抵抗组织到哪里去了。

扎扎见识过占领军压迫的手段：不准三人以上集会，宵禁，配给制和审查制度，等等。接下来，大街小巷就被贴满了告示，上面登着被德军杀害的平民的名字，以此作为对抵抗行动的报复。登载出被害者的名单本是为了阻遏抵抗组织的行动，却激起了人民的仇恨和斗志。

扎扎一开始的反抗行动可能比较简单：她只是悄悄地在德国告示上写上“凶手”的字样，或者在墙上画上抵抗运动的标志——洛林十字，也在地铁口发过地下传单和秘密报刊。但当德国人第一次大规模拘捕犹太人之后，她就像其他人一样志愿做起了更多工作。到了1943年时，扎扎成了一个“青旅伙伴”（Ajiste，原文为法语），即为法国青旅中心（AJ）工作的人。

AJ是在战间期受德国青年旅社的影响成立的。起初成立的想法是，青年人应该跨过国境旅行和分享见闻，以创造一种和平与谅解的气氛。这是世界大战惨剧之后新一代人怀抱的世界大同理想的一部分。就是在AJ工作时，扎扎遇见了勒内·莫代（René Maudet），她未来的丈夫。

德国占领法国之后，非政治性组织仍然允许活动，AJ本就是非政治性的，但是AJ的创始人马克·萨尼耶（Marc Sagnier）拒绝听从当局禁止犹太人入会的命令[10]①。1943年AJ被取缔，它的不少干部转身投向抵抗组织，它的整个组织也转入地下工作。萨尼耶仍然是AJ的主席，他同国务秘书转移到法国南方的非交战区。勒内和罗兰·博拉米耶

① 萨尼耶是个了不起的人。他是法国罗马天主教的思想家和政治家，在1894年发起了一个社会主义天主教运动。他还创办了一份报纸《民主报》（*La Démocratie*），为妇女平等和选举中的比例代表制大声疾呼。

（Rolland Beauramier）在北方领导 AJ 的工作，勒内还负责收集德军驻扎和防御的情报，并传递给盟国。

德国人在法国建立了一个义务劳动体系：满 20 岁的法国男性可以志愿前往德国劳动，以此换取释放法国战俘。但德国人从来没有招到过足够的志愿者，到了 1943 年，义务劳动变成了强制劳动，青年男子都要被编入“义务劳动勤务队”（STO）。但 AJ 制订了一项计划，通过提供假证件和引导男青年加入各种地下网络来帮他们逃避强迫劳动。

扎扎的表哥还记得他在巴黎 AJ 总部给即将编入 STO 的会员写信的事情。信里邀请那些即将被绑上纳粹战车的青年们到汝拉地区一处 AJ 的青旅社野营，当他们抵达旅馆，勒内的任务便是在不愿意去德国的人里甄别他到底可以同谁安全地谈他可以提供的服务。之后便会有一段观察时间，可能是一整天远足之后的晚上，当他们坐在篝火前唱歌，聊起法国可耻的惨败之前的日子。到那时，勒内便可以将计划和盘托出。

我大概能想象出 22 岁的扎扎和 23 岁的勒内是怎么结合的。他们一起在空气清新的汝拉地区为面临骨肉分离和强迫劳动的青年们提供为期一两周的训练。勒内应该是领队，而蓝眼睛的扎扎应该是志愿者之一。她绝不会抱怨寒冷和阴雨，而必是那个自愿去林里拾柴、帮着削土豆皮、饭后带大家唱歌的人。勒内本该是那个活跃气氛的人，但其实是扎扎营造了信任和率真的环境。瘦高的勒内是个烈火般的社会主义者，却没空闲聊天，他也不善于向人敞开心扉，不善于轻松地开玩笑。但是当扎扎协助他时，他便能和小伙子们聊天了。扎扎让他觉得自己很强大，很有能力。勒内会感激扎扎的陪伴，会佩服她的善良和慷慨。他们渐渐地情投意合，相互理解，有了一些仅他们两人知晓的玩笑和外号。虽然日子过得很紧张，但两人的内心却无比安详。扎扎早上会给勒内泡一杯他爱喝的热茶，勒内晚上会透过篝火的亮光，看着对面的扎扎微笑着听他讲每一句话。勒内之前没怎么想过结婚，但突然就认定要和扎扎度过余生。我甚至设想过，肯定会有那么一次旅行，勒内会牵起扎扎的手，之后他们互相交换初吻。

1944 年 2 月，他们结婚了，搬到巴黎第十区（Tenth Arrondissement）的奥特维尔街（rue d’Hauteville）12 号。房子虽然狭小阴暗，但二人世界却充满欢乐。这是年轻的扎扎最快乐的时光。虽然他们身边的世界已经疯了，处处遍布危机，但她和勒内都觉得自己能找到对方真是三生有幸。她简直不敢相信，每天早上醒来都能看见爱人睡在身旁。他们庆祝每一个微小的胜利：谁和谁安全地转移到南方，加入了那里的“马基”[①] 游击队啦；扎扎在黑市买到了味道几乎乱真

---

① 马基即法语 Maquis，统称在统一的抵抗组织网络形成前各种自发涌现、各行其是的法国游击队。——译者注

的假咖啡啦；勒内收到一份新的新兵名单啦——她认为他们的爱情是一面抵御现实的坚盾。

就在 1944 年 3 月 22 日，他们婚后一个月，在一场秘密会议中，扎扎、勒内和其他所有与会的 AJ 成员在他们家中被捕。这是一次对整个 AJ 组织的毁灭性扫荡，有人告了密。

朱丽叶·贝斯（Juliette Bes）是上述被捕青旅伙伴的一员，她后来在回忆录里记下的拷问过程和扎扎所经历的差不多。贝斯被扒光押在拷问室里，身前身后各站着两个男打手。每次若她不回答问题，不是身后的打手用鞭子抽她，就是身前的打手扇她耳光。除了作为一个年轻姑娘裸体站在陌生男人面前受辱之外，最难熬的就是挨打。她如此写道[11]。

拷问之后，扎扎被押送到弗雷讷的监狱里。她在那里的三个月里又见了勒内一面。有一天，当他和其他男犯人列队走过监狱大院时，她和一群妇女正站在那里。他们互相呼唤着，他要她坚强起来，因为他们必能再会。随后，扎扎便听说勒内将被押解去德国。

勒内被押到汉堡城外的诺因加默（Neuengamme）集中营，从那里被送到 80 个附属营中之一，又被编入排爆组。当局常驱使集中营犯人挖掘和运输深埋在瓦砾堆下的数千枚未爆弹。很多炸弹装的是延时引信，排除起来非常危险。囚犯们挖炸弹时没有什么工具，经常需要徒手操作，此时党卫队看守和技术人员便待在安全距离以外。囚犯们两个两个轮流上，这样万一炸弹爆炸就只会死两个人。排爆组的存活率相当低：活到战后的十不存一。曾有一个幸存者记得，一天晚上他提着桶回到了营区，桶里装的是他的队友们。那些可怜的人被炸了个粉碎。

直到扎扎自己的磨难结束，她都不知道勒内身上发生了什么。但她一直坚信他会活着，战争结束后他们会重新聚首，一起生活下去。几周后她紧随他被拉去了德国，就在 1944 年的 6 月 14 日。

火车拉着被选中的女犯们从拉文斯布吕克到一所设在莱比锡的分遣营去。2017 年 1 月，我问我 20 岁的女儿索菲娅（Sophie）是否能来德国帮我追溯埃莱娜和扎扎的足迹（她当然答应了）[①]。

启程前，我已在德国待了八天。虽然我不会德语，从没去过柏林，但我和女儿都是归化德国人，都拿德国护照。我的祖父辈是德裔犹太人，1934 年离开了德国，之后便被纳粹吊销了国籍。因为这段过往，我们都能重获德国身份，成为欧洲公民。

我们的旅程从莱比锡开始，在纳粹强迫劳工纪念碑（Nazi Forced Labor Memorial）旁的附属博物馆里，我们会见了档案员安妮·弗里贝尔（Anne Friebel）。她是个热情、好奇、话音轻柔的人，答应帮我检索档案。我给她写下了埃莱娜的全名和出生日期，还告诉她，她可能知

① 原文无此句，根据后文补充。——编者注

道埃莱娜战时的化名“克里斯蒂娜”。我还给她留下了小组里另外两个姑娘，扎扎和隆的真名。于是第二天，弗里贝尔就给我发了两份文件。

一份文件是 1944 年 7 月 21 日拉文斯布吕克遴选结果的转运名单，这是转运至莱比锡的最大一批奴工：超过 2000 名女囚，来自法国、波兰、苏联、希腊、荷兰、匈牙利等国。

在影印文件的第三页，我找到了埃莱娜的名字，在上面记载为“让尼娜·波德利亚斯基”（Jeannine Podliasky）。她在莱比锡营地的编号为 4063 号，文件上还记录她为未婚的工程师。第二份文件是 1944 年 8 月 22 日 HASAG[①] 公司莱比锡营区所有囚犯的名单。在这上面她被登记为克里斯蒂娜·波德利亚斯基（Christine Podliasky），还有拉文斯布吕克的老编号和莱比锡的新编号。就在埃莱娜名字的下面便是扎扎，她被德国人错记为“苏珊·芒代”（Susanne Mandet），上面隔了几行的是隆，被登记为“玛格达莱娜”（Magdalena）。名字并没按首字母顺序排列：犯人的名字没这个必要。姑娘们按照拉文斯布吕克的编号排序，数字仅仅代表在编号时谁和谁站在一起。名单上离埃莱娜和扎扎不远处有个“乔斯”（Jose），我怀疑这可能就是她们的朋友若塞，再往上几行便是居居的名字了。

① HASAG，雨果暨阿佛烈·施奈德股份有限公司，战后解体。——译者注

在纳粹名单上看见埃莱娜的名字，我大受震撼：这看上去是寻常的行政手续，背后却是难以想象的罪行。我试着设想妇女们被运到莱比锡营区的情形：警卫大吼着让她们排队；妇女们等待着上头的安排，心中害怕又不安；之后便是千百只脚向前列队行进的长长的拖地声。

设在莱比锡城郊舍讷费尔德（Schönefeld）的 HASAG 弹药工厂是一组由电网、铁丝网和岗楼围起来的红砖建筑。布痕瓦尔德集中营的附属营在这里有个分遣营，强迫 5067 名女囚生产弹药和“铁拳”（一种类似巴祖卡的反坦克榴弹发射器）。HASAG 是德国最大的军火生产商，在德国和波兰都有分厂，并从当地的附属营招收劳动力。从 1936 年直到战争结束，保罗·布丁（Paul Budin）一直是整个 HASAG 生产联合体的主管。像希姆莱一样的纳粹分子大多认为女人只属于“3K”[①]，即孩子、教堂和厨房，但是布丁不同，他在妇女劳动上的想法更现代。他也是第一个在波兰占领区招收妇女操作机器的工厂主，他的“模范工厂”给希特勒留下了特殊的印象。况且，党卫队出租女囚便宜一些，她们比起男人来也更不容易死。

战争初期，HASAG 的头头曾要求布痕瓦尔德集中营稍微改善一

① 原文为德语 Kinder,Kirche, Küche。——译者注

下劳工的条件。因为严酷的工作环境和 12 小时轮班制极大地加剧了 HASAG 的劳动力耗损速度：HASAG 工厂里男劳工的平均寿命是三个半月[12]，1944 年 7 月到的那批女劳工则活得久一点儿，能有九个月。

当她们到达 HASAG 营地后，扎扎和大家聚在一个大的点名区里，女总管命令众人排成五队。营地总指挥是党卫队上级突击队大队长沃尔夫冈·普劳尔（Wolfgang Plaul）。这人是个瘦高个儿，制服一尘不染。他一边看人，一边不耐烦地用马鞭抽打着他闪亮的黑色靴子。普劳尔是从布痕瓦尔德调来的，他在那边给人的印象一是当刽子手绞死囚犯，二是最喜欢一边指挥犹太人干苦力，一边强迫他们唱反犹的歌。但是之后，战争快结束的时候，此人似乎转了性，对女犯们“慈悲”了一些。当德国眼看着要投降时，布痕瓦尔德的主管赫尔曼·皮斯特（Hermann Pister）给他发来命令，让他减轻他的严酷管理[13]①。

站在普劳尔旁边的是个冰蓝色眼睛的漂亮年轻女人，头上盘着一头金色的辫子。这是营地前辈（camp Lagerälteste）乔安娜·舒曼斯卡（Joanna Szumańska），是负责监管营地内部事务的囚犯。

---

① 沃尔夫冈·普劳尔是 HASAG 莱比锡舍讷费尔德的指挥官，而保罗·布丁是他的上司，是总经理。普劳尔在战争结束时失踪，从此销声匿迹，更未因战争罪行受审判。据推测，布丁在 1945 年 4 月与他的妻子一起自杀，当时他炸毁了公司在莱比锡的总部大楼。HASAG 人员没有一个在纽伦堡的国际军事法庭上受过审。

普劳尔做了一番“欢迎演说”，由几个囚犯相应地翻译成法语、波兰语和俄语。他告诉妇女们，这里有条格言叫“不劳动者不得食”，她们的待遇是好是坏要看表现，而第一条规矩就是绝对服从。

“你们这群杀人犯！”突然传来一声年轻姑娘的尖叫，打断了普劳尔的演讲。她在拉文斯布吕克亲眼看见母亲被拉走执行死刑，已经神志不清，筋疲力尽。现在她终于崩溃了。当她的怒火爆发出来时，所有人都惊呆了。一个警卫上去扇了她耳光，而姑娘扇了回去。

警卫们冲过来围住她，对她拳打脚踢。普劳尔也在施暴者的行列中，用马鞭发狂地抽打她。她无力的身躯被两个守卫架到营地办公室，而当十天后她再出来时，已经是一具行尸走肉。她被锁在一个坐都坐不进去的黑箱子里，里面不透气，不透光，也没有食物。妇女们小心翼翼地攒下物资，照顾她回到了人间[14]。

除了这件可怕的事之外，妇女们还是松了一口气，因为这里的条件比她们来的地方好一点。最让她们高兴的是监区里的卫生间，有一条长长的不锈钢水槽，带有20个水龙头，水流也相对大些。在拉文斯布吕克，每千人只有一个水龙头，还滴滴答答淌着脏水。在这里，虽然没有肥皂，但妇女们总算洗到了个几个月以来真正的澡。

“起床，快点儿！”凌晨四点，随着警卫的高喊，一天开始了。人们得赶紧洗漱，女人们以极快的速度轮流上厕所，这是她们一天之中唯一的一次机会。大家还得手忙脚乱地穿鞋套衣服，居居找不到左脚的鞋，慌了。像往常一样，她的朋友梅娜从另一个监室把鞋寻了回来。

梅娜家住布列塔尼，但到22岁时，她整日盼着去巴黎。虽说出身工人家庭，她却有一颗艺术家的心。姑娘生来古灵精怪，希望被爱，喜欢听好故事，还特别爱笑。当别人问起她："你为什么参加抵抗组织呀？"她便耸耸肩："我可不想拯救世界，我就是为了一个男孩子。"

扎扎昨晚烧了一整夜，现在还躺在床上，埃莱娜担心坏了。她用条破头巾仔细地把头包好，然后又检查了扎扎一遍，轻轻地推了推她。"抱歉，今天实在是不舒服。"扎扎一边努力起床一边说。

扎扎的头烫得像火炭一样。"你还是去趟'雷维尔'吧。"埃莱娜劝她。

所谓"雷维尔"是"Krankenrevier"的缩写，换句话说是救护站，是德军对医务室的称呼。但法国囚犯们不说它的全称，因为那里面不仅根本不发药，还是大多数集中营里得病的囚犯进去等死的地方。不过比起在莱比锡时还是稍好一些，囚犯若是得了病，起码能休息一阵子。病人最缺的其实就是休息。

"我好着呢，我能干活。"扎扎坚持说。

埃莱娜深深地看了她的朋友许久，她们都知道，任何一个人倒下，对她们的小集体都是个沉重打击。她们能完成每日定量就非常不容易了——她们的七人小组在12小时内得装卸50吨铁壳，平均每人七吨。雅基体弱，扛不动这么多活儿。她今年27岁，是个战争遗孀，被生活磨砺得很坚强。她得了白喉，当今社会有了疫苗和抗生素之后这病不算什么，但在20世纪40年代它却经常能要人的命。德军四处征讨，顺便把白喉也带到各地，所谓的“绞刑天使”便在全欧洲传播开来。白喉患者的喉咙里会长一层厚厚的灰膜，导致病人呼吸困难，这病在集中营里尤其致命。

雅基在努力跟上别人的进度，但总要时不时停下来喘气。她现在只想回到她亲爱的巴黎，坐在家边的咖啡馆里，一边吸着香烟，一边啜饮红酒。“我要喝个够。能把一个水手和他的姘头都灌醉的量是多少，我就喝多少。”她用深沉喑哑的声音说道。

可怜的女人不晓得她是因为得了白喉才呼吸得这么困难，而大家也尽量给她打掩护了。她去“雷维尔”的次数太多，在那儿待的时间也太长。那里的人警告她们，不能再让她去了。万一让普劳尔长官发现她“意志软弱”，她就会被送上一辆让人闻风丧胆的车：那车是去灭绝营的，囚犯到了那里以后就会被熏死在毒气室里。

姑娘们人人都要干活。但如果扎扎的情况还这么糟糕，怎么样都没法干活的话，那她可能也得去“雷维尔”里歇着。若是这样，那她们就要面对随之而来的后果。埃莱娜能预感到，是极其严重的后果。

“真的，今天我有劲多了。”扎扎坚持着。

埃莱娜点了点头。她知道扎扎在哄她，她感到一阵阵的内疚。卫生间里的其他妇女给扎扎挪开了一个位置，好让她洗洗脸，精神起来。

大家要赶紧排好队，然后两个苏联囚犯就会送“咖啡”进来。那是一杯发臭的黑水，跟咖啡毫无关系，唯一的优点是它好歹是热的。妇女们把上个晚上藏下的一块面包仔细地掰成小块，让每个人都能差不多吃上一点儿。

接着人们要匆忙到外面排成五排站好等着点名。埃莱娜搀着扎扎走出来站直，免得被长官和他的鹰犬发现——营地的守卫们也有淘汰囚犯的名额等着填补。在两个女总管的监视下，牢头开始点名，点完了一遍又点一遍。点名时，一个看守拽着一条凶狠的大狗，嘶吼着扑向妇女们的脚边。每当狗趁人不备扑过来把人脚腕咬出血时，警卫就哈哈大笑。埃莱娜是 4063，扎扎是 4062，而若塞是 4065，隆是 4059——点名时间虽然漫长，但她们总能站在一起。

每队的牢头会报告点名情况：哪些号码来了，哪些号码去了救护站，哪些号码死了。监督重新数一遍，如果数字没错，他就在记录上签名，而妇女们便排队前往附近的工厂。

埃莱娜这一组负责在电炉里铸造和调质铁拳的弹头外壳。弹壳在炉子里走了一遭之后，就装车运去酸洗。之所以被派到这个最辛苦的活儿，是因为埃莱娜的小组是最年轻也最壮实的。每一次都要把电炉填满，热处理之后又要把炉子清空，姑娘们每人要在 12 小时里装卸七吨，不能休息。弹壳要在 600°C高温下处理三个小时，当每个炉子都装满运转时，她们才有一小会儿休息时间。

工作很危险。如果装车太快，那车就会翻倒，压伤脚是常有的事。在工厂其他车间，妇女们要把剧毒的炸药筛到铁拳弹壳里，而且绝没有劳保设施。至少有 5000 名奴工死在了 HASAG 的工厂里。

就在那天，当扎扎刚把红热的弹壳从炉中取出装上车后，感觉有点儿头晕，就用手扒着车沿，好支撑一下。但小车晃晃悠悠的，几个通红的弹壳正好滚到车厢边上，压到了扎扎的手指。居居和其他人赶快过来挪开弹壳，但一阵皮肉的焦煳味已从滚烫的弹壳上飘散开来。

“啊，我真是太笨了。”扎扎的眼泪大滴大滴地滚下来，不停地对朋友们说，“我真是太笨了，对不起，真是对不起。”

埃莱娜这时候觉得她刚才应该再强硬一点儿，不让扎扎来上工。她身体太虚弱了，干不好活，这才出了事。埃莱娜把头上缠着的破布摘下来，裹到扎扎受伤的手指上。管她们这一片的德国工头叫弗里茨·施图皮茨（Fritz Stupitz），他让扎扎去“雷维尔”处理一下。埃莱娜暗地里感谢他，又对扎扎说：“等我们下工了我就去看你。”

轮班剩下的时间里，埃莱娜紧张地计算着小车的数量和装货量。她带着负罪感极力地催促其他人，但她们今天的进度已经落后了，她却不知道该怎么把扎扎留下的定量补齐。自有工头仔细检查定量，并相应地进行处罚：有时候把她们寥寥无几的饮食再扣一部分；有时候剃她们的头发；有时候直接打一顿。但有时候，最严酷的惩罚也会发生：选中整个一组人，送她们上路。

到了莱比锡不久，妇女们就感到了普劳尔长官的“筛选”这个持续的威胁。任何人只要没完成定量，就会被选出来拉到营地某处，据说一到那里就会被处决。第一批被选中的是儿童和孕妇，普劳尔说他们能多吃饭，干轻活。他这番话在一开始几个星期里似乎没问题，他登记了每个不满十六岁的孩子，之后德国人就给这批孩子每人发了件破旧衣裳，还说要把他们送到其他集中营去。但根据纳粹档案上的记载，这 75 个人是年轻孤儿、病人和孕妇（他们甚至还记录了每人的孕期），他们都被从莱比锡送到了奥斯维辛，大部分人在 1944 年 8 月 29 日刚到时就被推进毒气室毒死了[15]。这批人里唯一的幸存者是法国囚犯西蒙娜·琼（Simone Jean）。

有的年轻姑娘比较聪明，会瞒报年龄，说她们年龄大，就这样逃过了第一批“筛选”。有的妇女会把怀孕的迹象藏起来，但当肚子大得能看出来时，她们马上就会被送走。每过几星期都会固定拉走一批病弱垂死的人，而“筛选”过程似乎是和生产情况挂钩的。要是哪个女人看起来太疲劳或者太苍白，普劳尔长官就会把她选中。工厂里的当地平民开了一家黑市，以三四天的面包定量高价出售口红和胭脂。但若是妆化得太浓，普劳尔长官也会把她选中。有一次他把一个女人拽出来，说：“你个骚货，你也给我走。”还曾有个女人化妆时被警卫看见，当场就被开枪打死了[16]。

每次轮班结束后，主管工头都要检查她们完成定量没有。扎扎出事那天，埃莱娜觉得她们完蛋了。但是随后发生了件怪事：那个叫弗里茨的工头看着埃莱娜，简单地说了一句："你们完成了，排队吧。"听到这话，一阵劫后余生的欢欣充斥在她胸中，一股希望像野火一样腾起来：这个人是个好人，这个人长着颗人心，这个人可能会帮她逃走。

当天晚上埃莱娜就去求管事的牢头，想溜出去看扎扎。幸运的是，这个牢头爱吃甜的，于是监室里的几个女人便把好不容易攒下来的一点糖拿出来去送礼。

到了"雷维尔"，埃莱娜发现扎扎被一群波兰囚犯围坐在中间，她们都会说法语，聊着普鲁斯特。扎扎看着目瞪口呆的埃莱娜，解释自己的高人气："貌似我提到了个大家都喜欢的人。"

"对啊，可怜的伊恩卡（Ianka）。"一个波兰人说。

"她死在马伊达内克（Majdanek）了。"另一个人一边抚摸着扎扎的卷发，一边说，"也是一样的蓝眼睛，一样的金鬈发……"

波兰人占着营里大多数实权位置，扎扎在"雷维尔"被她们照顾了几天。党卫队也虐待她们，但她们能弄到好吃的，还能弄到像肥皂和厚实衣服这样的奢侈品。虽然知道扎扎不是伊恩卡，但她们还是愿意照顾一个看起来像她的人。扎扎得到了额外的食物，甚至还得了双能塞进木鞋里穿的毡拖鞋，这双拖鞋在后面的逃亡中管大用了。扎扎这个一贯的乐观主义者后来向埃莱娜倾诉："你看啊，来的都是好事——要是我没压着手指头，你就不可能跟施图皮茨讲话，我也得不到这双暖和的拖鞋。”

战争进行到绝望的最后一年，所有适龄德国男性都上了前线，而平民则被雇来监督工厂。这些监工年龄较大，大多因子孙阵亡而心力交瘁，也不怎么买纳粹宣传的账。战事日蹙，恐怕这些德国人也在为将来战后做打算。无论如何，HASAG 的平民监督者里总有几个对囚犯比较“和善”的。

费利奇娅·考劳伊（Felicja Karay）是个幸存者，她记录了几桩类似的事情。有个犹太囚犯回忆起来，曾有一个德国平民在厕所里为她偷偷藏了一张报纸，上面记载着犹太人将在巴勒斯坦建国的消息。尽管仍旧忠于元首，一个叫威廉的老工头每天都要从家给“他的姑娘们”带一锅吃的。但是 1944 年春天的某一天，当妇女们到了工厂，发现老头竟吊死了。他还是留下来一锅吃的，并附了一张纸条，写着他受不了战败的耻辱，写着纳粹是错误的，写着他希望她们记住“老威廉像爱自己女儿一样爱你们”。[17]

厂子里一个波兰工头爱上了梅娜，不时会在她的机器旁藏些小礼物。有一次他送给她一把漂亮的梳子，装饰着他从工厂里寻到的铁片和电线。还有一次，他带给她一个土豆，梅娜就用刚出炉的滚烫弹壳烤土豆。[18]

莱比锡工厂日夜不停，妇女们每周日干半天活，剩下的六天两班倒。她们这周上白班，下周就上夜班。除非盟军来轰炸，生产绝不停止。空袭是艰苦的工作中唯一的休息，那时妇女们就能笑嘻嘻地离开工厂，赶往地下室隐蔽。即使可能被炸死，埃莱娜仍旧喜欢轰炸，因为这预示着解放，这证明盟军正在得胜，而纳粹就要失败。

她们坐在地下室的地上，背靠石墙，头顶上吊着一个灯泡，大部分人会找机会睡一会儿。若塞枕在扎扎的大腿上，她们在一片寂静中静听头顶炸弹爆炸的轰鸣声，感受着大地的震颤。

埃莱娜坐在扎扎旁边，盯着昏暗清凉的地下室深处，看着最后一批人进来。弗里茨·施图皮茨就在他们之内，他站在入口，视线越过疲惫的妇女们，埃莱娜知道他在找她。就像扎扎说过的，“埃莱娜有张你绝对忘不掉的面孔”。当他们视线相对，埃莱娜对着他点了点头。于是他小心地越过妇女们，走过来坐在她旁边。

很长一段时间，他们都没有说话。最后，在众人的热烈请求下，若塞开始唱一首舒伯特的歌。空气潮潮的，带着土腥味和她们的体味，但大家都被飞扬在漆黑地下室里的柔和歌声陶醉了。埃莱娜没有看弗里茨，但她知道他在听。

突然，一声爆炸的巨响打断了若塞清脆的歌声。几个女人尖叫起来，之后又是一片寂静。埃莱娜并没有害怕，她长出一口气，在弗里茨耳边悄悄说道：“听起来是炸中了。”

“我觉得他们瞄准的是铁路货场。”

“对，”埃莱娜赞成，“要是我也那么干。”

“啊，你想过这事？”

听了他的问题，埃莱娜皱了皱眉头。但她看见他在微笑，也回以微笑。

“你在设想你们该如何打败伟大的德意志军队？”他继续问道。

她从他的话中感到一丝讽刺。“每天都想。”她加重了语气，“你要是在我的位置，你难道不会？”

他好像有点儿惊讶于这个女人竟敢冒着风险如此坦率地说话，但他可能也欣赏这一点。随着谈话继续，弗里茨发现埃莱娜比他要有学问得多。

“你是个工程师？”他毫不掩饰自己的惊讶。

“战前我在巴黎读书。”

“你原来不是——”他突然停住了。当局向在工厂上班的德国人宣传，说所有的女性奴工都是罪犯和妓女。但听着埃莱娜谈着她的学业，他发现她不是因为干坏事被捕的。

他长着一头灰发，额头因为忧愁刻下深深的皱纹。他长得挺帅的，埃莱娜想道，而且比这个时代允许他能做的还要善良些。他的面部表情透露了他的想法，他不是那些一朝权在手便把令来行的工头：那些人有的冲着妇女们大呼小叫，推推搡搡，从折腾受罪的女人们中获得扭曲的快感；有的会一脚把装满的小车踹翻，让妇女们把那些滚烫的弹壳重新装一遍车。埃莱娜对于弗里茨经常做她们白班的监督非常感激，但过了一会儿，她意识到是他看中了她们这一组。她知道其他组里的女人得应付更难缠的工头，得和着血和泪应付。

弗里茨很有礼貌，也尊重人。埃莱娜因为这个早就注意到他了。她之前为抵抗组织物色新人的经历让她特别擅长看人，弗里茨之前在扎扎受伤时做出的那些可能给自己惹祸的善良行为让她又好奇，又充满希望。

“你想说什么？”埃莱娜打算主动出击，她知道他暗示的是什么。

“没什么。”他摇摇头，低头看自己的手，“就是那些他们告诉我们的，关于你们的事，关于你们所有人，你们为什么会在这儿。”

“我们都是军人，是战俘。”埃莱娜自豪地回答，“我们之所以在这里，是因为我们是抵抗法西斯侵略的爱国者。”

弗里茨悄悄说：“我从一开始就不喜欢这场战争，我不喜欢那个人。”埃莱娜知道他指的是希特勒。“这仗不是我愿意打的。”他们对视良久，互相知晓了心意。随后解除危险的警报响了，德国人命令她们回到工位上去。

埃莱娜现在开始盼着盟军轰炸了，因为那时候她就能和弗里茨见面，继续谈话。埃莱娜知道弗里茨是他们工会的领导，还负责招工。他结婚了，唯一的儿子死在东线。她甚至猜想，她当初在拉文斯布吕克拆开的那些布满血迹和弹痕的制服里会不会有他儿子的。弗里茨的妻子不在莱比锡，城里时不时就有轰炸，已经不安全了。更何况随着儿子去世，她的精神完全垮了。于是他把她送回了他乡下的父母家。他承认，他没法抚平妻子的悲伤。“我不知道我还能帮她做什么。”

埃莱娜记起来有一次听到她母亲安慰一位一战的战争遗孀时，说过类似“让时间抚平”的话。

“我想，让时间来解决吧。”她安慰道。哪怕自己非常想，她也还是不擅长抚慰别人。

“我能给你看个东西吗？”弗里茨问道。

他在地下室的沉沉黑暗中拿出一张儿子的照片。他的悲痛可想而知，悲伤让这张薄薄的照片变得比坦克炮弹还要沉重。埃莱娜本能地感觉到，许多德国人对这场战争的厌恶不亚于囚犯们。

埃莱娜向弗里茨谈起她的家庭和妹妹们，谈到喜欢的音乐和食物。弗里茨喜欢读书，谈起最喜欢的作家和诗人。其中就有里尔克，“一个怪才”，弗里茨说他的作品帮他抚平了不少丧子之痛。他还为她背诵了一段诗。

他们俩还畅想战争结束后的生活。他准备回到乡下的农场去。如果妻子还能生，还想再要几个孩子。“不过我可能奢望的太多了。”他轻声道。

“我想回去继续读书。我还想继续学数学。”

“不要个孩子吗？”他问道。

“我不知道。”她摇了摇头，“带一个新生命来这么个世界上？我已经很难想象了。”

鉴于埃莱娜是个工程师，弗里茨派她监控六个熔炉的温度。他知道这会给她个破坏生产的机会，他也知道她这么干过。她把温控器的仪表调节了一下，让它们一直显示高温，哪怕她作业中途把炉子关闭。之后待作业结束时她再把温度升上去，这样弹壳出炉时仍是红热的，没人能看出什么异常。如此处理过的弹头要么会在酸洗时开裂，要么在战场上击发时爆裂，把扣扳机的德国兵干掉。

最高统帅部很快就接到了次品弹头异常爆炸伤人的报告，一群官员便被派往工厂检查机器。一个非常紧张的德国工程师领他们参观，他是工厂的总领班，埃莱娜一看见就躲开这个白痴。他领着他们来到埃莱娜监控温控器的天桥上，在这里可以看见妇女们在工厂各处忙活。她们大多卷着袖子，用破布包着头发，浑身臭汗。虽然能敏锐地感觉到被人盯着，她们也不抬头看督察员们。机器的噪声震耳欲聋。

“不是机器的问题！”工头在喧嚣中大喊道，“给我们的原料质量太差！”

“差得远呢！”德国官员喊回去，“别给我找理由！”

埃莱娜希望他们别往下看得太仔细。扎扎和雅基正在卸一批弹壳，把它们堆在小车上运去酸洗，弹壳没有应该有的那么烫。扎扎出事以后就一直单手操作，埃莱娜一直确保着她装运的弹壳不会太烫。她完全没准备好应付突击检查。

很快，另一批弹壳该出炉了。埃莱娜调高温度，好让弹壳出炉时看上去又红又热，她不想给她的小组引来更多的注意。她看到弗里茨在对面惊恐地看着她，她心里希望他能稍微隐藏一下情绪。

“你是干什么的？”高级指挥官冲她喊道。他俯身过来好在噪声中听清楚些，而她被他突然的动作吓着了。

“我负责巡视这些炉子！”她喊回去。

“为什么是你来干？”

“我是个工程师。”

他暴发出一阵大笑。“她说她是个工程师。”他向其他人重复了一遍，他们都礼貌地笑了起来。

“那就以工程师的身份解释一下你在做什么。”他往后靠了靠，好像在对小孩子说话一样。

“我也不知道，”她耸耸肩，“让我干啥我就干啥，我得让这个指针指到这个数字上。”

他拍拍她的肩膀说：“好姑娘。你想得救，就要为德意志祖国努力工作。”

埃莱娜有时候想，利用男人对女人的轻视能达到很多目的。他们绝不会想到女人会破坏生产，这些饥饿愚蠢的女人绝没有那个本事。为此，埃莱娜感到一阵欢喜，她还是有办法抵抗的。这些破坏行动让她们觉得自己还有用，还活着。

第二天，弗里茨给埃莱娜小组带了些土豆，让她们放在刚出炉的发烫弹壳里烤熟。这也算是改善伙食了，她们通常一天只有一顿饭，汤清得像水。他在用自己秘密的方式祝贺埃莱娜，祝贺她把自己从破坏活动中择出去了。

最终，埃莱娜请求弗里茨帮她逃跑。你知我知却未明言的事情终于浮出水面。他们在黑暗的地下室里讨论计划，他一直向她通报前线的最新情况。他告诉她，不久他也要逃离工厂，回去找他妻子，然后回到乡下。他不想在形势崩塌时还陷在这里。“谁知道当他们的伟大元首完蛋时，他们会干出什么？”他说。

在地下室密谈时，弗里茨用手指头在地上画着附近的地图。他画出莱比锡与法国边界的位置，好让她知道向哪儿跑。之后趁没人注意，他们又把地板抹干净了。

埃莱娜告诉我，她和弗里茨之间没什么，没有“那种关系”。“在那种情况下，你不可能有那种感觉。但是我还是非常感激他，他是个好人，一个身处困境的好人。”她说。[19] ①

1944 年 8 月 4 日，1200 名波兰犹太妇女抵达莱比锡。因为纳粹急缺劳动力，这批人得以逃脱被送进灭绝营的命运，转而进厂做苦力。她们的来源并不统一：有的来自华沙贫民窟，有的来自马伊达内克集中营，还有一大部分来自乡下的犹太小镇（shtetl）。稍后一小批来自奥斯维辛的也加入了，12 月又加入了一批匈牙利犹太人。犹太囚犯吃得最糟，

① 关于埃莱娜如何破坏电炉以及她与弗里茨・施图皮茨的友谊的描述，来自我对她的采访。

住得最差，干的活最重。她们是囚犯里最麻木的一类：遭受过迫害，见识过大屠杀，堪堪躲过毒气室。也许她们每人都曾眼看着亲爱的人落难，自己恐怕也没指望能活下来。

法国囚犯向犹太囚犯们伸出了援手，尤其是几个带着十来岁女儿的囚犯抵达以后。法国人把小女孩们带到自己的监区里，把偷藏下来的食物给她们吃，甚至还有巧克力这样的好东西。阿姨们对她们极尽宠爱，轮流和她们玩，她们的母亲都被这善意感动了。有的（包括若塞在内）法国妇女曾因为藏匿犹太孩子被捕，有的在抵抗组织里帮犹太家庭逃跑，甚至有的法国囚犯就是犹太人，只是设法向纳粹瞒住了。虽然交流不便，但这两群人之间建立了深厚的友谊。而埃莱娜因为会说英语、德语、俄语、波兰语和法语，就经常充当中间人，同时收集消息。

普劳尔长官一直在努力地维持莱比锡营地囚犯的国家、种族和文化分歧，但妇女们总会设法抹平鸿沟。囚犯们一直在进行小规模的抵抗。1944 年 11 月 11 日，囚犯集体罢工了几分钟，为一战中的死难者默哀。除了埃莱娜破坏温控表以外，工厂各处也涌现了各种形式的破坏行动。譬如，她们故意缩短酸洗时间；通过当地平民和外界通信；高唱《马赛曲》和其他军歌；等等。奴工营对每个囚犯都有生产配额。假若囚犯努力生产，超过了配额，就会额外得到奖赏。奖励通常以实物发放，比如沙丁鱼罐头、面包、香烟、牙刷或者梳子等。但法国囚犯拒绝参加这种激励活动，她们宣称只会完成最低定量，而且能少干点儿就少干点儿。

很多妇女都骄傲地回忆起她们在 11 月 25 日圣凯瑟琳节那一天自发组织的庆祝活动。根据传统，未婚少女会在那一天戴上漂亮的帽子在街上狂欢庆祝。在战前这个节日越来越没人过，除了在时尚之都巴黎。巴黎的制帽匠和高定服装设计师把这个节日当成他们大显身手的机会。集中营里的法国妇女有的战前在高定设计师手下做过裁缝，她们提前好几周就开始在下工后着手做帽子了。已婚的帮着未婚的做，她们无中生有创造出来的作品称得上精美绝伦。隆曾写道："真是让人不敢相信，法国姑娘们简直能无中生有，她们竟然这么有创造力。坐垫上的几把稻草，几块破布和破纸，几根电线，一把牙刷，几块木片，总之她们能用任何东西创造出最漂亮的帽子和最复杂的发型。"[20] 帽子各式各样，装点着羽毛、纸花、缎带、链子、碎玻璃、纸鸟等等。这是个光荣的时刻，梅娜还记得那些她们用捡来的废品做的华丽东西，以及这种团结的行为是如何支撑她坚持下去的。[21]

梅娜戴着一条浪漫的头巾，边缘点缀着纸做的葡萄。若塞头上高高地插着黑色蕾丝西班牙发梳。这里还有一顶上面有笼子的帽子，里面关着一只白鸟。有个女人头上甚至顶着纸板做的埃菲尔铁塔。庆典在法国监区举行，但很快扩大到其他营区。妇女们戴着帽子唱着歌，跳着法兰多拉舞，蜿蜒穿过各监区。她们访问了乌克兰人、俄国人、波兰人和犹太人，甚至还去探望了"雷维尔"的病号。所有人都出来参观法国人的杰作，警卫和牢头们也对这些作品印象深刻。他们鼓掌欢迎，还允许庆典持续到晚上。第二天妇女们累坏了，但是这没关系，因为她们还活着，除了干苦力，还能干更多的事。

政治犯们利用集中营里不同国家和宗教的节日来建立和巩固关系。她们一同庆祝失散孩子的生日，每个法国囚犯都“收养”了一个犹太孤儿，省下食物给他们，还给他们做礼物。这些孤儿试图冒充大人，他们通常不满 16 岁，最小的才 9 岁。犹太女人为赎罪节做准备时，法国人也会帮她们。

1944 年整个秋天，莱比锡工厂都在遭受盟军轰炸。9 月，德国人装在工厂里，此前每天中午都要吹嘘国防军光荣胜利的大喇叭突然闭嘴了。妇女们知道这是因为德国人就要输了。

九姐妹的最后两人在 9 月末到达。妮科尔是个长着漂亮绿眼睛的雀斑姑娘，她刚过完 22 岁生日，第二天就被盖世太保逮捕。她非常聪明，极具决心，这让她在抵抗组织里成了一名出色的情报员。而且她还当上了干部，这对像她这样的年轻姑娘来说非常不一般。她和雅基是最后一批从巴黎被解送到德国的囚犯，路上时时能听见盟军轰炸城市外围。巴黎离解放只有几天了，她不仅自己相信，还向集中营里的同伴们宣传到圣诞节她们就能回家。但是同时食物也越来越少，厂里的活儿越来越重，警卫的压迫也越来越狠。

到了 11 月末，透过道路另一边的铁丝网，可以看见原野上都盖上了厚厚的白雪。每到周日，莱比锡的德国人会全家漫步而过，推着儿童车，或者将幼儿牵在手里。他们越过铁丝网，望着路那边的奇怪生物：饥肠辘辘的女人们穿着斑马条纹的破布陈列在笼子里。

大风呼啸，带着北极的严寒。凶残的责罚日复一日，日常点名无休无止。但妇女们内心充满力量，因为她们决定圣诞节回家。她们每天数着日子，仿佛这不是企盼，而是已成定局。

到了 12 月中旬，白天越来越短，天黑得越来越早，点名就在黑暗里进行。1944 年的 12 月非常冷，是欧洲有史以来最冷的几个冬天之一。风非常硬，透过身上破衣服的每一条缝吹进来；透过破窗户上的碎玻璃吹进来；透过木板房的墙缝吹进来。妇女们试图无视冻僵的身躯，努力入睡，但冰冷的风一直吹进她们心里。她们听说德军集结起来发动了另一场进攻，他们败退到阿尔萨斯，又撤到阿登。现在妇女们很清楚他们圣诞节回不了家了。

利斯·伦敦是她们监室的难友，她在日记里写道，事已至此，许多人放弃了希望，也放弃了监室里的朋友们。情况非常不妙。第一个信号往往是某人不再洗澡或者洗衣服。囚犯们其实组织了一队“社会工作者”来处理此类事件。她们会劝说那人，说她的孩子或者家人在等她回家。她们会说，她们知道她是因为太累了才不洗衣服的，所以她们会帮她洗。有时候当事人一直沉默，拒绝任何帮助，此时“社工”便强行脱掉她的衣服，强行给她洗衣服洗澡。利斯写道，这种团结而体贴的行为基本上能将那个绝望的女人拉回来。[22]

利斯和她的“社工”们提起庆祝圣诞的想法时，差点儿就发生了一场骚乱，但终究是平息了。

“别跟我们提圣诞节了。”

“我们不愿意想它，就这么过日子吧！”

“我们彻底出不去了！”

“我们家里的男人们正在阿登赴死，我们怎么能在这时候过圣诞？”

但是监区里的年轻人都很赞成，包括九姐妹：“让我们来庆祝吧，因为这是我们在这个地方的最后一个圣诞节，春天一来我们就自由了。”

每天晚上，在劳作了12小时，熬过了漫长又寒冷的点名之后，尽管她们浑身疼痛、饥肠辘辘，但总是要等到看守回到宿舍，然后就聚集起来蹑手蹑脚地排练。这一组排练合唱，另一组演习戏剧，那一组练习舞蹈。

现在她们每天闲聊的主题是圣诞聚会和准备情况。虽然天气寒冷，食物不足，每天还要在雪中点名，但气氛已经被调动起来了。她们想办法用捡来的废品做礼物，她们想等到最终的自由来临时，带些礼物回家去。隆给她哥哥埃里克（Eric）做了一本叫《智与美的珍玩》（*Gems of Wisdom and Beauty*）的小书；梅娜给津卡的孩子缝了个小泰迪熊；津卡和扎扎用床垫上扯下来的布头、线头和纸片给她们的丈夫做烟盒，妮科尔和居居则写了几首诗，她们把诗订成小册子，还做了别在腰带上的小包来放诗稿，好在圣诞节那天有东西送给对方。

在酷寒的 1945 年 1 月，一群从奥斯维辛来的妇女踉跄着进了营地。她们的到来引起一阵混乱和疑惑，埃莱娜监室的法国妇女们设法把她们中的一小部分藏在监室里，摘掉了她们身上的黄星星，救了她们，还从仅剩下的可怜给养里匀给她们一些。抵达的人们证实了关于毒气室的传言，法国妇女们从她们嘴里听到了德国人对奥斯维辛疯狂的大撤离，以及随后惨痛的死亡行军。这些消息帮她们为几个月之后自己将面临的死亡行军做好了准备。

隐蔽拍摄的囚犯向达豪行进的照片

版权所有：美国大屠杀纪念馆（United States Holocaust Memorial Museum）

在 4 月上旬的一天，埃莱娜和弗里茨坐在地下室里，等着轰炸结束，假装互相不理睬。弗里茨从大衣里掏出一个布包着的东西，小声说："来，拿着这个。"埃莱娜看也不看，直接接过来塞到她囚服内侧自己缝的大兜里。东西挺沉，肯定特别重要。

"档案我拿不到。"弗里茨轻轻说。他曾说他会设法给她弄假档案，她也要过扎扎的。但他们都知道这是个漫长的过程。"实在办不到，根本不可能。"

"那我们就按没有的情况来办。"她回答道。

她感觉到他转脸面对她，他说："我打算明天走。"

"去你妻子那里？"她问道。她感觉到喉咙里堵得慌，他这是在道别。

他点点头，在地上画了张地图，把他的家乡指给她，又重复了一遍名字。他擦掉图，急切地说道："你们得赶紧走，情况不妙。"

最后，他们深深地看向对方。她想说些什么，但她从不擅长公开表达感情。

"等这些事都结束了以后，"他慢慢说道，仿佛每个字都重达千钧，"请一定要联系我，让我知道你没事。"

"我一定。"她答应了。

过了一会儿，埃莱娜把布包打开，发现弗里茨最后的礼物是一把剪线钳。

到战争接近尾声时，1945 年 1 月到 5 月间，随着德军兵败如山倒，党卫队试图用仅剩下的一点儿力量赶在盟军到来前清理集中营。他们焚烧文件，销毁罪证，处决囚犯。希特勒命令不留一个囚犯给盟军，要全部“了结”或者疏散。党卫队尽了最大可能处决囚犯，尸积如山，留下如山铁证。他们还强迫剩下的囚犯进行死亡行军，起初是向着德国纵深的其他集中营，之后甚至没有个确定的目的地。

希姆莱认识到失败近在咫尺，便试图通过谈判找条出路。他开始搜罗高价值囚犯，比如还在拉文斯布吕克的热纳维耶芙·戴高乐。1945 年 2 月份她在单人囚室里被关了一阵子，德国人称之为所谓保护性拘留。希姆莱宣称他可以用剩下的劳动力来重建伟大的纳粹军队，但他八成是期待着拿囚犯作筹码或者担保。不过无论如何，都很难解释为何要把囚犯从一处转移到另一处。逼着囚犯从奥斯维辛强行军到拉文斯布吕克，然后一抵达就全部处死，这是为了什么？

许多条死亡行军的线路在德国境内错综复杂地交织成死亡之网。战后人们基于目击者的证词仔细整理了记录，试图画出具体的线路图，包括途经的村庄和每日行进的路程。图上全是诸如“在加尔德莱根（Gardelegen）一处谷仓里被活活烧死”“十个人在野地里被机枪打死”“据说附近有乱葬坑”之类的注记。据这些信息所言，714 000 名集中营幸存者中有约 25 万人死于 1945 年 1 月至 5 月间的强制疏散。他们在监狱里熬过了几年饥肠辘辘、病痛交加的日子，又没有基本的食宿和衣服，在雨雪饥寒中被强迫行军。[23] 他们纯粹是累死的[24]，要是有人摔倒或者走不动，就会被枪毙。

4月10日和11日，莱比锡HASAG工厂在盟军轰炸中遭到严重破坏。有的囚犯被炸死，尸体还被埋在瓦砾堆下。营区里一片混乱，食物分发也陷入停滞。随着盟军步步进逼，妇女们看到党卫队看守一日比一日更加警惕。据说整座厂区都被装上了炸药，德国人将在紧急时刻起爆，把一切人证物证全部埋葬。

莱比锡分遣营从1944年6月起被划为西南120公里处的布痕瓦尔德集中营的分支机构。4月11日，布痕瓦尔德的囚犯袭击了岗楼里全副武装的党卫队，于下午3点15分起义成功，他们成功地获得了解放。片刻后，美军第四装甲师里的两名法国士兵，少尉埃马纽埃尔·迪萨尔（Emmanuel Desard）和中士保罗·博多（Paul Bodot）找到了营地，他们随后向美军报告了布痕瓦尔德的具体位置。

一部分刚解放的囚犯武装起来走出营门，正好碰上两个犹太裔美国兵开吉普赶来，他们分别是埃贡·W. 弗莱克（Egon W. Fleck）和爱德华·A. 特南鲍姆（Edward A. Tenenbaum）。这两人后来写道："我们在大路上开过一个拐角，看见几千衣衫褴褛面露饥色的人列队整齐地向东行进。他们一边走一边欢笑着挥着手。"[25]

布痕瓦尔德解放的消息传到了莱比锡普劳尔长官的耳中。他和其他党卫队军官赶忙行动起来隐藏战争罪证。他们试图烧毁重要文件，但一个名叫奥黛特·皮尔普尔（Odette Pilpoul）的勇敢囚犯设法从火中抢救出来不少关键证据。

4 月 13 日夜里，集中营要求 5000 名女囚在外集合。天气很冷，下着毛毛冻雨。妇女们紧紧抱着她们唯一称得上财产的小包，气氛紧张而困惑。当局火急火燎地分发了一次食物：几片面包、一勺人造黄油，还有四勺馊掉的肉酱。这比平时的可怜定量要稍多一些，但她们不知道这会不会是最后一份饭。妇女们还拿到了一些“铁拳”的说明书当厕纸用。[26] 九姐妹努力拥在一起。“我们绝不能分开。”隆对其他人说。

1945 年 4 月 14 日凌晨两点，出发的时候到了。妇女们列队走出营门，向东方进发。具体的目的地还不甚清楚，就像扎扎写的，妇女们“像一群窝被毁的受惊蚂蚁”。[27]5000 名女囚每千人一队，百人一群，成五列前进。她们一边踏步一边整队，有时候她们被迫向后走，有时她们不得不慢跑，偶尔她们会突然被命令停下来。当她们的眼睛渐渐适应黑暗，就能看见群星在头顶闪烁。星星指向德累斯顿的方向。

在那星光下的第一夜，扎扎感到一阵轻松。她们终于能在一起行动了。战争即将结束，德国就要战败，她们只要再坚持一会儿就好了。

一开始，她们的肌肉是僵硬的。她们在寒冷里等的时间太长，而有些人，比如若塞才刚下夜班。她已经快两天没睡了，一直在德国人的强迫下把一车车文件投进火炉里。但是队伍终于找到了合适的节奏，这时恰好有一阵清风适时地吹起，带来一股新鲜的空气。

但是话说回来，她们基本上不可能放松，因为任何离队的人都会被枪毙。她们等待着时机，等着大队停下，盼着警卫分心。那时候就是机会，她们就能迅速解开把她们系在一起的绳索，趁着朋友们望风时弯腰溜走。

清晨时分，起风了。天很冷，妇女们用薄毯子包住头。扎扎望不见警卫来回驱赶推搡的影子了，也听不见警卫的咆哮和机枪的响声。她一边走着一边带领大家放声高唱，仿佛在梦中一样。那是一首她在青旅野营时唱的老歌，那时候她的丈夫勒内和她一起，就坐在她身边。待回过神来，她还是非常高兴，因为她们九个姐妹终究聚在了一起。[28]

扎扎后面跟着的是勇敢的津卡、凌厉的隆和娴静的居居这对荷兰姐妹，以及想入非非的梅娜。扎扎后面另一队里，埃莱娜和漂亮的若塞、气喘吁吁的雅基和与雅基同在 9 月到达的妮科尔。妮科尔的肺炎很重，很难走得动路。但她的朋友们还是把她拽出了“雷维尔”，因为假如整座集中营都装了炸药，那留在里面的一个也活不下来。

看守她们这 100 人的是两个持枪党卫队士兵和一个拿鞭子的女看守。大家都叫其中一个男警卫“小混蛋”。这是因为在她们刚上路时，他因为妮科尔发烧烧得迷迷糊糊，趔趄出了队伍而扇了她好几个耳光。另一个男警卫就和善一些，因为他试着把他知道的情况告诉大家，他还鼓励妇女们坚持住。

在这第一天，女看守把鞭子插在皮带里，摘花做了个花环。妇女们把这看成是一个有希望的信号。那时候正是春天，太阳暖洋洋的。她们路过了几棵开花的树，还能闻见原野上刚割完草的清香味。

当太阳升高，她们看见路上还有其他德国人。他们或者挤在卡车里，或者推着超载的自行车，或者赶着装满木桶的大车，或者推着堆满行李的手推车，或者肩背手扛着包裹。女人们牵着娃娃，老头的脸上写满疲惫不安。法国囚犯们大多见过 1940 年德军逼近巴黎时，大路上法国人逃难的景象。现在的德国人也是如此，他们在逃难了，他们打输了。

德国农民都出来看着这群饥饿绝望的女人行军。她们身上蓝灰条的囚衣破破烂烂，木鞋里的脚溃疡出血，身上是忍饥挨揍后的累累伤痕。她们大多一瘸一拐地向前挪着，一个搀着一个，有的走着走着就累倒了。她们在德国人的目光下走过时，埃莱娜听见旁边一个老太太捂住脸说："这是我们一辈子的耻辱。"[29]

她们走了大概 12 小时，来到武尔岑（Wurzen）市郊的一个小村庄边上。这里已经坐了一群死亡行军过来的男囚犯，他们睡在一大堆破烂里。妇女们围成一个圈躺倒下来，但才两个小时后便被盟军的大规模轰炸惊醒。大地在颤抖，尘土和石子在半空中跳动。埃莱娜这一组因为前一天走得太多，又没吃什么东西，累得动不了。她们把包裹枕在头下试图休息，而其他人则惊慌地四处逃散。寒冷的暗夜里混乱无比，充满了叫声和哭声。一度来了一阵飞机扫射，子弹离若塞就几英尺远，把她的包打了个洞。若塞吓坏了，其他人赶忙来安慰她。

忽然，她们听见熟悉的德语斥骂声。警卫挥起鞭子，命令妇女们站起来继续走。5000 人的大队现在膨胀了一倍，旁边的男囚犯也加入了进来。

一开始，她们还挺高兴能继续走。扎扎又向津卡提起来几周前在莱比锡提的一个问题："津卡你还记得吗，那次你还拿不准，假如你是个兵的话，你会不会害怕？"

当时津卡和扎扎在监室里洗漱，空袭警报响了。周围的妇女们冲向掩蔽所，但津卡却不着急。扎扎尽管自己想冲出去，却还是陪着她。当第一次爆炸的震动传来时，津卡停住了。这是某条路上挨了炸弹。

"你觉得你会害怕吗？"津卡一点儿也不怕，冷静地问道，"如果你是个兵，而子弹冲着你飞过来呢？"

扎扎大笑着说："我就知道你不会怕的！"

现在她们像真正的士兵一样遭遇了机枪扫射，她又问津卡怕不怕。津卡笑了一下，露出她牙之间的大缝，耸耸肩说："我也不知道我现在能感受到什么了。"她的声音听起来异常难过，和她脸上的微笑形成奇异的对比。

她们被迫穿过武尔岑的村庄，她们紧贴着村里房屋的墙走，躲着天上飞来的子弹。她们走过两个被打死在大街上的德国人，殷红的血在他们金发旁积成小潭。

妇女们走啊走，从白天走到晚上。凌晨三点，埃莱娜靠近那个和善的警卫，想问些消息。但那个警卫也不知道，他也累坏了。现在只能继续向前走了，他这样说。

这一夜是整个旅途中最糟糕的一夜，而扎扎称它为“繁星之夜”。天气更冷了，她们在细雪中行进着，冻得瑟瑟发抖。单薄的衣服上画着代表囚犯的白叉，以防她们逃走。她们身上到处都疼，脚上流着血，走过的路上倒着累死或者掉队被当头枪毙的尸体。她们蹚过流血、苦痛和死亡；她们蹚过瘦骨嶙峋的尸骨；她们蹚过睁着可怕的双眼，冰冷地望着星空的死人。扎扎看见雪落在死去妇女的脸上，像蒙了一层面纱。她们继续行进着，有时候搀起落后的同伴，因为倒下就是死亡。“这是给我们的考验。”隆大声说道。她也许不完全明白自己的话语，但是却感觉到这是对她生存意志的最终考验。[30]

有这么一个时刻，埃莱娜向扎扎微微点头，暗示她们该跑了。但扎扎没有答应，她太累了。

自从离开莱比锡后，她们已超过24小时水米未进，开始产生了幻觉。

“请快告诉我，那边是不是有个男的坐着看报纸？”埃莱娜问道，她没说看着像她去世的爷爷。

“都是你脑子里胡想的。”隆回答道，“仔细想想，他要有报纸早被这雨雪打湿了。”

扎扎坚信她看见了大教堂的尖塔，但津卡提醒她：“不是，那只是几棵高树。”

过了一会儿，若塞从队里晃了出去。她感觉自己正在马赛，正在下班走回家。她看见她公寓的灯亮着，她看见她的家门就在那儿，梅娜赶紧一把把她拉回来。

“让我回家！”若塞号啕大哭，“放我走吧，求你了，我想回家！”但她累得没力气挣扎。梅娜和雅基一路架着她走，直到她回过神来，抽泣着回到可怕的现实中来。

她们就这样努力前进了 28 小时，直到抵达在莱比锡 60 公里以外的奥沙茨（Oschatz）近郊。在黎明的晨曦里，她们看见党卫队驱赶着一群男囚犯，随后那里不时传来枪声和尖叫声。德国人突然命令她们往刚被枪杀的男犯人那里走，看守牵着狼狗把她们往尸体那儿赶。她们蹒跚地跨过如山的积尸，踏过血染的旷野。

她们走到一块围着铁丝网的地方，终于被获准停下来休息。远处有一座冒烟的烟囱，有的囚犯悄悄说那是焚尸炉。但津卡厉声打断了她们：“别胡说，那就是座普通房子带个烟囱。”

第三章

妮科尔

妮科尔·克拉朗斯

1945 年 4 月 15 日晨，大约 8000 ~ 10 000 名各个集中营的囚犯在奥沙茨郊外的野地里躺倒成一堆休息。他们有男有女，四周团团围着党卫队武装看守。镇上的居民已经看着这种可怕的囚犯示众好几天了。远处时不时传来红军的炮声，德国人把树砍倒，堆在镇子外面，期望能挡住苏联坦克。他们已经是惊弓之鸟，既害怕那群饥饿的囚犯，又害怕士气高涨的苏军碾过来，踏平小镇，把他们都杀光。党卫队看守感觉到了村民的敌意，这使他们更加恐慌。他们毕竟是以少凌多，只得用极端残酷的手段控制事态。

现在大家都知道了，已经不可能再发给她们吃喝。德国看守根本填不满这么多张嘴，从他们惊慌的脸上能看出，他们甚至没做计划。妇女们又累，又冷，又饿，又渴，她们径直瘫在地上，挤在一起，抱团取暖。她们打着瞌睡，抖了几个小时，但没人能睡着。她们每一寸肌肉都酸痛无比，她们的脚磨破了皮，露出了肉，又被血泥裹了层壳。隆和扎扎在晨雾中互相支撑着站起来，想找点儿水。但这周围哪里能有一滴水。

埃莱娜小声对扎扎说："你准备好没有？这回跟我一块儿跑吧？"

扎扎打算问问别人，她想要整队人一块儿跑。但在后来扎扎和隆回想起来时，这时正是她们这段经历的转折点：要么现在就跑，要么永远也跑不了。

埃莱娜还在坚持："我们得行动起来，我们不能一直这样。"

其他人呻吟起来。她就不能让她们安静歇着吗？但埃莱娜不依不饶，她现在需要确定，谁有决心冒险逃命。

隆是第一个加入埃莱娜的。"至少有一件事能确定，"隆带着她婉转的荷兰口音说，"要是他们能给个痛快，我宁愿让机枪打死。但我实在不想再耗 15 天，或者随便多少天，慢慢饿死。像昨天那一晚上的日子我再也不想过了。你说得对，我们得自救。"

埃莱娜继续进逼："现在就决定，你来不来？或者我们撇下你走？"

妇女们慢慢站起来，围成一圈，互相注视着。扎扎看着她的好朋友埃莱娜，她几个月来一直鼓动她逃跑，但扎扎一直在犹豫。总是有不跑的理由的嘛。其他朋友怎么办？圣诞聚会怎么办？不是据说集中营马上要被解放了吗？但事到如今，她们终于到了现在这个地步：埃莱娜说的没错，要么逃跑，就能活；要么留下，必定死。

扎扎说："我想活着见勒内一面呢。"他们刚结婚就被无情地拆散了。她回忆着他们长时间远足后他是怎么轻轻揉她酸痛的脚的，眼泪慢慢盈满了她的眼眶。

现在轮到另一个荷兰姑娘居居说话。她不愿意让隆离开她自己走，于是把刘海从眼前撩开，用她特有的平静声音说：“我要活下去，我想和妈妈在一起，我要和她坐在莱登的咖啡馆里好好喝杯咖啡。而且……”她的声音低下来，挤出一个微笑，“我给你们说过那个叫蒂门（Timen）的人吧，我在盖世太保总部遇见的那个？”他们俩在审讯室的前厅在一起待了一小会儿，发现对方都是荷兰人，就在那一会儿里，伴着远处受刑的痛呼，他们用母语悄悄地谈了几句，互相给对方打气。当她被押走时，她塞给对方一小包仔细保存好的烟头。

津卡龇着漏了大缝的牙，笑着发言。她们可别想把她丢下。她是九姐妹中唯一一个有孩子的，被捕时还怀着孕。她在弗雷讷监狱里生下一个女孩，给她取名为法兰西。德国人让她和孩子一起待了 18 天，之后就把孩子抱走了。她发誓有朝一日一定要回去找她的女儿，她要竭尽全力回家。“我要活下去，我的孩子不能没有妈妈。”她说。姑娘们小声讨论了一阵，同意了。她们知道，在津卡还是个小女孩时，她的妈妈死于西班牙流感。她们曾在集中营里庆祝了法兰西的周岁生日，梅娜还给津卡做了个毛绒娃娃，好在母女团聚的时候给法兰西。对九姐妹来说，找回法兰西故国和法兰西女儿在此刻融为一体。她们都需要“找到我们的法兰西”。

梅娜走过来，握着津卡的手：“你一定能找到的。”

“那你呢？”津卡明媚地笑道，“你要为了什么活下去啊？”

梅娜轻松地笑着，她一直像天上轻盈的云雀一样，游刃有余地过生活，仿佛目前的糟糕情况只是万事不凑巧，将来总会柳暗花明。她说："啊，我很简单。我要去滨海圣雅屈（Saint-Jacut-de-la-Mer）去看我的祖母。那地方靠海，就在布列塔尼，那是世界上最美的地方。我要和她一起坐在厨房的窗边上看大海，你们有空了就来海边找我度假。"

有那么一瞬间，扎扎仿佛能闻到大海的咸味，听到海鸥鸣叫着飞过头顶。"那肯定特别棒。"

然后该若塞了，她的头还靠在梅娜肩上。她是九姐妹里最小的，姐姐们都护着她。她们觉得她还不懂事，但却不知道当初的记忆在她心里总是挥之不去。当初在法国时，若塞曾帮着一群犹太孩子躲避追捕。当被捕时，她正在给孩子们送吃的，袋子上还写着地址和名字……她突然抖了一下，这些往事太沉重了。她闭住双眼，轻轻摇了摇头。大家以为她这是说她不想跟着来了。

"你得跟我们走，"津卡劝道，"你不来，路上谁给我们唱歌呢？来嘛，跟我们说说，是什么让你坚持下来的？"

"对，加油，"扎扎紧跟着说，"你不能放弃，我们不让你放弃。"

"我没有放弃。"

"那……"津卡坚持道，"跟我们说，你为什么活下去？"

最后一年，若塞每天的生活只剩下盼着活到第二天。什么叫作为了什么活下去？她之前一直在游戏人生，要是她能熬过来，那一定要真正地过生活。她妈妈是个可怜的家庭妇女，只能依靠暴力的丈夫过活，她不能重蹈覆辙。她要好好做些事情，而现在她知道要做什么了，勇气重新回到了她的胸膛。“我要当飞行员，我要飞得比这世上任何东西都高。”她高高抬起下巴，大声宣布道。

大家点点头，这像是若塞的风格。“你可不会往我们头上扔炸弹吧？”津卡开了个玩笑。

“不会的，”她说，“我要把你们大家都带上，我们飞得高高的，什么都能看见。”

“呃，我可不要飞到云彩里去，”雅基粗声粗气地说，“在我最终安定下来之前，我要到巴黎我那条街上走一走。我要去爷爷喂鸽子的地方旁边的那个小公园去逛逛。”雅基病得很重，每说几个字就要喘口气，“你们要是带我，我就来。”

“我们当然要带你了。”居居说。

“我不想拖累你们。”

“我们团结在一起。”隆附和道。

下一个该妮科尔了，她的脸烧得红红的。在莱比锡时她以会背菜谱而闻名，就像背诗一样，睡前抓虱子的时候，她会给大家讲做大餐的故事。现在她耸耸肩：“这还不明显？”她想好好吃一顿，要有许多道菜，吃他个一整天，还要配上卡芒贝尔的奶酪，斟满勃艮第的好酒。

埃莱娜想回家看看。“而且，”她大声说道，“我要亲眼看着那些纳粹混蛋完蛋。”

隆最后一个说，好像要做个总结：“要是我现在或者明天就死了，那没人会在意。对，可能我的家人，我的爸妈，和几个朋友们会怀念一阵子，但过不了多久这个世界就会把我忘了。我在这世上还没留下一丝一毫。要是我们现在就放弃，那我们能在身后留下什么？”

九个女人决心要活下去，要想尽一切办法一块儿逃脱。现在看守她们的德国兵明显是被吓坏了，有的甚至都累晕了。波兰囚犯是比较消息灵通的，她们告诉埃莱娜，因为莱比锡没有粮食，也没有毒气室之类的大规模处决手段，德国人计划让她们一直走路走到累死。还有小道消息称，她们正往一处灭绝营前进，或者就在某处乡间把她们解散，让她们自生自灭。上万个饿得半死的半疯的人在乡下结队游荡，这听起来也非常糟糕。

实际上，大多数人最终的结局都浓缩在接下来几周德国大路上展示的种种可怕景象里了。还在队里的妇女们有一大批在 4 月 17 日那天就被机枪扫死在野地里，还有一大批在路上饥渴而死。党卫队军官们早就跑了，剩下小兵守着妇女们作威作福。要是村民在路边放桶水给犯人喝，守卫就一脚把桶踢翻。要是放上吃的，守卫就先吃饱，再把剩下的扔到泥里，哈哈大笑地看着妇女们争夺。女犯们没吃没喝地走了几个星期，有的人跑了，大队分裂成小群。当地人用轻蔑的目光看着她们，孩子们取笑她们，大人们也只是耸耸肩，说：“就是一群犹太人而已。”

德国人动不动就改变行军方向，企图避开他们畏之如虎的苏联红军。德国农民也一样在逃跑，有的已经在村里墙上刷下仇恨的标语："都怪那些犹太人。"每次美军飞机飞过头顶，德国看守们就赶忙躲到女人堆里。有的甚至怕到了剥下路上尸体的囚衣给自己穿上的地步。

1945 年 4 月，德国大地上行进着成千上万的各地集中营囚犯，那景象极其魔幻。一个来自莱比锡集中营的波兰犹太人罗穆尔达·斯特拉米克（Romualda Stramik）回忆道："我们就像梦游一样……有一天，太阳刚升起来，我看见一个年轻小伙子躺在阴沟里，旁边跪着一个女的，无助地看着他。突然她发出一声尖叫：'是你吗，我的儿？'小伙子抬起头喊了一声'妈妈！'就又倒下去了。接下来便是两声枪响。我归了队，和剩下的女人们晃悠着走开了。"[1]

鉴于警卫又疲惫又大意，几个姐妹就想办法到几群人之间转一转，打听打听情况。

隆在男囚犯中四处打听她哥哥埃里克的消息，当初他们是一块被抓的。她很高兴地向大家报告，一个男囚犯说可能在纽伦堡看到过他。这个消息不一定是真的，但无疑在隆心中燃起了希望。

埃莱娜从一群波兰囚犯那儿换到了件衣服，这件衣服在之后几天派上了大用场。扎扎后来在她的书里以她一贯的狡黠这样描写这件衣服："一件简单实用的衣服。姑娘们，就是那种早上出去买菜时穿的。"[2]

其他人都不在的时候，居居负责看守行李，却陷入了一场麻烦。一个女人试图偷扎扎的毯子，被她当场抓住了。她高声呼喊着追小偷，却被对方反过来用什么钝器在大腿上捅了一下。那个女人招呼她的朋友们，而居居的高喊引来了津卡。接下来就是一场斗殴，居居和津卡把她们都打跑了。只不过居居的大腿上肿了一大块。

“我们把你的毯子保住了，还好还好。”她龇牙咧嘴地跟扎扎讲着刚才的大胜仗，“但我不清楚今天我还能不能走路。哎，看来这事的后果就是，我脚上磨的泡也不算什么了。”

波兰妇女们告诉埃莱娜和隆，她们现在被美军和苏军夹在中间。于是九姐妹判定，逃跑的最佳时间是半夜。她们在工厂里上夜班时知道，每天凌晨两点人就开始犯困，而德国守卫又不像她们干过重活儿，在这个时候肯定最松懈。隆宣布道：“要么我们背后挨枪子儿，要么我们成功跑出去。反正我们死活都在一起。”

当重新行军的命令下来以后，她们慢慢把自己从地上拔起来，返回到队里。扎扎的每一寸肌肉都疼，脚更是疼得像火烧一样。但是没关系，她暗暗告诉自己。这种折磨不会一直持续下去，不论发生什么，今晚是她们被囚禁的最后一夜。

扎扎前面的这一排换人了，现在是五个俄国人。她们穿得很奇怪，是用莱比锡工厂里的黑窗帘做成的尖顶帽子和斗篷，看上去就像恐怖故事里的老巫婆一样。她们一瘸一拐，步履蹒跚，就像从地府里爬出来的什么东西。扎扎不禁促狭地想，这些怪人的样子更让她们想跑了。

九姐妹打算等到天黑，但离开奥沙茨后队伍走得更散漫了，像堵车一样向前一步一挪。一列人里一半散成一片，一半挤在一起。警卫们虽然也在高喊着挥鞭子，但看上去也没精打采。这时九姐妹看到了机会：清晨的混乱中几个女人偷跑出去摘菜花吃，警卫甚至没顾上开枪。就像妮科尔之后说的："没空儿再犹豫了，得抓住这个机会。我们有九个人，都还年轻力壮。"[3]

当她们设法溜到沟里，躺倒在黄菜花田里，喘息着为她们新得到的自由高声大笑之后，埃莱娜首先意识到不能流连。"我们不能待在这儿，我们得动起来。"

拉文斯布吕克被选中运走的女囚们，身上画着叉

图片来源：瑞典红十字会（Swedish Red Cross）

她们花了一阵子改头换面，撕下衣服上缝的编号和红三角，那些是政治犯的标志。但是没扔掉，因为之后还要用这些证明她们的身份。她们试着把衣服反穿，好隐藏囚服的条纹。她们把自己的小包打开，东西倒出来，把藏下来的东西拢在一起。“我们得盘点一下。”埃莱娜说。

她们有一盒火柴；一小瓶丙酮——她们衣服上画着大叉，表明她们是犯人，丙酮是打算用来去掉这个叉的（实际上弄不掉）；几个月前弗里茨给埃莱娜的剪线钳；刚进拉文斯布吕克时扎扎偷的针线；一把指甲锉；一面小镜子；埃莱娜新弄到的平民礼服；还有个画着一匹马的陶瓷胸针，这个东西不知道为什么没被德国人搜走，也就成了九姐妹的吉祥物；110 个马克；一把梳子；一把刷子；一副纸牌；一个洋葱；梅娜在法兰西周岁时给她做的毛绒小狗；一罐沙丁鱼罐头——这是波兰囚犯们给扎扎的礼物，为了感谢她让她们想起亲爱的伊恩卡。

她们决定她们的最终目标是穿越时刻变化的前线，找到美军。但迫在眉睫的问题是找吃的，她们有好几天没吃东西了。她们还得找个地方休息和隐蔽，大白天暴露在外面非常危险。埃莱娜回忆起当初弗里茨在地下室地上画的地图，记起来她们现在的位置，决定向西南方走。但她们现在彻底累趴下了，谁都不想动。

“我不行了。”妮科尔说。虽然妮科尔决不会放弃希望，但她毕竟耗尽了最后一丝力气。她的肺炎很重，开始行军的前一天她还在“雷维尔”里，在那里和最好的朋友勒妮·阿斯捷·德·维拉特（Renée Astier de

Villatte）在一起，她们在那里一起睡一张窄板床。勒妮一直劝妮科尔离开“雷维尔”，因为她知道德国人的确在工厂里安了炸弹，等盟军逼近就引爆。但勒妮自己已经病得爬不起来了。好几年以后，妮科尔回忆起勒妮给她写的几句话，就像妈妈嘱咐孩子一样，敦促她，甚至骂她，让她起床离开，自己去逃命。把勒妮抛在身后让妮科尔心痛无比，她害怕已有不忍言之事。很多年后，妮科尔这样写道：“我怕我们会分开，怕了好久。我们在任何场合都能够一直在一起，那是多么幸运。一个人离开了伙伴，就会迷失。”[4]

最后两天接连不断的跋涉把妮科尔榨干了。的确，她一开始设法和同伴们溜出了大队，但当这些都完成了以后，她发觉她的求生欲拼光了。勒妮的事让她的心都碎了，她病得又重，神志也不清，已经不在乎接下来会怎么样。

“但我们必须走了。”埃莱娜坚持道。妮科尔感觉这些话像一阵远方模糊的嗡鸣。

“来吧，”梅娜说，“我们得找个好地方，休息一下。得是个完全安全的地方。”梅娜只是在发白日梦，哪里会有安全的地方呢？妮科尔这么想道。

“不了，把我扔在这儿吧。求你了，我坚持不下去了。”妮科尔不想走了。

其他姑娘们慢慢地站起来，津卡正在把雅基拉起来。然后雅基转身看着妮科尔:“要是你留在这儿,你就是在等着一个大兵来收拾你或是来往你头上开一枪。”

“让我好好待着吧。”妮科尔慢慢陷入安详的沉睡。至少,她会长眠在黄色花田里,而不是悲惨地死在集中营的烂泥滩上。

若塞就在妮科尔旁边,她轻轻拍她的脸。“快,妮妮,快起来。”

脸颊上的刺痛把妮科尔拉出了梦境。接下来梅娜弯下腰,一边拍她的脸,一边将她拽了起来。“行了!别闹了!”

妮科尔被拉起来以后明显蒙了,环顾着周围的姐妹们。

“看见没,我也能像你一样犟。”若塞说。在集中营时,若塞事事向妮科尔看齐。她十分崇敬妮科尔坚强的意志和永不破灭的希望,妮科尔向大家一遍一遍地鼓励道:“我们已经解放了巴黎!我们很快就会干翻那些泡菜佬!”所以拍妮科尔的脸让若塞感到非常怪异,因为这是她一直崇敬的人,她马上就想道歉。

隆笑起来:“我们都犟得很,否则我们活不下来!”

“我们一个也不丢下,”梅娜坚持说,“我们活在一块儿,死也在一块儿。我们就要像现在这样,绝不分开。”

“来吧,”埃莱娜说,“我们得找个村子,找个谷仓什么的,找个休息的地方。往那儿看,那边好像有些什么。”她指向远方一丛树木和房屋。“那边的人可能会告诉我们怎么才能找到美国人。”

“听见了吧,埃莱娜认为我们能找个谷仓躲起来,”若塞鼓励妮科尔，“我们能在那儿好好歇一会儿。”

她们慢慢向远方的小村走去。她们穿过连绵不断的田野，田野上长着明黄的菜花和新绿的嫩草。四周无遮无拦，她们走了一个小时，突然发现前面就要撞上一小队德国兵。现在彻底无计可施了。

“天呐，万能的圣父圣子和圣母玛利亚。”若塞压低嗓子画着十字说。

“冷静点儿，”埃莱娜慢慢说，带着不容置疑的坚定，“看起来不是党卫队，我们应该能装得一切正常。”

“你们看见几个？”扎扎问道。她的眼镜丢了，刚到拉文斯布吕克时，她被党卫队看守扇了几个耳光，把眼镜打掉了。那个警卫一脚踩在眼镜上，把它们踏进泥里。这是个惨重的损失，但一周以后所有戴眼镜的女人都被挑出来处死了，扎扎反倒因祸得福。

“就三个，”津卡说，“我自己就能把他们都放倒。”

“对，你能行，”居居附和了一句，“你拿一只木鞋就行。”

小津卡挥舞着她的大木鞋把德国兵都敲趴下的景象把大家伙都逗笑了。

“你们笑吧，”居居继续说，“我可是见过她怎么殴打那些偷扎扎毯子的女人的。”

“我永远都不敢和你打架，津卡！”梅娜道。

虽然又惊又怕，她们还是打算装作一切正常，说说笑笑地走过德国兵身边，好像什么问题都没有。会面的时候埃莱娜和隆还跟德国兵打招呼，姑娘们冲着他们挥挥手，表示她们没有什么好遮掩的。

这办法有用：德国兵友好地回礼，继续走他们的路。

她们发现，如果她们表现得像是有身份的人，那么人们就会认为她们是有身份的。这一点成了她们之后行动的原则。

她们在那个小村庄周边发现了一间农舍，农舍的前院有两个法军战俘。姑娘们非常高兴，但随即发现从战俘嘴里问不出什么有用的消息。他们跟女人说话时很紧张，经常向身后看。但他们还是凑在姑娘们身边，至少能和她们说说法语。

就在他们谈话时，一个小姑娘和她的小弟弟从农舍里出来。小姑娘边拿着根棍子敲打小男孩边喊着德语口令："赶快！向右！向左！"

这跟集中营里女总管向她们做的一样，姑娘们吓呆了。扎扎小声对津卡说："连小孩子都这么野蛮了？"

在这尴尬的场景中，一个高大的德国人从谷仓旁边的房子里冲了出来。战俘们小声说了一句"那是村长[①]"便迅速跑开，很明显他们害怕被这个人看到。这位"村长"是个光头，红鼻子，双下巴，胸脯壮得像酒桶。他穿着丝绒衣服，胸前挂满纳粹党奖章，还蹬着一双大得吓人的靴子。

① 原文为德语 Bürgermeister，字面直译是 master of citizens，市民之长。——译者注

“我是这儿的村长，你们在我的村子里干什么？”他朝姑娘们吼道。

埃莱娜鼓起所有勇气，尽可能平静地笑着向村长解释。她说她们是外籍劳工，她们的工厂因为轰炸关门了，现在她们正在回家的路上。

“你们家在哪儿？”他咆哮道。

埃莱娜刚说了一句：“在法国……”市长就炸了，他的红脸膛涨成了深紫色。

“什么？你们不是德国人？那你们在我的大街上干什么？外国人不准进来！你们就该进集中营！瑙恩多夫（Naundorf）就有一个，你们都该马上关进去！”

姑娘们惊恐地看着他吐沫横飞地大吼着，那几个不懂德语的姑娘不知道他在吼什么，但对愤怒的德国人贴着脸吼叫简直是再熟悉不过了——这是她们过去几个月里天天经历的事情。她们习惯性地站住不动，就像在集中营点名一样，她们两手紧贴裤线，头深深低下，尽量避免目光接触。她们早就学会了在这种暴怒之下掩饰自己。

村长叫小姑娘回家去，让她妈妈赶紧从奥沙茨叫警察过来，快来抓住这些盲流。“这些法国……”说出最后一个词之前他不屑地停顿了一下，“女人。”埃莱娜知道他本想说什么脏话，但可能是因为有小孩在场，他控制了一下用词。

这是可能发生的最糟糕的情况了，她们才刚刚逃出来啊。难道就这么完蛋了吗？这么快？

但是很奇怪，村长这时候似乎是觉得他已经把该干的都干了，可能是姑娘们刚才表现得太温顺，他觉得她们会像待宰的羔羊一样站在那里等着。他就转身大步离开了。

就在这时妮科尔回过神来，她已经尝到了自由的滋味，怎能在囚禁中死去。她向大家小声催促道："快！"不用说第二个字，她们就使出吃奶的力气转身逃跑，跑到村庄郊外。她们来到一个三岔路口：一边指向瑙恩多夫，一边指向施特雷拉（Strehla）。虽然施特雷拉在北边，但比起瑙恩多夫那个集中营来说简直就是天堂了。根本不用犹豫，她们走上了通向施特雷拉之路。

妮科尔·克拉朗斯于1922年8月3日在巴黎出生。[5] 她父母在她小学时收留了两个奥地利犹太人，帮她们躲过奥地利国内日益激进的反犹主义，就在那时她了解到自己是个"以色列人"。对妮科尔来说，这两个姑娘比她更像犹太人得多，毕竟她一生只去过两次犹太会堂。如果当时她曾认识到任何社会分化的话，那便应该是阶级差别。她的家庭是个富裕的资产阶级家庭，她一直到十岁为止都受尽呵护，度过了十分快乐的童年。她家祖籍阿尔萨斯，和她祖父一样，她父亲也是个羊毛商人。她们住在巴黎一处带花园的别墅里，她母亲露西·泰蕾兹（Lucie Thérèse）把家庭经营得和和美美。泰蕾兹希望她的女儿也能遵循和她一样的人生轨迹，她从不允许妮科尔化妆，平时要戴手套，握手时要鞠躬，父母也不鼓励她继续深造。

泰蕾兹优雅而冷漠，十分崇敬她父亲，因为老爷子比她丈夫还有腔调。妮科尔的外祖父娶了一个奥地利艺术品商人的女儿，当了他岳父在法国的代理人。他主营从英国进口圣诞卡，那在当时算是时尚。

但是在 1929 年，一切都崩塌了。父亲的产业被全球性的经济危机彻底摧毁，母亲用心维持的资产阶级生活方式也由此结束。那时候妮科尔还小，但已经能记得大人是如何草草卖掉家里的传家宝来填补亏空的。可这还远未结束，随着债务越来越多，他们只得遣散所有仆人，取消孩子们的私教，诺曼底的别墅也被银行收回。他们每周的开支压缩到最低，为了省钱连暖气都关掉。她曾经温暖舒适的家现在空旷寒冷，乱七八糟。就在这丧乱时刻，她的妈妈和弟弟米基（Miki）病倒了。米基需要动手术，但是没钱。因为去不起医院，母子俩只得在家休养，治疗手段根本不达标。

11 岁的小妮科尔带着孩子特有的韧性目睹这幕活剧层层展开。和大人不同，虽然生活节奏彻底改变，她却还是没有什么负担地适应了。她学着做饭，学着腌菜，学着铺床洗床单，学着给米基腐烂的伤口换药。没钱雇家教，她得去上公立中学，但对她来说这实际上是解放了：她非常喜欢和来自不同阶级的孩子们在一起。为了省地铁票钱，她每天上学要走好几公里。但她也很喜欢这个，把这当成某种自由。以上种种对她的父母来说是极大的创伤，但对妮科尔来说却是磨砺她坚强独立性格的关键，还在以后很大程度上影响了她的生存方式。她学着灵活机动，学着看事物的积极方面，学着足智多谋，学着随机应变。

在这同时，露西·泰蕾兹崩溃了。她不再穿时装礼服，她漂亮的苔绿色礼服和貂皮大衣要么卖了，要么被扣押了。她彻底魔怔了，现在整天唯一想的就是藏好她最值钱的东西，不让法院的执行员没收。一边是要付的账单，一边是隐瞒和撒谎，这构成了一个无止境的循环，伴随着头疼和辛酸的泪。

家境潦倒，婚姻跟着恶化。从此妮科尔的父亲皮埃尔用沉默来掩饰自己的羞耻，露西·泰蕾兹必须出去找工作。他俩每次交谈都暗藏着指责和反诘，有时候就爆发成争吵，甚至动手打人。而妮科尔开始盼望着离开这个家。

渐渐地，父亲重建了他的生意。虽然不再像从前一样富裕，但总算能暂时缓解压得人喘不上气的债务。妮科尔和米基这时候已经长大了，开始睁眼看世界。这时候世界上发生了许多事：社会主义运动、西班牙内战、德奥合并，以及在德国逐渐聚拢的法西斯乌云。

到了高中，妮科尔长成了个美人，蓝眼睛锐利而迷人，一头鬈发又黑又密。尽管资源有限，但她还是把自己收拾得优雅得体。她和另外三个女孩子：她的表姐克劳德（Claude）、克劳德最好的朋友克洛迪娜（Claudine），还有克劳德的大表姐米舍利娜（Micheline）成了好友，经常周末一起去看电影。后来，米舍利娜和妮科尔都被驱逐，只有妮科尔回来了。

1940 年 6 月，当德军进入巴黎时，妮科尔刚要满 18 岁。她家立即出发往南方的安全区去，但她并不太清楚为什么。她还要上学，有了一份牙医的工作，为什么要这么急着走呢？世面上流传着毒气室和大屠杀的传言，但她父亲说那些全是谣言。虽说他们曾藏匿过两个奥地利犹太女孩，见识过反犹主义，但大家都不太相信那些可怕的说法。比如母亲经常嘘父亲："行了，皮埃尔，别说这些不好听的。"

妮科尔很快就知道了他们的情况其实很糟糕。1941 年，尼斯已不许犹太人出来工作。她的父亲被捕了，是一个邻居告发的。妮科尔由此意识到他们周围的人都不可信。父亲被送去了一间转运营，但家里人想办法把他捞了出来，随后他们便立刻往马赛转移。她家一直处于围捕的危险之中：妮科尔看到她身份证上盖着"犹太人"的戳，愤怒地把它烧掉了；米基差点在一次突发的围捕中被抓，他正在路上走，却发现街道两头有警察堵着查身份证，有辆卡车停着，警察往上赶着身份证上标着"犹太人"的年轻人。米基被困住了，还好这时一个好心的女士打开家门把他拉了进去。他从后门跑出来，翻墙逃了出去。米基上气不接下气地回到家，要妮科尔别把这事告诉父母，因为这只会让他们担心。她现在觉得非常无助，她很讨厌这种感觉，她得想办法反抗回去。

妮科尔加入了法国童子军（Éclaireurs de France），当了个小队长。她是从克洛迪娜那里听说这个组织的，而她战前就在巴黎加入了。这个组织和早期的抵抗组织关系紧密，总队长米克·格拉潘（Mic Grapin）

就曾要求妮科尔和她的队员在沿海旅游时注意收集情报。

格拉潘从童子军里给“同盟网络”（the Alliance network）挑选成员，同盟网络由抵抗组织最伟大的领袖之一，玛丽 - 马德莱娜·富尔卡德（Marie-Madeleine Fourcade）领导。我看过一场她 1968 年的采访，那时的她彬彬有礼，神态自若，是一位完美的资产阶级女性。她戴着精致的礼帽，佩着珍珠首饰，举止端庄。我能想见她这外表是如何多次骗过盖世太保的。

富尔卡德从战争初期起就是法国最大地下网络的首脑，指挥 3000 名以上的成员，她还有两个孩子。她曾和军情六处、九处和之后的特别行动执行处（SOE）合作，这三个单位是英国在欧洲敌占区执行谍报、破坏和侦查任务的机构。但她向英国人隐瞒了很长时间她的女性身份。因为她给手下情报员的代号都是各种动物，德国人称她的同盟网络为“挪亚方舟”，而她自己自称“刺猬”。她常在妇女和公务员中发展队员。战后她说她更信任她的女队员，因为她们更加谨慎，不爱吹嘘自己的身份，在安全措施上很少犯错误，而且，她觉得女人在酷刑下更不容易屈服。

同盟网络负责在法国收集德国陆海军的调动和后勤情报，用秘密电台和信使传给英国。这项工作极端危险，富尔卡德的很多亲密战友都被抓获拷打致死，这其中就包括莱昂·费伊（Léon Faye），他的代号是“鹰”，是她的二把手，更是她的爱人，她孩子的父亲。她在战争中怀孕了，冒着重重困难把孩子生了下来，同时还在指挥她庞大的网络四处转移，以及向英国人隐瞒她的真实情况。

同盟网络向盟军通报了德军 U 型潜艇的准确动向，这在大西洋海战中起到了决定性的作用。战争初期，德国在大西洋上布下重重封锁，英国面临着被彻底困死的风险，而同盟网络的情报打破了德国的 U 型潜艇封锁。富尔卡德的情报员查明了德国的火车班次，甚至弄到了大西洋防线的详情图，这些都对诺曼底登陆至关重要。而他们所提供的最重要的情报大概是由情报员珍妮・卢索（Jeannie Rousseau）打探到的 V-1 和 V-2 导弹的研发计划和在法国西北部的发射记录。正因为这份情报，盟军才得以成功摧毁位于佩内明德（Peenemünde）的导弹测试中心。

在那个妇女还没有投票权的年代，玛丽 – 马德莱娜・富尔卡德就能够向男人下命令——很多还是军人。她曾两次被捕，两次都成功逃脱。她的第二次逃脱尤为困难：她凌晨开始行动，全身脱光，衣服叼在嘴里，凭着自己娇小的体形，忍着极大的困难和疼痛才浑身大汗地挤出牢房铁窗[6]①。

妮科尔带着她的队伍从马赛东边的卡朗克（Calanques）出发，沿

① 战后，玛丽 – 马德莱娜・富尔卡德承担起了确保在她指挥下牺牲的 431 名特工不被遗忘的责任，她花了多年时间照顾幸存者和他们的家人。她出版了一本名为《诺亚方舟：同盟网络 1940—1945》（*L'arche de Noé, réseau Alliance 1940-1945*，Paris:Plon, 1989）的回忆录。

着南方海岸远足，沿途记录下德军碉堡和哨所的位置。她把情报报告给格拉潘，格拉潘又上报给同盟网络。随着格拉潘被捕，妮科尔与她唯一的上线失去了联系。这是她第一次反抗德国统治，她迫不及待地等着下一个机会。

当全家搬到萨瓦省（Savoie）一个更偏僻安全的小村庄时，妮科尔的第二个机会来了。他们在那里和几个老朋友重逢，其中就有妮科尔的朋友克洛迪娜和她的新任丈夫吉勒·阿拉松（Gilles Arason）。妮科尔在里昂参加过他们的婚礼，克洛迪娜知道她丈夫可能对妮科尔有好感，但她可以理解，因为妮科尔既活泼又有魅力。

吉勒问妮科尔，能不能在她家的谷仓里藏一台违禁电台，这台机器是用来接收伦敦密电的。妮科尔的任务就是接收和破译密电，并将电文在指定时间和地点交给指定的人。就这样，她成了奔走在阿讷西（Annecy）、格朗诺布尔（Grenoble）和萨瓦这三地之间的联络员。

联络员的主要任务是在各处抵抗网络或抵抗网络和伦敦之间传递情报，这项工作的主要困难是应付戒严、拦路检查和德国与法国警察随时随地查验证件。妮科尔的优势在于她是个看起来无辜的年轻姑娘：若是成年男人就需要解释他为什么不在“义务劳动勤务队”（STO）里服役。这就是为什么大部分联络员都是女人：妮科尔、埃莱娜、津卡、若塞、梅娜和雅基都曾当过联络员。但这并不代表她们不会被拦下来检查证件，女人有男人没有的行动自由，但也有自己的弱点：独自外出的年轻姑娘经常会成为警察和盖世太保的猎物。

妮科尔有一次在格朗诺布尔出任务时遇到了一次例行的证件检查，她被一个党卫队保安局（SD）的年轻人拦下。这个党卫队保安局是党卫队的情报机构，是盖世太保的兄弟单位。[7]① 她在被带走审问之前把装着情报的火柴盒扔到了路边的阴沟里。妮科尔很快就弄清楚，这个人其实并没有怀疑她参加了抵抗组织，他只是希望她听他的话罢了。

我并不太清楚妮科尔具体是怎么躲过强奸的。她女儿给我了一本没有发表的私人记述，里面写到妮科尔和那个年轻人度过了痛苦的一夜，他一刻不停地尝试着强奸她。在一次电视采访里，她又提起了这次遭遇，说那个人多次想要强奸她，那是“最令人恐惧的恐惧”。但她之后又说，她当时一心想着完成任务，这帮她度过了“这惊心动魄的一幕”。

20 世纪 40 年代，当时许多对妇女的期许按当今标准是无法接受的。比如，通常认为一个年轻姑娘晚上独自出门就是要“找麻烦”。万一她遭受到了什么不合适的对待，那是她的责任。这便是包括妮科尔在内的所有年轻女性联络员都要承担的风险。如果一个年轻姑娘被强奸了，她

① 党卫队保安局的首任局长是莱因哈特·海德里希，此人后来遇刺身亡，导致了其后在拉文斯布吕克妇女身上的人体实验，即“兔子”。

自己就会感到羞耻，会保持沉默。她无法诉诸法律，更不要说面对一个德国警察了。她的力量只能来自她如何操纵局势。一群女人在一起经常会互相羡慕对方的美貌，羡慕用女性魅力打动男人的本事，羡慕用装天真来从说了算的人手中获得某些东西的能力。妮科尔可能认为魅力是她最强大的武器，这是个危险的游戏，因为女人归根结底没有力量。而男人，比如说逮捕妮科尔的那个兵，可以随心所欲地予取予求。

我试着设想妮科尔可能会试图激发那个德国年轻人的道德感。她称他为她的“守护天使”，这当然是一种讥讽。她会装得极其无辜，问他姐妹和母亲的情况，问他过去在德国的生活。她可能会装着理解他有多么寂寞，她会求他放她走，说她的父母会急出病来。她甚至会许愿将来某天再回来，回来当他的女朋友。终于，他在清早放了她，但还是拿光了她身上的钱。那可是一大笔钱，是组织的经费。他把她送到火车站，亲手送上开往艾克斯（Aix）[①]的火车。她立刻回头去找丢下的情报，她必须极度谨慎，因为天亮了，路上都是上班的人。终于，她找到了，大松了一口气。她把情报成功送到，至少完成了任务。

这件事让她认识到了党卫队的残忍和野蛮，但这只是让她坚定了战斗信念。她现在想要更多地加入斗争中去。

---

① 普罗旺斯地区的一个市。——译者注

1943 年 6 月，她的机会来了。她要在童子军经营的一个戏剧训练营里会见欧仁·克洛迪于斯－珀蒂（Eugène Claudius-Petit）。欧仁是个无政府主义者，是工会的坚定支持者。他利用戏剧训练营做掩护，为他和别人合伙创办的“自由射手”（Franc-Tireur）组织吸收成员。欧仁看上了年轻又热烈的妮科尔，15 天后她化名“安妮特”（Annette），到抵抗组织的中心里昂做联络员。

她把父母留在偏远的萨瓦，说她想要自己独立生活工作，就没有告诉他们她新工作的真实情况。战争和四处逃亡大大改变了整个家庭，很多原先完全不能接受的事情现在变得不值一提。有一次她母亲突然到里昂看她，想给她个惊喜，却发现女儿不在她说的地址，结果妮科尔只能告诉她真相。过了不久，她母亲也加入了抵抗组织。

“自由射手”是 1940 年法国战败后涌现的第一个反抗组织，它还有一份同名的地下报纸，他们主要印刷宣传册和假证件。妮科尔一开始很是为能和一群志同道合的人一同工作而兴奋，但不久她就要更深入地参加更直接的行动了。

她母亲的大表哥罗贝尔·利翁（Robert Lyon），是“追随者”（Acolyte）的负责人，而“追随者”是由特别行动执行处（SOE）法国分部的总指挥莫里斯·巴克马斯特（Maurice Buckmaster）创立的巴克马斯特网络（Buckmaster network）的分支。许多法国特工秘密赴英国受训，直接受英国情报机构领导，之后再空投回法国。

在 SOE 的支持下，新成立的抵抗运动分部、“马基”游击队和富尔卡德的同盟网络这样的早期自发网络都得以训练力量、协调多场不同的地下行动，他们的斗争使德国人在法国解放前持续处在动荡不安中。

妮科尔因为会说英语，便请求罗贝尔送她去伦敦 SOE 总部受训。他拒绝了，解释说她的才能在英国只会被浪费。因为她是个女人，只会被安排做文字工作。他劝妮科尔加入他的队伍，在那里她马上就能投入斗争。她已经学会了操作地下电台，收发情报。她还需要寻找破坏的目标，物色藏匿情报员、设备和电台的地点。她也执行过接收空投物资和走私武器的任务，有时候就把收到的物资藏在她的挎包里或箱子的底下。

她很快就全身心地投入到地下斗争中去，她负责和阿尔卑斯山南麓靠近格朗诺布尔的一支“马基”队伍保持联络。在许多其他事情之外，她还负责给他们运送伪造的配给卡。

在接收第一批空投时，妮科尔同与她合作的农家在一片黑暗的空地上点起火堆。事后她欣喜若狂，感觉“就像上帝一样”。和村民们一起合作，她感到非常自豪，“身在农民中间”（原文为法语，chez les paysans），她说。哪怕在极度危险之下，农民们也会毫不犹豫地帮助她。每天都和人民团结在一起，让她充满了希望：比如曾有个工人偷了十辆自行车送给她，她和马基在山里一同生活了好几周，等等。但她不能在同一个地方待得太久，必须随时转移。这让她感到很孤独。

这段时间里妮科尔的身份是偷运者，主要掩护英国空勤人员转移到逃离敌占区的下一站。克洛迪娜和她丈夫吉勒在里昂的住处是一个安全屋，妮科尔有时候会带着英国人过去躲避，顺便还能和她的朋友们待上一夜。

1944 年 5 月 10 日，罗贝尔第二次被盖世太保逮捕。在被送往巴黎审讯的路上，他在圣乔治新城（Villeneuve-Saint-Georges）附近从火车窗跳了出去，他逃到了图尔南昂布里（Tournan-en-Brie），藏在朋友的家里。他给妮科尔传了个口信，几天后她带着一套新做的假证件见到了他。

现在德国人正在大肆追捕罗贝尔，由于妮科尔见他的次数太多，也需要转移。所以她调回了巴黎，在里昂的岗位由当初在童子军的老朋友丹尼丝·韦尔奈（Denise Vernay），或者说“米亚卡”（Miarka）接任，她是著名的女权运动家西蒙娜·韦伊（Simone Veil）的妹妹[8]①。妮科尔转移时穿着红十字会制服做掩护，这掩护非常成功。但她去巴黎的那趟火车遭到破坏出轨了，那一天她尽量用在童子军里学到的少许急救知

① 丹尼丝在抵抗组织时，她的父母和妹妹住在尼斯。他们被围捕，她的父母在奥斯维辛集中营被害。她的妹妹们也被围捕，但都活了下来。丹尼丝后来被俘，受到盖世太保的折磨，并被囚禁在拉文斯布吕克和毛特豪森。

识来救治伤员。幸运的是，都是轻伤。

一到巴黎，她尽快与抵抗组织取得了联系。她化名“多米妮克”（Dominique），担任雅克·茹尔达（Jacques Jourda）也就是“雅克曼”（Jacquemin）的副手。他负责领导整个网络，妮科尔负责领导巴黎及周边地区的联络员。

盟军在诺曼底登陆，人们普遍感到这是战争的转折点。加入抵抗组织的人越来越多，妮科尔招收联络员越来越容易，但暴露的风险也越来越大。德国人疯狂地破坏抵抗组织网络，想尽一切办法干扰和捣毁地下组织。在1944年2月到7月这段紧张的日子里，每九个人就有七人被捕。随时有突袭和抓捕，随时有人叛变，随时有人在拷打下屈服。甚至有的小组疏于防范，被敌人潜入，最终落得全军覆没。妮科尔毕竟是久经考验，她打起十二万分的小心，但压力还是十分巨大。终于，在整个小组全部被捕后，雅克曼命令她休息一阵子。

在一次运输武器的任务中，妮科尔和她在“马基”的老朋友在山里野营休息了几天。她喜爱和同志们在野外扎营，她喜爱围坐在篝火边讲故事。他们唱着歌，讲着牺牲和被捕同志的故事，畅想着这一切都结束之后的未来。她有一个明确的奋斗目标，她为此感到自由，感到欢欣。在一个明朗的日子里，她度过了她的22岁生日。有一个同志建议她过一段时间以后给自己找一个丈夫，但她经历了这么多，看了这么多，已经无法想象再过回她母亲那样的日子。她十分想在林子里再待几天，但是当夜就得赶回巴黎。

第二天，1944 年 8 月 4 日，就在巴黎解放前仅仅三个星期，一个盖世太保特务在布勒特伊广场（place de Breteuil）拦住了她。这个特务似乎知道她到底是谁，她的车筐里有一大堆能让她暴露的材料，妮科尔知道只要这个特务往里看一眼，她就完了。一个最近被捕的联络员出卖了她，德国人张开了网，等着她来。

妮科尔被带到庞贝街（rue de la Pompe）的盖世太保驻地受审。

在诺曼底登陆前后的一段时间，具体来说是 1944 年 4 月 17 日到 8 月 17 日，庞贝街上的这所建筑被盖世太保用作秘密审讯点和行刑场，他们在里面所做的一切都是践踏法律的行为。在历史上，设立这种黑牢一向是一个组织士气涣散、分崩离析的标志。在庞贝街这里根本没有审讯，只有大规模处决；根本没有拘捕程序，只有恐吓和拷打。只要是抵抗战士，不论法国人还是外国人，不论男女，在这里都要遭受包括水刑在内的各种残酷的肉刑。很多人受刑而死，后来的法庭证词指出，很多妇女遭到了“性羞辱”。

盖世太保在庞贝街的驻地由一个叫作弗里德里希·贝尔热（Friedrich Berger）的人掌管。此人是平民身份，在巴黎的黑道纠集了 44 个流氓通过各种手段打探消息。贝尔热是那种在战争中粉墨登场，发国难财的疯子，他在黑市上搜刮了一笔款子。1942 年 5 月，他流窜到巴黎，随即找到了一条生财之道：他直接拷打黑市卖家，从他们嘴里撬出囤货地点，然后据为己有。1944 年 4 月，盖世太保招收他来清剿巴黎的抵抗组织网络。仅仅用了四个月，贝尔热的走狗就抓了 300 人。包括妮科尔在内的 163 人被驱逐，其中 50 人永远没有回来。

1944 年 8 月 16 日，就在德军占领的最后一日，42 名被关押在庞贝街的青年被处决。他们在布洛涅林苑（Bois de Boulogne）的一座喷泉前面被枪毙，三天以后，盟军解放了巴黎。

那时，贝尔热已经逃到了意大利。英国人于 1947 年抓住了他，但不知怎的被他逃脱了。他手下 23 人因犯叛国罪、间谍罪、谋杀和共谋杀人罪及资敌罪被判死刑，1952 年 12 月军事法庭缺席判处他死刑。之后有资料称战后美国秘密部门在冷战期间雇用过他，显然，目的洗白了手段。最终弗里德里希・贝尔热死在慕尼黑，是在梦中安详死去的。

妮科尔在庞贝街被盖世太保拷打了三天。她未来的丈夫是她一个童子军时期在里昂见过几次的朋友。他告诉她说，没有人能一直挺下去，假如她能熬过 48 小时，抵抗组织的同志就有时间安全撤退。他就接下来会遇到的事情给她打了预防针：各式拷打刑具（木棍和皮鞭），电刑，胶皮管子喷水。在思想上她预见到了痛苦，但肉体却受不住极度疼痛的冲击，经常在清醒和昏厥中循环。她编造假接头点和假名，却又一次一次地被重新审讯，继续拷打。“连续三天喘不上气的疼痛、紧张和疯狂。”她如是写道。最后，她被转运到相对平静的弗雷讷监狱。[9]

在她的牢房里，她这么多天第一次哭出来。她感到非常凄凉，但能独自整理万千思绪倒是一种解脱。她暴露了吗？她没把谁供出来吧？其他同志怎么样了？雅克曼会遇到什么？假如她身上没带那些材料，假如她没和马基的朋友待那么久……令人疯狂，永不停息的诘问和指责纠缠着她，折磨着她。监狱里的其他犯人听见了她的哭泣，向她高喊："坚持住！"她听见许多人的声音对她说，她并不孤单。"我们就在你身边。"她们这样安慰道。在庞贝街经历了暴行之后，这些声音的人性温暖紧紧地包裹住了她。

不久她被转移到女囚区，她走进一个又大又黑的房间，眼见到众人的昏暗轮廓，听到声声私语。慢慢地，屋里的一切都映入眼帘，她看见她身边围满了妇女，她们都坐在凳子上。

有人叫着她的名字，向她拥来。那是她的老朋友勒妮，她们拥抱在一起。勒妮·阿斯捷·德·维拉特（Renée Astier de Villatte）当时 40 岁，灰发，热情洋溢，总是倾心于妮科尔野性的一面。她们在监狱里一见面，就不论做什么都在一起了。因为害怕监狱里有德国密探，她们努力少说话。她们时不时能听见炸弹在朗布依埃（Rambouillet）爆炸，那里距巴黎仅有 45 公里。盟军已经在踹门了，战争就要结束了。一股不可遏制的喜悦在囚犯心中激荡着，经常通过合唱《马赛曲》爆发出来。

但是就在 1944 年 8 月 15 日早上，虽说一直在躲避美军的攻势，德国还是组织了最后一次囚犯转运：从巴黎出发前往东部的集中营。巴黎全城断电，铁道工人罢工，巴黎东站（Gare de l'Est）停运，于是德国人换上自己的工人，从庞坦站（Gare de Pantin）装车出发。这一批匆匆上路的囚犯中混进了一个美国特工：34 岁的弗吉尼亚·达尔伯特-莱克（Virginia d'Albert-Lake）

1654 个男子和 543 名妇女被塞进运牲口的车厢里，红十字会的人发给他们护理包裹，说："你们还没到德国，这场战争就会结束了。"转运过程中，143 人伺机逃掉了。抵抗组织为了阻挠这次转运，多次炸断铁轨，使得火车经常停车。但是德国人倒是不屈不挠，每次停车他们就赶着囚犯上旁边铁道上的另一辆车。沿途的法国村民还向他们高呼："祝你好运！法兰西万岁！"沿途情况如此，怪不得列车会时常停车，囚犯们这样想道。但是过了一阵子，他们从车厢的板条缝中看见外面的路标显示已经进入德国，囚犯们便开始哭泣，[10] 这最后一趟列车上的 903 人要有去无回了。

这趟车在 8 月 21 日把妇女们拉到拉文斯布吕克，车厢门被猛地拉开，外面的尖叫声、哭喊声、犬吠声和德国看守的咆哮声一股脑地涌进妇女们耳中。妮科尔后来回忆，她们的一种反抗方式，或者说表达民族自豪感的方式是尽量地保持优雅风度："他们不可能把我们贬低成畜生，所以当列车快到时，我们就化好妆，收拾好头发，努力让我们看上去整洁体面。俄国囚犯看到我们这样，以为我们都是妓女，就向我们吐口水。"[11] 她们被迫从火车站步行走到集中营，在高温下站上几个小时。妮科尔在启程前的混乱中弄丢了勒妮，现在拼命地寻找她。她的朋友去哪儿了？这一路上她活下来了吗？

她们被推进库房里去，在那里被扒光衣服，像牲口一样列队从冷笑的党卫队面前走过。妮科尔感到深深的屈辱和恐惧，她根本不知道会不会被害。忽然她瞥见勒妮就在前面一组，就想办法不留痕迹地凑到她身边。妮科尔被编为 57443 号，雅基是 57442，勒妮是 57441。因为这三个人站在一起，所以登记时彼此相邻。

她们被送到 22 监区接受检疫，那里面早已挤满了波兰囚犯。当盟军解放巴黎时，德军正在把华沙烧成一片白地。波兰人发动了起义，但旋即被镇压。在 8 月到 10 月之间，共有 1.2 万名华沙妇孺被送进集中营。

妮科尔和勒妮互相扶持着睡一张床，这块窄窄的板子就是她们的救生筏。虽然勒妮还没从盖世太保的拷打中恢复过来（实际上她再也不会完全恢复了），虽然她彻底累垮了却睡不着觉，虽然她的心被恐惧攥紧，虽然她被虱子和跳蚤咬得够呛，勒妮还是平静地对妮科尔讲话，她的话语安抚了她们两个人。她们在这 60 厘米宽的板子上抱得紧紧的，这就是她们的世界。勒妮给妮科尔讲洛特河（Lot River）岸边生长的甜瓜，讲她在洛特河边的家，讲她家的大房子，她的母亲和姐姐，她的侄子和侄女。她描绘出了一幅无忧无虑的夏日童年情景，妮科尔被她的讲述带到了另一个时空。她从优美的故事里体会到了语言的力量，得到了解脱。

已经在这里的囚犯们从新人那里听到了一个消息，一个好消息：德国人正在撤退。她们宣称，再过上几天，几周，最多几个月，战争就会结束。尽管饥饿会让妮科尔难以忍受，但她毫不怀疑德国人马上就会彻底失败。

但拉文斯布吕克在 1944 年 8 月这个时候的糟糕条件是她完全想象不到的。她后来写道，她花了八天时间适应集中营的生活，从扼杀她的令人麻木的恐怖和畏惧中走出来。她学着喝下土豆皮做的汤，学着在棍子和皮鞭下闭嘴，学着躲过最差的工作，学着打架，学着交易，学着凑合。波兰囚犯和法国囚犯之间的敌意是摆在台面上的，营地里其他派系之间也一样。妮科尔被迫迅速学习了营地里的等级制度。

假如想上厕所，她学会了要赶在四点的点名之前去，最好是早上两三点。因为点名时所有人都要上厕所，但 3000 名女囚只有几个蹲位。她还学会了躲过打扫厕所的活儿，因为她的头发和衣服曾被粪尿熏透了。她靠拳头抢到了个能用的水龙头，在那里就可以洗了衣服，穿着边走边等着晾干。

天气非常热，仅有的一点儿水喝了又可能得痢疾。要是哪个囚犯病了，她就会被送去“雷维尔”。但妮科尔知道没几个人能从“雷维尔”回来，假如谁苟延残喘的时间太长，德国人就会给她打一针汽油，好让她快点儿死。

她发现一切都是违规的。洗脸违规，挠痒也违规。因为挠痒证明你有虱子，虱子能传染斑疹伤寒，德国人害怕斑疹伤寒，于是他们就会在你得病之前把你拉走枪毙。

检疫之后，妮科尔和同侪们开始面对令人生畏的每日遴选。大批华沙犹太妇女涌入，她们被赶进湖边湿泥地上凑合搭的帐篷里，人口爆炸的问题需要解决了。

因为害怕被打散，妮科尔、勒妮和雅基得知她们仨和另外 25 人被选进同一组以后便长舒了一口气。但她们不知道原因为何。站在队里等着点名时，她们感到希望就在眼前，因为她们 28 人个个身体健壮。

德国人命令她们走回火车站，上了来时的牲口车。她们被运往南方，路过柏林时她们看见城中一片狼藉。看着被战争蹂躏的废城，她们骄傲地高歌《马赛曲》。当她们抵达莱比锡，看见自己要住到大砖房里时，都感到很欣慰。这地方没那么挤，两个人就能睡一张床。这里的人们各个民族都有，每天大喇叭里的命令是用波兰语和德语发布的。她们又被重新编了号，妮科尔是 4444。

她们很快就找到了抵抗组织的老朋友。那么多同志都牺牲了，看到幸存者她们欣喜若狂。勒妮找到了津卡，她们一起在巴黎的彗星网络（Comète network）干过，一起藏匿过跳伞的英国飞行员。妮科尔也和津卡交上了朋友，她是始终对格调保持着高度敏感的，她对津卡只用两块红布和几个绳结围在金鬈发上就成了条时髦头巾赞不绝口。妮科尔也见到了埃莱娜，还有隆和居居这两个荷兰姑娘，和她们也成了朋友。

妮科尔和她的八个朋友逃出了乡村，匆忙和红脸村长拉开了距离。但通往施特雷拉的道路旁有一条铁路，而铁路通常是盟军轰炸机的好目标。另一架轰炸机从头顶掠过，地面熟悉地颤抖起来，机枪声在远处错落有致地响起。姑娘们跳进路边的水沟，后背靠在沟的一侧，脚搭在另一侧。妮科尔抬头望着天空，望着头顶飘浮的白云。她能闻到绿草的清香，感觉到草叶子刮着手心。春天来了，这些在工厂里日夜劳作的粗糙的手终于能触到柔软的自然。人类发动战争，摧毁文明，但世界还是自顾自地美得动人心魄，这些柔弱的绿芽可不知道现在正在打着仗。远处的炸弹乒乒乓乓地爆炸着，多少有些危险，但她们现在躺在这里，终究是自由了。诚然，她们现在还深陷敌境，这自由还是岌岌可危。她们不知道前路向何方，也许每个市镇的每个头儿都像刚才那个一样。虽然头顶的美国飞机带着某种危险，但这也给予她们希望，因为解放的兵士近了。

姑娘们每次停下来都再难站起来继续走，她们饿了，还需要找个地方过夜。“我们不能像这样饿着肚子一直走。”隆把这个明摆着的事情又重复了第一百零一遍。而大家也懒得再同意，只是哼唧一声。

埃莱娜点了下头。虽说上次被吓了一大跳，但她们现在还不能停下来。“到下个村咱们再试试运气吧。”

“会有人帮我们的。”扎扎总是这样乐观。

她们提心吊胆地走进一个叫克莱因拉格维茨（Kleinragewitz）的小村庄，刚才那个村长的咆哮还在耳中嗡嗡作响。在村边的第一座房子门口，她们遇见了一个南斯拉夫囚犯，他从战争开始时就给这家人干活了。很多战俘被分配给德国农村家庭干活，虽然活儿很重，但大部分种地的战俘能吃饱肚子，待遇也相对好一些。这人看见衣衫褴褛疲惫不堪的姑娘们，问她们要不要帮助。

“对，水。”这是埃莱娜当时唯一能想到的两个字，战俘让一个同伴去打水，但后来看见她们凹陷的脸颊和憔悴的身躯，他礼貌地问道：“要不要来点儿吃的？”

埃莱娜冷静地回答说她们饿坏了，确切地说，她们四天没吃东西了。

她们的窘迫显然打动了他，他带着她们到一间带回廊的白房子边，让她们坐在长凳上。这时候另一个南斯拉夫人带回来一壶水和一个盖着毛巾的大碗。两个战俘交谈了一会儿，之后第一个用德语解释道：“这实在是不多，但我还是希望你们能喜欢。我的朋友看你们太饿了。”

当战俘把毛巾揭开，露出下面一大堆煮土豆时，姑娘们雀跃着向他道谢。九位姑娘都被这慷慨的行为感动了，有的甚至开始掉眼泪。

看到她们瘦骨嶙峋的身体以后，另外六七个战俘也跑出去拿吃的。他们带回来一罐鲜牛奶，一块面包，两瓶果酱（橘子酱和黑莓酱），还有一些黄油。姑娘们看到这些豪华的食物，再也忍不住了。她们满手抓着土豆，把奶罐传来传去，掰下面包，蘸着果酱往嘴里塞。

她们嘴里塞得满满的，亲吻彼此，又哭又笑，狼吞虎咽，她们谢了战俘们一遍又一遍。战俘们温柔地望着她们，就像亲爹妈一样。就像扎扎之后形容的，“高兴得就像看见病了好久的孩子终于吃上饭了”。[12]

见她们拼命地把果酱、黄油和面包传给彼此，埃莱娜试着为她们糟糕的吃相道歉："抱歉，我们好久没吃东西了。"但是战俘们只是笑。

妮科尔靠着走廊的栏杆，把脸转过来对着太阳。她嘴里嚼着面包蘸果酱，眼泪慢慢流下来。就在几个小时前，她还准备迎接死亡，但她现在坐在这里吃东西，她从没吃过这么甜的东西。

津卡的脚流着血，一个人便带了一双男式的大靴子回来。姑娘们谢谢他，津卡穿到脚上，却发现靴筒比膝盖还高。大家都笑了起来。

最终，她们平静下来，打起了精神。能吃的都吃掉了，让人抓心挠肝、坐立不安的饥饿感也退去了。姑娘们现在终于感到深入骨髓的疲惫。隆问第一个战俘，有没有能给她们安全休息一下的地方。

"就一晚上。"埃莱娜补充道。

南斯拉夫人建议她们去找村长。

雅基厌恶地嘟囔了一声，大家都抵触再接触德国当局。"恐怕她们不愿意去找村长。"埃莱娜说，她还告诉了战俘们在上个村庄的那次历险。但他们向她保证，这个村的村长是个好人，不会像前一个那样。

"他是个好人，等会儿你就知道了。我带你去吧。"一个战俘邀请道。

埃莱娜跟大家翻译了一下，就怀着不安的心情去见村长。

剩下八个姑娘坐在阳光下，试着和别的战俘聊天。隆和居居会说德语，就负责翻译。她们给他们说她们的名字，她们从哪儿来，她们离家多久了。大家都盼着这场可怕的战争早点儿结束。

还好，埃莱娜没去多久。她笑着和战俘的头头一块回来，埃莱娜高兴地告诉其他人，他们安排了一间谷仓里的阁楼给她们住。

姑娘们爬上阁楼，阁楼上堆着干净的稻草。这待遇让她们有点儿晕乎乎的。她们各自找了个舒服的地方安顿下来睡觉，把稻草堆起来做床垫。她们脱掉磨脚的鞋，把破衣服叠起来铺床。

突然扎扎嘘了一声："小声！"她们都僵住了。

扎扎听见战俘们沉重的脚步声向着谷仓走来。姑娘们互相担心地望望，交流着内心的想法：这几个男人会不会是来找麻烦的？他们会不会想，因为给了她们吃的，现在就欠他们的？

但随后她们听见男人们敲谷仓的门。

敲门声！她们都松了一口气，笑了出来。这种意外的礼遇打动了她们。扎扎已经不太记得上次遇到这种礼貌的行为是什么时候了。许久以来，她的生活已毫无隐私可言，她已经有好几年没听到别人敲门了。

"请进！"几个姑娘喊道。

男人们只是来给她们送毯子和被子，还有一瓶杜松子酒，她们更高兴了。

战俘们回去之前又是一通"谢谢""晚安"和"请好好休息"，姑娘们把毯子分发开来，每人都把床拾掇得舒舒服服。现在既然已经安全地安顿下来，她们打算好好享用那个沙丁鱼罐头。梅娜从衣服里拿出一块面包，那是从刚才那顿饭里留下的："快看啊，你们看我多有先见之明呀！"她说道。

妮科尔随即承认，她也“偷”了块面包，“以防万一”。这是她们在集中营里养成的习惯——要仔细地把任何食物残渣都攒起来。但是现在，事情进展得还不错，那为什么还要藏着掖着？

梅娜和津卡负责分发食物，每个姑娘都拿到了一条鱼和一个面包角，这简直和过年一样。她们说这个村庄比上个好太多了，她们对南斯拉夫人的热情好客无法释怀，他们都是多么好的人啊。

“要我说，咱们在这儿安顿下来吧。”雅基说道，她还是说一句话就重重地喘一下。

“我同意，”扎扎说，“终于住进房子里了，这地方又安全又暖和。”

“再过几天，或者几周，战争就结束了。”雅基继续说。

“还有那些南斯拉夫人，他们多好啊。”梅娜也非常同意。男人们没忽略她的魅力，他们对她尤其好一点儿，见她空着手就给她土豆果酱加黄油。“明天我们就能洗头洗衣服，收拾利索，准备到农场干活，好换点儿吃的。”梅娜建议道。

但是妮科尔更实用主义一些，给她们泼了一盆冷水。“别抱太大希望，这里是前线，我们不可能马上就变成挤奶工人。情况变得太快了，现在还打着仗呢，这些只不过是做梦而已。”她说道。

“就不能稍微做点儿梦吗？”梅娜恳求道。

“最好把眼睛睁大点儿，”妮科尔说，“谁知道接下来会遇到什么？”

“咱们睡觉吧。”埃莱娜说。这就是关于这个问题的最后一句话。

第四章

隆和居居

Madelon Verstijnen / Lon

Guillemette Daendels / Guigui

马德隆·费尔斯南（隆）
图片来源：帕特里夏·伊丽莎白·弗雷德里克·文辛克和弗拉迪米尔·施里贝尔（Patricia Elisabeth Frédérique Wensink and Wladimir Schreiber）

吉耶梅特·丹德尔斯（居居）
图片来源：奥利维耶·克莱芒坦（Olivier Clémentin）

第二天早上，天刚蒙蒙亮，南斯拉夫人就轻轻敲门把姑娘们叫起来。因为好久没正常休息过了，姑娘们坐在安眠的干草堆里，还稍微有点儿蒙。南斯拉夫人爬上梯子，递给她们一罐牛奶咖啡，一碗煮土豆，一瓶用来缓解她们腿部疼痛的油膏，一点儿黄油和盐，还给了一些香烟，能让每个姑娘都抽一根。

九位姑娘为这顿珍贵的早餐清理出了个地方。她们有多久没被这样礼貌地叫醒了？她们有多久没被粗野的吼叫吵醒，好好睡上一觉了？

阳光从谷仓房顶的缝中倾泻下来，照亮了空中舞动的尘埃。每个人都沐浴在金色的阳光里，陶醉在宁静的和平中。屋外传来声声鸟鸣。

男人们站成一排，他们梳了头，刮了胡子。虽然穿得破旧，但是洗得干干净净。他们衣服上的扣子一个都没缺。

“这三个鸡蛋里有一个煮熟了，但不知道是哪一个。”一个年轻人一边说着，一边轻轻地把三个鸡蛋放到梅娜伸出的手心里。

“谢谢。”梅娜小心地把鸡蛋拿过来。她刚醒，脸蛋红红的，头发里还有稻草。她对这个年轻人笑了一下，他的脸顿时红了。

“很抱歉这么早把你们叫起来，可是有一个坏消息。”她们首先遇到的那个战俘说，他似乎是领头的。

“好吧，”埃莱娜似乎一点儿也不吃惊，黯然回道，“请告诉我们吧。”

“下来了一个通知，我们昨晚收到的，那时候我们还不想打扰你们。”他深吸一口气，“我们——我们这里所有的战俘——都要集合起来，上面命令我们出发向东，去瑙恩多夫的集中营。今天早上就走。”

“天呐，圣子和圣母玛利亚！”若塞叫出来，“我们不能去那儿！”妮科尔胳膊环抱着若塞，安慰她。

“你们最好赶紧走，赶在集合之前走。”脸红的年轻人对梅娜说，就像他俩独自在一块儿一样，“他们还不知道你们在这儿。”

“所以我们把你们叫醒了，”领头的人对埃莱娜说，“我们本想让你们继续睡的。”

另一个战俘抱过来一叠衣服。“我们要走了，这些东西你们可能用得上。”一共是两件毛衣，两条裤子，一些帽子和手套，他们对自己的慷慨感到有些害羞。雅基离开莱比锡之后就一直穿着一条磨得都快透明的破裙子，现在高兴地换上了一条男式裤子。裤子又大又硬，她必须用一条绳子系住。就算这样，每天也起码有一个人叫着提醒她：“雅基，你的裤裆又开啦！”

南斯拉夫人还给姑娘们一口带三脚架的铁锅，好让她们做饭。锅又笨又沉，但妮科尔说：“我来背着吧！”她一直都想炖一锅汤，这个实用的东西吸引了她。她们可以用它煮土豆，或者熬蒲公英汤，这口锅让她想起了当初在山里和“马基”朋友们的快活日子。

姑娘们迅速吃完饭，没多说一句话。大家都不觉得有什么遗憾的，她们收拾东西时，头天晚上那场充满希望的谈话还萦绕在心头。妮科尔和若塞最后检查了一遍谷仓。“野营的第一条规矩，”妮科尔强调道，“就是离开前要扫清痕迹。”

她们离开小镇，重新上路。她们仍然疼痛的身体中冒出些许对未知前路的恐惧：她们的故事不会就在这里甜蜜结束。她们回头向西启程，小心地绕开了瑙恩多夫。

在一个十字路口她们撞见了个骑摩托的年轻德国军官，他挥手让她们走近。

“抱歉，打扰一下，”他礼貌地喊道，“我想打听一下，你们知不知道美国人和俄国人现在到哪儿了，你们听说过什么没有？”

埃莱娜用胳膊捅捅扎扎，示意她跟着说。“我们听说了些小道消息……”她甜甜地笑着，几乎是在调情。她明显是要扎扎趁机看一眼德国人手上打开了一半的地图。

“什么样的小道消息？”

埃莱娜尽可能地拖延时间，但不管是她还是扎扎都没能看清地图。

“好吧女士们，很高兴和你们聊天。但我得回去执行任务了。”军官发动了他的摩托车，车子喷出一股黑烟。姑娘们焦急地看着他骑走，之后紧张地抱在一起笑起来。她们在田野里找到一个既有太阳，又在路上看不见的地方，在那里她们躺在绿草上打了个盹。“就像蜥蜴晒太阳一样。”扎扎写道。[1] 妮科尔建议她们得稍微晒黑一点儿，因为她们现在苍白得像白萝卜一样。她们吃了几个之前南斯拉夫人送的煮土豆，喝了几口杜松子酒，抽着她们的烟。这里是个休息的好地方，还能谈谈刚才的事情。她们谈论起刚才这件荒唐的事：一个德国军官竟然要向几个逃犯问前线的位置。太阳照得她们暖暖的，小虫子在青草中嗡嗡飞着，空气清新，四野宁静。虽然没有表，扎扎还是建议她们休息上五个小时再说。她们累得走不动了，还非常担心那个德国军官会不会告发她们。埃莱娜觉得他应该是无害的，她的德语说得好，好得就像她的母语一样。德国人看上去只是个普通的兵，只想完成任务，她觉得他没怀疑什么。埃莱娜还记得弗里茨的善行，她怀疑还有不少德国兵其实心里讨厌党卫队和盖世太保，只不过一心想让这场恶心的战争早点结束罢了。

她们讨论了一下她们该编个什么故事，或者自称是逃跑的囚犯，或者自称是外籍劳工。埃莱娜在上个村子编的那个说她们是外籍劳工，工厂关门的故事好像不太好用。到目前为止，分遣营逃犯的真实故事似乎更容易让人接受。大家决定下次要讲这个真实的身份。偶尔，她们的谈话又转向南斯拉夫战俘的善意，并调侃梅娜让他们爱上了她。

她们也调侃若塞，因为这一路走下来她的脸都红通通的。若塞本是个神采奕奕的人，她们逃跑那天，她的头发裹在破布头巾里，但今天早上，南斯拉夫人注意到了她几绺露出来的长长黑发，雅基注意到了男人们看她的目光。“我们比叫花子[①]还潦倒，但若塞可不是，你看她背上垂下来的大波浪卷。”

“那些男人，一看到她就打也打不跑了。”扎扎赞同道。

“哈，你看那些小子们，在若塞面前连句完整的话也不会说。”雅基说道。

“那这不是更好吗？”扎扎涌起一股保护欲。

“有什么好的？”若塞有些不愿意，她很不喜欢她们把她当小孩看，她觉得自己比看着要成熟多了。

“若塞，你还是处女吗？”雅基问道。

“是，怎么啦？”她回答道。大家暴发出一阵大笑。

她们是穿一条裤子的好朋友，她们直接放开了交谈各自的身体和性经验，分享她们隐秘的历史。津卡和扎扎已经结婚了，雅基丧偶，所以她们仨有性经验很正常。还有的姑娘被捕前明显就有了情人。她们这个时代的道德剧烈变化，一切都在变革。虽然有的还留恋着旧日子，但这些姑娘在抵抗组织里的生涯给她们一种独立自主的快感。她们已经知道

① 原文为 Job’s turkey，形容极其穷困潦倒。——译者注

她们的能力远远超出她们的想象，她们和她们的母亲或者祖母不一样。假如她们活了下来，怎么还会像从前一样在结婚和带孩子之间打转转？前路迷茫，她们中有人希望若塞还能像从前一样纯真，锚定在那个旧世界里。但是，若塞自己可不这么觉得。

天凉了下来，她们要出发去下一个村子了。不管陷入愤怒的当地人中的可能性有多可怕，她们都得去。

就在热平[①]（Reppen）镇外面，隆和埃莱娜看见路上丢着一个生土豆。她们又在草里寻到一个，仔细一找又有一大堆。这些土豆好像是从谁的车上掉下来的。但毕竟是生的啊，她们该怎么处理呢？

“要是我们能生堆火，就能用上这个。”妮科尔敲敲她背着的大铁锅。

但是隆看了看自己脏脚丫子边的脏土豆。她竟然变成这个样子了吗？她曾对大家说她觉得从地上捡吃的是件丢脸的事。“我做不来这事儿。”她当时这么说。她还记得集中营里的妇女是怎么做的，是怎么在烂泥里争抢一点儿剩饭的。

在集中营里，保持尊严是最首要的事情，她们谁都不会去抢饭吃。她们互相照顾，公平分配食物，在那个野蛮的地方保持教养，她们因此而骄傲。当其他人失去自我，变得越来越像动物，最终在漆黑的绝望中

① 现在波兰的 Rzepin——译者注

沉沦时，是这些让她们一直坚强。所以现在对隆来说，好像土豆比她自己还重一样。

她们静静地站着，思索着。土豆捡还是不捡，这是一个问题。她们的脑海中快速闪过那些被圈在铁丝网里的日日夜夜。

雅基的叫声打破了沉默。“老天爷，那他妈的是吃的！你们忘了我们当时都快饿死了？想想当初在拉文斯布吕克,你们会对着土豆磨磨唧唧？”

她们开始行动起来，人人都低头寻找身边的土豆。她们低下头去盯着地面，顾不上看一眼小镇的样子。镇里散布着黄色和米色的住宅，屋顶是倾斜的红瓦，远处是带有石板灰色洋葱状圆顶的教堂。

“有德国兵。”妮科尔突然悄悄提醒埃莱娜。在抵抗组织的经历教会了她时刻保持警惕。她发现了两个扛着枪的兵，看上去应该是看守小镇入口的。他们远远地瞅着她。

“德国兵。”她稍微提高声音，向其他人重复了一遍。她们站起来望向那两个兵，士兵好奇地望回来。一个德国女人一把把窗户推开，声音大得像一声枪响。她从窗口探出头，怒气冲冲地冲士兵叫道：“嗨，你们干什么呢？怎么不开枪打她们？看那群流民，那群贼！开枪！快开枪打她们！”

士兵慢慢端起枪，指向姑娘们。

妮科尔感到一阵恐惧从脚底涌到头顶。她们抓起土豆，转身急忙跑到墙后面的一条小街上。

她们在集中营里得到的只有伤痕：脚被压伤，皮肤长包，脚踝骨折，屁股疼痛，以及饿肚子几个月，更别说最近连着走了好几天路了。她们现在根本没法跑起来，顶多在必要的时候快走几步。她们顺着小街从小镇后面离开，在路边找到一条水沟就赶紧跳进去，这才喘口大气，人人都心惊肉跳。

“我觉得我们聚在一起太引人注目了。”埃莱娜最终说了一句。

“我们看起来肯定可怕极了，”扎扎很同意，“换作是我看了我们现在的样子也要吓一跳。”

“最好派俩人先去镇里探路，我觉得让埃莱娜和隆去比较好。”妮科尔说，大家都同意了。这两人的德语说得最好。她们打算再试着进次镇子，但这回要化一下装。埃莱娜穿着她那件带褶皱领子的衣服。隆穿上了除了埃莱娜之外的最好的衣服：一条裙子，还有一件条纹都褪色了的上衣。扎扎迅速地用破布给她们做了条腰带。

“不能系得太紧，不能让他们看见你有多瘦。”扎扎说。

扎扎是个不错的裁缝。当初她在拉文斯布吕克就能给埃莱娜和她自己织袜子。针是从泥里捡的钉子，线是从羊毛内衣上拆下来的。埃莱娜在莱比锡鼓动大家逃跑时，扎扎被她劝得不耐烦了，说：“你就不能别管我，自己走吗？”埃莱娜以她一贯的酷劲儿回答：“因为我不会针线活儿，我得带上你，只有你才有针线。”

把自己收拾干净之后，隆和埃莱娜出发去找个能歇歇脚、煮土豆的地方。

手上没表，很难判断到底过了多久。但妮科尔觉得有好几个小时。七个姑娘在沟里坐着，越来越烦躁，聊天也早就聊不下去了。那两个兵和那个愤怒的德国女人在她们脑海里过了一遍又一遍。万一隆和埃莱娜没回来，那怎么办？

妮科尔开始觉得有点儿冷了，扎扎感到一股恐惧卡在嗓子眼里。别人都小声说话，若塞却敢大声说道："我觉得她们回不来了。万一她们被逮到瑙恩多夫去呢？万一她们吃了枪子儿呢？"

"我们再等一会儿。"妮科尔说。接着问题来了，一会儿是多久？

让她们无比欣慰的是，埃莱娜和隆过了一会儿就回来了，但两人脸上的表情有些暧昧。姑娘们争先恐后地提问。

"那里什么情况？"

"你们看见什么了？"

"今晚还要赶路吗？"

"我们现在怎么办？"

两个侦察兵什么也没说，大家被她们的沉默弄得不耐烦了。"操，赶快开腔啊！"雅基不禁骂道。

最后埃莱娜和隆终于狡猾地笑起来。"快走，那边有个旅馆能吃饭。"隆说。

"还有个谷仓，今晚能在那儿睡觉。"埃莱娜加了一句。

“这笑话可一点儿意思也没有！”扎扎说，虽然她自己放松地笑了出来。

姑娘们走过一个教堂的时候，埃莱娜解释说她和隆只把她们的来头粗略地向当地人讲了一下：她们只不过是些难民，想找点儿吃的，找个住处。她们感觉说得越少越好。

不久她们来到一座宏伟的客栈门前，有着阶梯状的外立面。客栈里沐浴着金黄色的灯光，又温暖又舒适。食物的香气和微小的聊天声从里面传出来。假如没有打仗，这一切都再正常不过了。这是个她们会在过去的日子里觉得“古色古香”的地方，装饰是日耳曼式的，钢琴上有花边，还有一个装饰性的陶瓷暖炉。很多年以后，妮科尔写下了这奇怪的一幕：“直到现在我都不知道这是不是个梦，到底是真的还是我想象出来的。”[2]

九个姑娘围坐在一张铺了亚麻桌布的圆桌边，一个年轻女服务员近前来，问她们是不是打算用餐。她的金色辫子盘在头的两侧，就像耳环一样。这真是个荒谬的问题。不过当然了，吃饭是要付钱的。九姐妹看着手写菜单，她们的掌柜若塞说钱就是拿来吃饭的，这时候再节约就太蠢了，德国正在节节败退，过不了多久这些钱就没用了。她们迅速讨论了一下，发现身上的钱正好够用来吃面条。

她们沉默地坐着，小心翼翼地环顾四周。这感觉就像径直走进虎穴一样。附近桌边坐着几个德国军官。“还记得我们刚跑出来时遇到的那几个兵吗？”埃莱娜凑近大家，小声说道，“咱们就表现得像是正常来吃饭的一样。”

旅馆老板端来一盘子面条，同时三个德国军官也跟着上来。军衔最高的家伙戴了个单片眼镜，隆后来在回忆录里写道，他看起来“就像从电影里走出来的一样”[3]。这人大概四十出头，戴着大檐帽，胸前别满勋章。他穿着高帮皮靴，右手握着一根马鞭，左右跟着两个年轻军官，离他一步之遥。三个人都是金头发，目光锐利的蓝眼睛，刮得光光的下巴，带着一副姑娘们从骨子里就害怕的做派。

隆给那个家伙起了个外号叫“单片眼镜”，他用马鞭敲敲靴子，在她们桌边猛地停下来。接下来是一阵可怕的停顿。

随后他咧开嘴，露出一个高兴的，几乎是愚蠢的笑，问道：“是真的吗？我听说你们是法国姑娘？从巴黎来？”

“那你去过巴黎了？”雅基不慌不忙地问道。

“我爱巴黎！”单片眼镜带着极重的口音回答道。他说他去过一次，是在 1942 年一次短暂的假期去的，因为元首宣布每个德国军人都应该去巴黎参观一次。希特勒在巴黎就转了三个小时，之后说：“这是我一生中最伟大，最美好的时刻。”

“谁不爱巴黎呢？”雅基回答道，声音慵懒而又性感。

梅娜也加入了进来，两个姑娘开始调情，说她们有多想念那座优雅的城市。姑娘们说法语，德国人说德语，但这无所谓。三个男人，尤其是那个单片眼镜，都被美丽的巴黎姑娘迷住了。隆后来解释说：“这是法式魅力最高级、最精致的时候。又有诱惑力又有欺骗性，但是，噢，这样微妙的调情。这边一个甜美的微笑，那边一个微微的转头。与此同时，端庄却非常敏锐的眼睛又从低垂的眼睑下向上一瞥。”[4] 神奇的是，雅基的气喘一次也没犯，但说不定那略带喘息的声音更有魅力。

单片眼镜问道：“那巴黎呢，还是像原来那样吗？香榭丽舍大街没变吧？埃菲尔铁塔呢？红磨坊还是那么热闹？那儿的姑娘们像你们一样美丽吗？”

“啊，你只要去一趟就行了，”雅基妩媚地耸耸肩，“来，你自己来巴黎看。”

很显然，姑娘们不用再怕这几个德国军官了，但她们有别的要操心。在集中营的时候吃饭要尽量地快，她们在破锡碗里用手指头或者破勺子扒饭，看守就拿着鞭子在旁边监视。现在她们面前摆着真正的大餐，真正的刀叉，还有个微笑的德国女服务员。开吃以后她们最怕的反而不是靠在旁边的德国军官，而是叉子了。

若塞小声对妮科尔说：“我差点儿就用这东西戳着自己了。”

带着强大的意志力，她们慢慢地，优雅地吃，努力回忆着原来的餐桌礼仪。

若塞在晃荡着的德国人面前装了个天真，她小心地取出钱，慢慢放在桌子上。单片眼镜举起两只手，做了个阻止的手势。

“不！请别这样，请别这样！在这愉快的谈话之后为优雅的女士付账是我莫大的荣幸。”

姑娘们象征性地推让了一下，若塞很快把宝贵的钞票收起来了。姑娘们吃完了面条，装着喜欢让单片眼镜和他的两个跟班陪着的样子。晚餐结束以后，德国人把鞋跟一碰，鞠了个礼貌得荒唐的躬，祝她们晚安。姑娘们最终被领到旁边的一间谷仓里休息。铺的稻草很新鲜，她们也终于能躺下了。不过天气还是有点儿冷，雅基建议大家喝口杜松子酒暖暖身子。酒瓶在众人手里传了一圈，不久大家就香甜地睡着了。

若塞放在桌子上付账的那一沓钞票里有张五马克的，隆还记得她是怎么拿到这张纸币的。那是在莱比锡时她在高低床之间的地上找到的。因为囚犯不准拿钱，还因为就像她自己写的那样，她是个“傻姑娘”，她打算把钱上交给营地前辈[①]，这个营地前辈是整个营地里监管其他囚犯的那个囚犯。

集中营（也可能是所有的监狱系统）管理的精髓在于让部分囚犯手里掌权，高人一等。这样那些“人上人”就要努力维持现状，不久他们就会比纳粹还想保留这个体系。

莱比锡的营地前辈是乔安娜·舒曼斯卡，就是那个她们刚抵达时站

① 原文为德语 Lagerälteste，字面直译是 camp elder，营地前辈。——译者注

在普劳尔长官旁边的人。这是个复杂的女人。她 28 岁，据说战前是华沙最优秀的演员，长相很漂亮，她也深知这一点。她醒目而冷静，隆向她报告时从没见她笑过。自然，她有她不笑的理由，因为战争刚一打响她就被捕了。她是利沃夫大学一个地理学教授的女儿，战前和犹太人关系很好。战后她在法庭上做证说她是因为帮犹太人偷偷逃出华沙贫民窟而被捕，但也有人说她当初在受审时把自己的秘密网络全招了。被捕后她被送到马伊达内克，在那里当了营地前辈。

她的一些波兰同胞在军事法庭上做证说因为她正直又忠实，勇敢反抗德国人，才被囚犯一致推选为营地前辈，其他人也说，她在马伊达内克坐上这个职位后曾打算辞职，为此差点儿被党卫队打死。但马伊达内克的犹太幸存者说法可不一样，说她待人严酷，作风野蛮。因为她打人的时候经常龇着牙，囚犯们都叫她“母老虎”。据说她和那个普劳尔长官“有一腿”，也就是说，普劳尔拿她当情妇，而舒曼斯卡用这一点换来了让其他囚犯和她自己活得稍微轻松一点儿。

她的确保护了一些犹太人，比如玛丽拉·赖希（Maryla Reich），她当时在马伊达内克的身份是非犹太波兰人。她说舒曼斯卡知道她其实是犹太人，却把她从 1943 年的犹太人大筛选里救了下来。但是很多犹太囚犯可不这样想，多拉·斯罗卡（Dora Sroka）说：“如果那里有个焚尸炉，那舒曼斯卡就是第一个点火的。”[5]

当隆找到舒曼斯卡，上交了那张五马克钞票时，这个波兰女人似乎很生气。“你脑子是不是有问题？”她咬牙骂了一声，“要是让他们知道你拿了钱了，所有的女总管都得受牵连！”

隆发现她说的对，让囚犯摸到钱是个严重的挑衅。女总管全是波兰人，她们不仅有红十字会来看望，有时候还能收到家里寄来的包裹。这张钞票应该是藏在某个女总管包裹里的，不小心掉了。舒曼斯卡自己没拿钱，却坚持让隆收着。她用手攥住隆的拳头说：“你自己收着，藏好了。”

后来，战争结束，犹太囚犯们在巴黎控告舒曼斯卡的战争罪行，隆被传唤出庭做证。她是个纯粹的局外人，她不是犹太人，不是波兰人，也不是舒曼斯卡的朋友。隆就按着自己的意思给出了证词，她回忆了这桩五马克钞票的事，说舒曼斯卡在当时的情况下把能做的都做了。隆认为她和波兰人总体来说把事情安排得顺顺当当，这也尽可能地限制了德国人的暴行。还有人指控舒曼斯卡和德国指挥官睡觉，而隆指出，首先这不是战争罪；其次，显而易见，当时她没什么选择，是被强迫那么干的。乔安娜·舒曼斯卡最终被无罪释放，和她的犹太钢琴家丈夫移民到了美国。[6]

普里莫·莱维（Primo Levi）写道，我们必须记住幸存者讲的故事，幸存者往往是在集中营扭曲的食物链下得到些小利的幸运儿。这点小利可能仅仅是一双好鞋，一个稍微不太会死人的活计，或者是被划到某个仁慈一点儿的牢头手下。

国家社会主义[①]是建立在像什么种族纯洁、优生学、社会达尔文主义这些当时时髦的思潮上的，欧洲和美洲到处是这些思潮的吹鼓手。有一大批种族主义哲学家，比如法国的约瑟夫·德·迈斯特（Joseph de Maistre）、路易·德·博纳尔德（Louis de Bonald）、阿蒂尔·德·戈比诺（Arthur de Gobineau），英国的休斯敦·斯图尔特·张伯伦（Houston Stewart Chamberlain）、弗朗西斯·高尔顿爵士（Sir Francis Galton），诸如此类。另外，美国的优生学运动更是直接鼓舞了德国的纳粹党徒。

集中营系统反映了这些流行的理念，把它们推向人类能想象的逻辑上最极端的地步。它再现了一个吃人的内部等级制度。最底层的是所谓社会边缘人，这个群体包括辛提人和罗姆人、耶和华见证人、同性恋、性工作者，也包括普通囚犯。这些人似乎被历史遗忘了，直到 2020 年 2 月，这些佩戴绿三角和黑三角的囚犯才被承认为受害者。他们没能加入幸存者社群，战后没有政治组织呼吁他们的权利，他们不被看作英雄或者崇高的牺牲者。而且哪怕是在囚犯之中，这群人也饱受歧视。[7]

事实上，通过采访埃莱娜姨姨和其他姑娘的子孙，我晓得九姐妹其实也对吉普赛人和苏联人又厌又怕，觉得他们粗鲁野蛮。德国人说

---

① 该词源于德语，又称民族社会主义，是第二次世界大战前希特勒等人提出的反动政治主张，它反对无产阶级革命，是高度民粹化的极端帝国主义。——编者注

集中营里的囚犯除了政治犯和犹太人之外都是妓女，埃莱娜似乎听信了这种洗脑。但大部分卖身的女人都是带着孩子、无家可归的寡妇，她们的丈夫死在战争中。成千上万的所谓社会边缘人囚犯无辜被害，但其中根本没有一个人能有机会在战后审判战犯的法庭上出庭做证、诉说冤屈。[8]

朱丽叶·贝斯是个与扎扎一起被抓的青旅伙伴，她之后在回忆录中写道，她被捕后认识了一个名叫米里耶勒（Murielle）的妓女，她们在弗雷讷监狱是室友，后来成了朋友。当初，宪兵追捕一个年轻的德国逃兵，发现他跟米里耶勒在一起。她先被抓，但据说很快就会被释放，因为她只是在“做她的生意”。然而她没有获释，而是被解往集中营。战后，米里耶勒和很多性工作者一样被控通敌而受审，因为她们和德国兵睡觉。朱丽叶上庭为她辩护，争辩说米里耶勒在集中营里受了很多罪，但是非常勇敢。她和政治犯们团结在一起，不应该受罚。[9]作为一个妓女，她若是想得到谅解，就得由一个政治犯来为她说话。战后，暴民们经常公审妓女，剃她们光头，好让大家都认识她们，还拉着她们游街，更不用说公然的羞辱和谩骂。这些妇女被叫作光头①。

战争刚结束，便有一些历史学家开始研究吞灭（Porajmos），即辛

---

① 原文为法语 Les tondues。——译者注

提人和罗姆人的浩劫（shoah）。这些民族的数万死难者中有约200名年轻姑娘被送到拉文斯布吕克，在医学实验中被强制绝育，而有的姑娘年仅八岁。她们之中大多死在手术台上，因为手术中完全没有止痛措施。拉文斯布吕克的指挥官弗里茨·祖伦（Fritz Suhren）在法庭上如此为自己辩护："我们绝育的不只是女人，我们还给男人和儿童做绝育。他们毕竟只不过是吉普赛人而已。"[10] 直到1982年，德国政府才承认了"吞灭"行为。

同性恋在营地里是失语的，而我们很难了解详细情况。女同性恋被认为是社会边缘人，其他囚犯避之不及，而且往往由最虐待狂的警卫来管理。政治犯幸存者会谈起某些"害人精"女人的"特殊习惯"，她们穿成男人模样，被叫作"朱洛"（julots）。她们的监区人满为患，挨打是常有的事。曾有年轻的女同性恋姑娘径直扑到通电铁丝网上，就是为了有效自杀。而她们的尸体就留在铁丝网上，用来杀鸡儆猴。她们的身份已不可考，历史上没有留下她们的名字。其他人还记得在社会边缘人的监区里，空间是最拥挤的，暴力是最猖獗的，有的囚犯借性交聊以自慰。有的人大声做爱，摇动床铺，也有的人用性来换取食物。同性恋经常背上诸如从厨房偷吃这样的罪名，哪怕没有证据，只要一人犯错她们整组就要受罚。

总体来说，法国政治犯们认为同性恋行为是道德败坏的。她们坚持说，哪怕同性恋在德国黑道和别国政治犯中司空见惯，它在法国政治犯之间也是绝少见的。[11]

但是真正的情感依然存在。比如说曾当过弗朗茨·卡夫卡的情人和翻译的米莱娜·杰森斯卡（Milena Jezenská），她遇见了玛格丽特·布伯–诺依曼（Margarete Buber-Neumann），两人共坠爱河。米莱娜没能活下来，而玛格丽特后来写道："被送进拉文斯布吕克真是件幸运的事，因为我在那里遇见了米莱娜。"[12]

布伯–诺依曼战后写了本书，回忆她和米莱娜动人的感情。这本关于集中营的书是米莱娜和她曾承诺一起写的，对营地里女性团结的重要意义下了定论。这种真情可能说明了为什么集中营里女人一般比男人活得长。而隆在她的书中也写下了两个女人间的友情乃至浪漫爱情的重要意义。

隆，全名马德隆·费尔斯南，在斯海弗宁恩（Scheveningen）长大，父亲是公证员。她后来搬到莱顿学习亚述学，师从近东学泰斗弗朗茨·博尔（Franz Böhl）教授。打仗这几年，她是教授唯一的学生。在她被捕后，她的父亲和博尔教授曾多方尝试贿赂纳粹官员释放她和她大哥埃里克未果。[13]

埃里克比隆大六岁，在莱顿读法律。费尔斯南家族曾经辉煌过，他们开始是资产阶级农场主，后来在荷属东印度群岛发达了。隆的父辈经历了一个黄金时期，在这时，艺术、文学和知识界的先锋聚集在荷兰。

而新一代，包括埃里克、隆和他们的表兄弟们，更多地投身于政治。

隆十分崇拜她英俊的大哥。有一次他们俩在莱顿泡吧，兄妹聊天时旁边的凳子上坐过来一个满身文身的半醉水手。那个水手不停地对着隆说些什么，听起来像是什么“波塞冬”（Poseidon）。

埃里克生气了，叫道：“先生，这是我的妹妹！”

隆小声问哥哥：“他跟我们说海神，这你为什么要管？”

埃里克咬着牙解释说，这人说的不是“波塞冬”，而是“塞得港”[①]，那是个满地妓女的肮脏地方。

接着，水手醉醺醺地问埃里克：“你从哪儿找到这么棒的妞儿的？”

埃里克愤怒地重复：“先生，这是我的妹妹。现在我请你马上给我离开这里。”

“啊对，”醉鬼喝了口酒，小声咕哝，“塞得港。”

后来隆仔细描述了她哥哥是如何认真地脱下夹克，挂到椅背上，解开袖扣，然后卷起袖子的。他摘掉眼镜放在吧台上，但那样就什么都看不见了。他上过几次拳击课，但是没了眼镜他根本看不清朝着什么出拳。局面急转直下，隆开始担心了。她知道不管那水手喝得再醉，她和哥哥都打不过。还好，水手站起来付了账，挪到门口，说了句：“那我走，

① 波塞冬（Poseidon）和塞得港（Port Gezegd）两个词在荷兰语中听起来相似。——译者注

哦上帝，我走就是了。”

隆大受感动，埃里克愿意为了她的名誉大打出手，哪怕结果非常不妙。她还记得另一件事，那一年埃里克25岁，她19岁，去他在莱顿的宿舍看他。埃里克枕着双手躺在床上，突然冒出来一句：“我想清楚了，我爱上了一个女人，那就是你。”隆感到他们心有灵犀，也许埃里克是她唯一爱过的男人。1940年，隆也要去莱顿读书，埃里克略带粗暴地警告她，哪怕翅膀硬了，她也不能跟遇到的男孩子发生关系。隆有点儿惊讶，说她还是处女。埃里克伸手摸着她的头说：“那就好，那就一直这样。”[14]

随着占领和压迫逐渐巩固，纳粹勒令莱顿大学所有犹太教授辞职。1940年11月，法学系主任发表了一次抗议讲话，学生们应声罢课，隆和她的朋友居居也参加了这场运动。68位教授中的53位在抗议中当场辞职，大学随即关闭。彼得·塔泽拉尔（Peter Tazelaar）是埃里克的朋友，当时在伦敦的荷兰流亡政府旗下帮助犹太家庭和被击落而跳伞的荷兰飞行员撤离。受到他的鼓舞，埃里克1943年离开荷兰，前往巴黎投奔他的朋友和同学维克多·斯旺（Victor Swane）。隆渴望着追随她的哥哥。隆自称有个未婚夫，但很显然，埃里克才是她渴求的焦点。

隆和朋友居居在专为她们上流阶层姑娘们设立的舒适宿舍里见了面。居居平静的举止完美衬托了隆火热的激情，她们两人为着一个共同的目标走到了一起。隆得知了被驱逐的犹太家庭数目后感到极端震惊，随后是极端惭愧，她忍受不了这种无能为力的感觉，于是她们决定去巴黎寻找埃里克，去参加抵抗组织。埃里克的最后一封信上说他在巴黎北站（Gare du Nord）边的蒙多隆酒店（Hôtel de Montholon）落脚。

13 岁的居居，她的家庭于当年离散
图片来源：奥利维耶 · 克莱芒坦

吉耶梅特 · 克洛迪娜 · 丹德尔斯（居居）出身于一个荷兰贵族家庭。在丹德尔斯家族自荷属东印度发家之后，居居的父亲劳伦丘斯 · 亨利 · 丹德尔斯（Laurentius Henri Daendels）出生在阿纳姆（Arnhem）。他似乎是靠着家族的余财生活的。当他与居居的母亲克拉拉 · 凡 · 里克（Clara Van Rijck）结婚时，他用法文写了结婚请柬，在上面把自己说成是一名预备役轻骑兵中尉。婚后他们搬到赫岑贝格（Hezenberg）的一处家族庄园，在那里养马、牛、狗和鸡。他们一连生了三个孩子，1920 年生的居居是最小的。家族精心举办过许多跨国狩猎活动，亨德里克亲王和威廉明娜女王经常参加。丹德尔斯家族以其大手笔而闻名，他们向市政当局捐款，为镇上的节日捐款，还组织公共活动。

在他们的大庄园里，专门有间马夫的房子，还有司机的卧室，首席花匠也有座乡间小屋。孩子们由保姆带大，由女家庭教师教导。他们在家经常说法语，因为克拉拉在法国出生，她妹妹嫁了个法国人，还因为这听起来挺潇洒。然而奢侈的生活不能一直维持下去，1930 年至 1933 年，就在居居大概 10 岁到 13 岁时，她父母分开了。就像在妮科尔家发生的一样，劳伦丘斯破产了，婚姻随后破裂。1934 年 1 月，家产清算完成，这段时期劳伦丘斯一直在瑞士一家疗养院养病。9 月他和克拉拉离婚，11 月他回到了荷兰。他回荷兰没几天就死了，只留下 14 岁的居居。

在青春期早期那关键的几年里，居居历经了父母婚姻破裂、儿时的优越生活消逝和父亲去世这几件事。居居从中学到了，除了爱和友谊之外其他都不重要。出生于那样的家庭，她多愁善感又富有艺术细胞。她有一套坚定的价值观，并按照这些价值观生活。居居宁静而矜持，没有领导别人的欲望，但她也不喜欢被控制。[15]

1944 年 3 月 7 日，隆和居居借着假证件从莱顿启程去巴黎，胸中满是理想主义的希望。途中一个狐疑的德国检查员花了好长时间查看她们的证件，这让她们有些恐惧，除此之外旅途总体都比较顺利。而那个检查员拖延那么久或许只是为了调戏居居。到了蒙多隆酒店，她们见到了维克多·斯旺、埃里克和小组其他成员。小队原计划再等几天，之后途经西班牙去英国参加 SOE。不过居居和隆都不在乎计划细节，她们只是高兴终于做了些什么。

3 月 8 日，隆和居居与埃里克出门吃晚饭。他们完全不提战争的事，只是谈起自己的父母，说着笑话和趣事，他们讨论每日的配额和能到哪去弄杯代用咖啡。隆给他们讲有关她师从博尔教授学习的事，他们不知道这是他们在一起的最后一顿饭。

姑娘们被安排到埃里克楼上的一间房，随后就睡觉了。就在第二天，也就是 1944 年 3 月 9 日早上 6 点，隆和居居被一阵拳头砸门的声音惊醒："警察！开门！"

除了开门别无办法。一群德国警察把隆推到一边，冲进屋内，其中一个拿枪指着两个姑娘。她们穿着睡衣瑟瑟发抖，眼看着房间被翻个底朝天。让她们惊掉下巴的是，警察顺利地找到衣橱里的一块活门，打开活门，里面满满当当地堆着德国制服、步枪、手枪和其他武器。这一仓库的违禁品是用来搞破坏活动和给犹太家庭偷渡用的。警察一间一间地清空了整座宾馆，所有人都被捕了，包括维克多和埃里克。

他们的情报网被出卖了。2 月时盖世太保曾成功地挖出几个荷兰抵抗组织小组，大扫荡几乎掐断了让·魏德纳（Jean Weidner）领导的荷兰–巴黎逃亡线。蒙多隆酒店是组织在巴黎的汇合点。曾有封信警告维克多不要再用这个据点，但他从未收到它。他，埃里克，隆和居居直接跳到了陷阱里。

当天早上，居居在法国的表弟雅姆（James）来酒店看她。他刚骑自行车到酒店门口，就看到警察把小组成员往囚车上赶。还好他运气好，没被警察注意，得以跑回去把噩耗带给家里人，这一点以后会特别让居居欣慰。

就在审讯室门外，一个名叫蒂门·威廉·斯派克（Timen Willem Spijker）的荷兰人坐在居居身边。他们俩出自不同的社会阶层，之前从没说过话。当居居在莱顿读大学，课余时间和同学们打曲棍球时，蒂门在奈梅亨大学读法学，需要去默片剧场弹钢琴赚生活费。他有没有毕业已经不得而知，但他应该是 1941 年来到巴黎的，因为他在巴黎认识很多荷兰抵抗组织成员。

局势紧张，每次见面必定都是有意义的。居居和蒂门不知道等着他们的是什么：是拷打还是处决？不知道。他们还能见到家人吗？不知道。他们该如何承受自己未知的命运？也不知道。他们只是茫然地坐在审讯室门外，但他们毕竟可以用家乡的语言谈话。在极度的恐惧和无常之间，这给了他们一丝振奋和安慰。蒂门望着居居的灰眼睛，慢慢冷静下来。而居居从兜里掏出的一把烟头更是触动人心的礼物。

居居（后排右一）和她的曲棍球队队员们

图片来源：马克·斯皮伊克（Marc Spijker）

过了几天，他们一同被运到弗雷讷监狱。虽然关在不同的囚室里，但他们还是有办法联系。朱丽叶·贝斯曾经谈起她的室友米里耶勒让她踩在自己肩膀上，好让她能够着小百叶窗透口气。而她要说的话就这样从挨着的囚室一间一间传过去，一直传到对面那个人的耳朵里。[16]

蒂门肯定会这样对自己说："如果我活着从这儿出来了，我就去找当初在监狱里的那个姑娘，向她求婚。"

蒂门被转运到贡比涅（Compiègne）转运营，这里和罗曼维尔（Romainville）一样，是转运囚犯到德国的中转站。1944年6月18日，他和埃里克同车被运到达豪。这一列车上有2143名男囚，其中只有九个荷兰人。埃里克和蒂门认识吗？他们能否发现，蒂门刚认识的姑娘，这个让他之后熬过黑牢的姑娘和埃里克的妹妹是好朋友呢？

从达豪出来以后，埃里克又被运到纳茨韦勒–斯特鲁特霍夫（Natzweiler-Struthof），之后又被运到维辛根（Vaihingen）的一家劳动营。他被指定为NN，意思是“黑夜和迷雾”。这是希特勒在1941年想出来的一种特殊惩罚，他看见被公开处决的抵抗组织领袖成了鼓舞大众的烈士，便希望起义军首领无声无息地消失，让他们的家人在痛苦的等待中煎熬。NN囚犯在集中营之间被运来运去，没人能知道他们的死讯。[17]

集中营是惨白的，里面没有一丝美丽存在，这让隆尤其难以忍受。她在日常生活中看不到一抹色彩，夜晚的梦境倒变得绚丽鲜活。“我在那14个月的囚禁中一次噩梦都没做，这让我觉得自己非常了不起。白天的生活本身就是噩梦，是夜里的幻梦补偿了我白天匮乏的一切，我想别人可能没有这种经历。有一点是可以确定的，这多彩的梦是支撑我扛下来的最重要的因素。”[18]

隆能从她的伙伴中寻到美。她曾形容说，她会要求看看居居的手，或者看看别人的眼睛，只是为了欣赏它们。她不会触碰她们：“我不触碰她们，因为我们事实上已经永远拥在一起，挤在一起，逃不脱彼此的身体接触……但是不管听起来有多矛盾，虽然肉体挤在一起，在那对美的冥想中，隐私几乎是神圣的，也一直是饱受尊重的。”[19]

隆记得有一次一个法国妇女跑进囚室向大家宣布：“你们赶紧到水房里来，那边有个俄国姑娘正在洗澡，你们肯定想不出来，简直太——漂——亮——了！”她们冲过去看她，“一位叹为观止的天后”。[20]她肌肉匀称，线条分明，不像其他人一样饥肠辘辘骨瘦如柴。她的皮肤光滑润泽，不见一个疖子或虱子。水珠缀在她身上，闪闪发光。她是苏军女战士，因此她就有些特权，包括在其他人不允许的时候去水房。她们目不转睛地看着这个姑娘清洗她完美的身体。

苏联女兵们都像精锐士兵一样冷静内敛、沉默寡言，和其他人一样，隆钦佩她们的严明纪律和庄严神态。这群人给人的印象非常深刻，隆猜想也许她们会尊重法国政治犯只完成最低定量并拒绝参加激励活动的团结行为。但苏联人更强，隆猜她们可能会蔑视相对弱小的法国人。

紧密团结的法国共产党人也给隆留下了深刻印象，她们大多是工厂女工。她们骄傲而坚定，会为彼此挺身而出。共产党员发起了一个叫作“团结的碗”① 的运动，囚室里每人捐出一勺汤或者一块面包，放在几个特定的空碗里。这几碗吃的每天会分配给最需要的人。这个人或者是需要营养的病人，或者是被警卫殴打、劳动时受伤的人，或者是不幸得知爱人死讯的人。朱丽叶·贝斯这样描述这个运动：“慈善是有东西时你捐给别人，团结是没东西时别人捐给你。”[21]

友谊是生存的关键。隆和居居在弗雷讷分别，又在拉文斯布吕克重逢。她们此后一生都保持着紧密的关系。居居有时会恼火隆的固执，

① 原文为法语 les gamelles de la solidarité。——译者注

但一直钦佩她的坚韧。是隆把众人挤开，好和居居在一起，从而一起被送到莱比锡。是精明的隆在那个火坑里设法讨价还价。有时隆对居居的心不在焉和无动于衷不耐烦，但每当隆有些太咄咄逼人时，居居就像外交官一样给事情降温，把小组重新团结起来。毕竟，朋友们总是互补的。

九姐妹要互相依靠，才能活下来。她们日后的平静生活中已经很难再重现这种逃难时的坚强纽带了。就像军人和战友并肩作战后产生的兄弟情谊一样，她们牢不可破的友谊成了她们人生经历的一个重要部分。梅娜和居居极为亲密，成了一生的挚友。扎扎和埃莱娜几乎融为一体，妮科尔对津卡"一见钟情"，还有就是多亏了妮科尔同床的狱友勒妮·阿斯捷·德·维拉特她才能活下来。隆和在莱比锡认识的一个叫阿琳娜（Alina）的波兰女囚建立了深厚的友谊。"我们完全在同一个波长上。"她这样写道。她是在"雷维尔"认识阿琳娜的，她刚到莱比锡集中营没多久就被送进了"雷维尔"，这让她非常懊丧。长时间站着点名让她的腿肿得厉害，深重的疲惫击倒了她。

阿琳娜是个坚强的人，这是她几年来辗转各个集中营学来的。她从1940 年起就成了政治犯，那年她 20 岁，在华沙大学上学。隆和阿琳娜有过几次长谈，有的是哲学思辨，但多数是童年往事。隆从阿琳娜那里知道了波兰人在德国占领前的生活。阿琳娜家没有男人，她是她母亲仅存的孩子。

隆在波兰年轻姑娘中非常红，她们的青春和学业在监狱里被生生打断，对新故事和新概念求之若渴。隆带来了一股新鲜空气，她们仔细咀嚼她说的每一个字。而隆也最喜欢站在聚光灯下，她给大家讲述亚述学和艺术史。她父亲经常带她赏玩古董，她能连续好几个小时不重样地讲演不同时期和流派的古董家具、珠宝、地毯和绘画。她还会给大家教英语，虽然自称不太懂，但还是吸引了姑娘们的注意力，让她们乐在其中。隆还会讲她读过的小说里面的情节，在那个寒冷的 1944 年圣诞节，隆在莱比锡集中营做了一本小书叫《智与美的珍玩》，里面有阿拉伯文书法、鲁米和哈菲兹的诗、莎士比亚戏剧和萨默塞特・毛姆的选段。这一切都出自她的记忆。

她们的日常情况越危险飘摇，大家就越喜欢听隆讲故事来逃避。听众最喜欢的故事来自隆 18 岁时在阿尔及尔度过的那三个月的经历。

1945 年 3 月末，就在集中营即将打发所有人走上死亡行军前三周，隆干活时举起一个极沉的大包，同时听见她的后背发出咔的一声。隆倒下了，没法自己站起来，不能下地走路，更没法上工。一副担架抬着她去了“雷维尔”，而凑巧的是专业护士阿琳娜正好在那儿值班。她推开那个隆后来说的“俄国庸医”，自己亲自上阵。隆休克了，浑身冰凉。阿琳娜把所有能找到的毯子都给她盖上，还往她怀里塞了一个热水壶。她嘱咐每小时喂隆一勺热萝卜汤。她叫来一群酷爱隆的故事的波兰姑娘，要她们按时轮换照顾她。但是这些法子似乎都不奏效，隆几乎麻痹了，无疑要被拉去灭绝营。她能讲话，能思考，别的什么都不能做。不，有一件事可以，那就是诅咒让她客死德国的“当头红运”。

在她生命的最低谷，她想起一次按摩时阿琳娜倾身过来期待地问：“你能再给我讲一遍那个故事吗？”

隆发觉她甚至没法点一下头，她看见阿琳娜忧心忡忡的面容，她几乎甘心赴死了。但是她脑海中随即冒出来一个词：“窝囊。”一股强烈的逆反顿时冲上脑门，斗志重新回到了她身上。第五天早上，她感到手指头稍微疼了一下，阿琳娜进来看她时，她说：“我的手指又能动了！”

阿琳娜火速行动起来。她拽来居居和梅娜，把隆从床上拉起来。“试着走路！试着动一动！继续！别怕！你能行！”阿琳娜呼喊道。隆僵硬地挂在两个姑娘之间，她们努力架着她四处走。这程序每小时都轮一次。

第六天，隆能小步走路了。但到了第七天半夜，阿琳娜急匆匆地把她喊起来：“快走！马上！你得马上离开这儿！”

来不及解释，两个人把隆从床上抬起来，她都认不清是谁。她们一言不发，匆匆忙忙地把隆从“雷维尔”拉出去，穿过监区间的漆黑小巷，把她带回原来监室的小床上。

她到底是怎么混过第二天的点名已经成了个谜，但肯定是有居居、梅娜和津卡帮她。这事过去以后她更坚强了，十天后她便恢复了过来。

她晓得这全是因为阿琳娜和她波兰朋友不懈的照顾。后来阿琳娜告诉她，当局通知说德国人那一夜要来检查“雷维尔”，想看看在总撤离前能把谁送去灭绝营。阿琳娜救了隆的命。

第五章

津卡

Renée Lebon Châtenay / Zinka

勒妮 · 勒邦 · 沙特奈（津卡）｜图片来源：法兰西 · 勒邦 · 沙特奈 · 迪布勒克

（France Lebon Châtenay Dubroeucq）

第二天，4 月 17 日，早上她们懒洋洋地醒来。金色的阳光从谷仓的墙缝里射进来，她们在稻草床上慵懒地躺着。津卡自动把手凑到烟盒边上，这个烟盒是她在莱比锡时下大功夫从床板上剥下碎片做的。烟盒里嵌着一张胖娃娃的照片，是她女儿法兰西唯一的一张照片。一个警卫把这照片偷偷给她，她竟然能一直保存下来。她把这个烟盒小心地收在背包里，睡觉时枕在头下。每天早上她一睁眼就能摸到这个已经被摩挲得光滑的小盒子，这是和她丈夫路易・弗朗西斯（Louis Francis）仅有的一点儿联系。“马上我就能把这个亲手交给他，”她这么对自己说，“他拿到这个礼物，就会知道我这几个月有多想他。[1] 去年我还想把这个当成圣诞礼物，那时我们以为 12 月就能到家。”

姑娘们都不想起床出发。她们迷迷瞪瞪地聊着天，窗外的地里的牛哞哞地叫着。她们度过了第二个自由的夜晚，但这自由还岌岌可危，她们必须找到不断变动的前线，找到美国兵。

“我倒希望我们能听到枪炮声什么的，”津卡说，“那至少还能知道往哪个方向走。”大家都知道，如果津卡知道那是找到女儿回家的路，她会义无反顾地向着炮火前进。“前线不应该是炮火轰鸣的吗？”

“可能我们离得还太远吧。”埃莱娜黯然答道。她们不清楚离一直推进的美军还有多远，要走几天。她怕她们再被德国人抓住。她甚至想如果散成小队分头行动会不会更好，但她知道大家都不会同意。

“这场战争跟上一场可不一样，”雅基用她一贯阴沉的语调说，“没有那条愚蠢的马其诺防线，也看不见战壕。简直是乱七八糟。”

雅基正在想着她的上一任丈夫，让·奥贝里·杜布莱（Jean Aubéry du Boulley），他在当兵的短暂时间里染上肺结核病死了。她记得他是怎么形容德国人入侵时的一片混乱的。他在信里写道，法国的将军们是一群被误导的老朽，看不出有什么指挥部队的能力。这场全新的战争和上一场完全不同，没人知道该如何应战。这场滑稽的静坐战[①]从头到尾就是一场耻辱的惨剧。

雅基怕她拖了大家的后腿，把她留在某个谷仓里听天由命或许会对大家好些。

梅娜的声音打断了她的胡思乱想。“女士们，姐妹们，这个美好的

① 原文为法语 drôle de guerre，意为“假战争”或“静坐战”，指德军入侵波兰起到入侵法国为止英法联军躲在工事后面无动于衷的状态。——译者注

早上我要伺候你们在床上用早餐！”她大张旗鼓地宣布道。

“真的？”妮科尔问道，“吃什么呢？”

“我能找出来南斯拉夫人给的三个鸡蛋里究竟哪个煮熟了。”

“你怎么找？”

“重量不同。煮过的蛋一般来说会轻一点儿。”梅娜极其自信地说。连埃莱娜都有些不信，她知道梅娜一般不会这么张扬。

梅娜打算把这个熟鸡蛋切开，和她们剩下的面包配在一起。她仔细地感觉着每个鸡蛋的重量，再把鸡蛋转起来检查一遍。姑娘们欢乐地看着梅娜表演，她全神贯注地做着鬼脸。“这个，”她高举起来宣布道，“这个肯定比那两个轻。”

她自信满满地敲开了鸡蛋，鸡蛋破了，蛋液从她指缝间往外淌。梅娜惊讶地轻轻叫了一声。还好津卡早就准备好了，毕竟她最了解梅娜。她把她的小碗凑到下面，接住了流下来的蛋液。“干得好！”隆朝津卡喊道。

她们迸发出一阵大笑，根本停不下来。这释放了她们的歇斯底里情绪，她们有多久没这样开怀大笑过了？津卡模仿梅娜的惊呼，这又引起一阵大笑，这回梅娜也跟着一起笑了。

“没事，我有个主意！”梅娜说。

她把蛋液和一点儿碎面包拌在一起，又掺了点儿南斯拉夫人送的杜松子酒，涂在面包上，结果尝起来还不错。妮科尔建议大家叫它“梅娜的煮鸡蛋吐司”。

埃莱娜和大家一起笑，但她还是担心接下来的日子。她要找个能持续的食物来源，还想尽量问到些前线的方向。目前为止她们还算走运，她出门去找旅馆老板，心里存了一丝老板请她们吃早饭的希望。她找到时他正在厨房里敲锅，她还把他吓了一跳。老板又瘦又紧张，他明显盼望的是姑娘们已经走了。她能体会出来，他现在后悔让她们睡在谷仓里。他的确想帮忙，但他现在吓着了，只希望她能赶紧走。

“我们仅仅希望在走之前能吃顿热乎的早饭。”埃莱娜无比礼貌甚至谄媚地说。

“呃，好吧……”他紧张地回了一句，“那你们不能去餐厅，就在厨房吃。快点儿吃完快点儿走。”

“我去跟她们说……”

“我跟你说，”他打断了埃莱娜，“万一你们被发现了……前几天，就在离这儿不远的地方，有几个人从囚犯的行军队伍里跑出来了。这个村里几个人出去抓住了他们，就在野地里弄死了。他们把这叫作‘捕猎犹太人’。”

埃莱娜点点头，不让一丝恐惧露出来。“我们不是逃跑的犯人。”

他咕哝一声，暗示她不用再装了。“就直接杀了，”他抠着手指头说，“这里的人可不像我这么心软。”

他又讲了一件事，村里一个德国军官早上饮弹自尽了。这是个极坏的标志，人们已经开始恐慌了。

姑娘们在厨房里汇合后，老板又给她们讲了一遍那个自杀的德国军官。大家都不说话，每个人赶快吃了个煮土豆，喝了杯牛奶。之后她们带上行李，顺着她们觉得往前线的路出发。

当她们快离开热平时，一个老太太从窗口探出身来，叫住隆："孩子，你们往哪儿走啊？"

"太阳会给我们指路的，太太。"横竖不知道具体方向，埃莱娜建议大家先跟着太阳往西走，总会碰上美国人的。

"哦，那你们要去哪儿？"

"去荷兰，回家。"隆答道。

老太太看起来并不吃惊，还说她也是从普鲁士逃难来的，也盼着哪一天能回家。她看着隆肩膀上挂着的那个可怜的袋子，问道："孩子，你身上就这么多东西吗？"

"不，太太，"隆回答道，"我身上还有我的命。"[2]

早上的畅快大笑让姑娘们兴致勃勃，旅馆老板不祥的告诫也未能使其减损分毫。隆后来是这么写这一天的："我现在觉得我的自由是理所当然的事，而不再是个什么易碎的玩意儿。"[3]但她们依旧人困马乏，她们的脚都走得流血。埃莱娜的屁股疼得很；津卡得了肺结核，她自己却不知道；雅基得了白喉；若塞的脚上全是感染的疱疹；妮科尔的肺炎还没康复。梅娜一开始还试图把逃亡当成一次野营，但惨淡的现实一直在消耗她的胆量。她的行为开始变得乖张，徘徊在疯狂和异想天开之间。当梅娜看见一只大黄蜂，开始神经兮兮地跳着笑着时，姑娘们互相担忧地交换目光。[4]她似乎已经控制不住自己了，只顾着指着黄蜂大叫："看，快看，快看呐！一个大黄蜂！你们快看呐！"

她们都记得那些在集中营里发疯的女人，她们的样子看着让人害怕。现在她们离自由这么近，要是梅娜崩溃了，那该多么残酷。有的姑娘对她有点儿生气，气她控制不住自己。但这时候居居理解地笑笑，挽起梅娜的胳膊，抚平了她的躁动。居居亲了亲梅娜的额头，俩人的步伐慢慢地稳健起来。

莱比锡到奥沙茨的一路上视野开阔景色单调，而现在已能看见零星的树木和连绵的山丘，谷地的褶皱里隐藏着一个个小村庄。

她们的下一站是个叫拉伊岑（Raitzen）的村落，只有几公里远了。她们刚到，就被一个警察拦下，说不许在两条战线之间的地方走动。这可是个振奋人心的消息。尽管是无心的，这也是她们收到的第一条关于前线位置的消息。

警察威严地伸出手来，要检查她们的证件。埃莱娜走上前去，她早就知道还得再遇上德国当局的人，这是免不了的。她得发挥口才应付掉这个警察。

其他姑娘把头低下去，尽量避免目光接触。梅娜开始咯咯地笑，但居居捏住她的手，阻止了她。埃莱娜迅速地权衡一番，决定讲那个外籍劳工的故事，向警察解释说她们的工厂被轰炸了。“看看我们的衣服，我们什么都丢了，当时根本没机会回去拿东西。”她说道。她们看上去落魄潦倒，她们本来也落魄潦倒。她们只能逃跑，她们只是挣扎着回家。

“我们就是一群女人，一群弱女子，”她说，“我们也不懂什么战争，这跟我们没关系，我们就是迷路了，就是一群可怜的女人。”她希望这能激起他的同情心。“您能帮我们画张回法国的地图吗？能让我们躲开那些打仗的人的？”

他仔细看看她，又扫了一眼队伍，然后又把目光落回埃莱娜身上。他深吸了一口气，态度软化下来。他叫埃莱娜跟他去他的办公室，在那里很有父爱地给她画了张地图，画着目前他所知道的前线的位置，告诉她怎样才能尽量绕开那些地方。埃莱娜夸了他的画工，感谢了他的善良，还问了几个“天真的”问题。“就是，我就是不懂打仗是怎么一回事，”她一遍遍地重复，“您看，警官，我们只是一群女人罢了。”

她在内心深处感到非常高兴，因为警察是在一张有拉伊岑警察局抬头的纸上画的地图。她知道这个抬头比地图本身有用多了。他其实不太清楚美军在哪儿，但她不在乎。她晓得德国人非常重视文件，马上就意识到这张看起来像是公文的纸有多重要，以及她们该如何利用它。她们可以把这个用作官方许可她们通行的文件，她们从此有了张通行证：拉伊岑警方颁发的，货真价实。

当埃莱娜跟警察装可怜时，其他人等在外面，晒着从云后探出头来的太阳。一队德国兵看见这些姑娘坐在外面谈笑，从话音里听出她们是法国人，就过来和她们聊天开玩笑。他们试图让姑娘们知道他们并不当她们是敌人，谈话中他们渐渐知道了姑娘们其实不是外籍劳工，而是从党卫队手里逃出来的。于是他们提出一个建议，打算用两块面包、一些黄油和奶酪、一小块巧克力还有几根香烟从姑娘们手里换 20 马克和一个囚犯的红三角标志，这个标志能成为他们帮助了法国政治犯的证据。士兵们走开以后，姑娘们点起一支烟，挨个传下去。雅基拿过来深深吸了一口，引起了一连串的咳嗽。

“我觉得这可不行，” 津卡说，“说句实话，你可别抽烟了。”

“瞎说！”雅基回了一句，“我好着呢，我就是肺不太适应。说良心话，我觉得是这趟离谱的露营旅行不行。”

梅娜接过烟，吹出几个完整的烟圈。她之前的狂躁已经退去，现在取而代之的是漠不关心：“不管怎样，行还是不行，我们现在都还得继续这趟离谱的露营旅行。”

当我一开始从埃莱娜姨姨那里追索这次“露营旅行”时，我只知道姑娘们的化名。纳粹强迫劳工纪念馆的档案员给了我 HASAG 莱比锡工厂的囚犯名单，这让我能查到九姐妹里某几个人的真名。但这其实是个死胡同，因为复印件非常难读，上面到处是污点，还有我看不懂的铅笔注记和页边札记。所以要继续查找九位姑娘的线索，我就要去巴黎的国家档案馆。

我要从浩如烟海的电子档案中找到我需要的那几份，一开始我甚至不知道从哪儿开始检索。我从一份叫奥黛特・皮尔普尔的人的档案开始看起，只是因为据说她也是 HASAG 莱比锡工厂的奴工。

我到达国家档案馆时，预约的档案已经准备好了。它们夹在一个帆布做的老式文件夹里，用布条捆起来的那种。我一打开它，就闻到了旧书报那熟悉好闻的气味。我仿佛回到了我父亲农场的阁楼里，我曾在无数个夏日午后在那里翻找战时留存的旧杂志和信件。我父亲小时候迷恋过年轻的伊丽莎白女王，搜集了一大批刊登了她加冕典礼的杂志。他还保存了一些他父亲留下的文件资料，我爷爷当初在德国迫害犹太人时逃了出来，加入了美国战略情报局。我还记得当时那些旧纸张的气味，而现在我又闻到了。

跟我笔下的九位姑娘一样，奥黛特・皮尔普尔也是个法国政治犯，文件上证明她们在莱比锡待的是同一个囚室。奥黛特当时在巴黎负责印刷和分发地下报纸《解放》(*Libération*)，热纳维耶芙・戴高乐也为它撰过稿。1941 年奥黛特调任巴黎第三区的区长助理，她在那个位置上发放了几百份假文件，包括假身份证、假出生证、假配给卡等。她经常“忘记”给犹太人盖证明戳；她对即将到来的围捕发出警报；她把犹太人藏在自己家里，破坏盖世太保的调查；她帮被击落的英美飞行员弄假身份证；她把犹太孩子藏在基督徒家里。但 1944 年她终于与一个藏在她家的犹太人家庭一起被抓。于是她被送到弗雷讷，之后是罗曼维尔，再是拉文斯布吕克，最后被送到 HASAG 莱比锡工厂。[5]

文件盒里装着她在莱比锡的笔记、她的详细档案，还有在集中营的最后几天里设法偷来的纳粹文件。突然间，我拿着从莱比锡的档案员那里复印的那页原件。我现在可以读懂所有模糊的标记了。在我舅祖母“克里斯蒂娜”的真名旁边标注着“埃莱娜”。既然她知道我舅祖母的真名，那么她们一定是亲密的朋友。奥黛特挽救了这份重要的文件免遭破坏。

在偷取纳粹名单之前，奥黛特用 HASAG 工厂里捡的废纸和线头做了个笔记本。她在那里面详细记下了集中营里和她一起的、被转运走的，以及被害的人的名字。她把所有人的地址都记了下来，这样日后可以联系她们的家人，让他们知道在他们的亲人身上发生的事情。有一份她所有去世的朋友们的名单，还有另一份名单上记录了 9 月抵达的一批人，其中有雅基、妮科尔和妮科尔的好朋友勒妮。这份名单解释了为什么我在莱比锡档案员给的名单上找不到她们的名字。这所有的秘密记录都反映了她维护真相的努力。

2015 年 11 月巴黎巴塔克兰（Bataclan）剧院恐怖袭击事件之后，人们在事件发生地自发设立了一座纪念墙，满墙都是照片、笔记、绘画和纪念卡。当一切尘埃落定后，档案员们仔细而深情地保存了每一张照片，每一片纸。这样这些当时人们的感情和话语就能够被永久保存。

身在档案室里，我环顾四周。我感到前人的身影仿佛与我同在，她们像奥黛特这样舍命保存下能记录的一切。奥黛特知晓见证的重要性，我感觉那一天她好像是责令我写下这本书一样。

尽管手里有纳粹的原始名单，如何找到津卡的真名我也毫无头绪。津卡可能是意第绪语名字“Myzinka”的一个外号，意思是“小指头”或者“小不点儿”。说不定这是其他囚犯给她起的一个小名。不知道她的真名是什么，也不知道她找到女儿了没有。不过，会不会有法兰西的出生证明呢？

我开始搜索法国监狱里出生婴儿的记录，检索一切可能记录下那些孩子的档案。我还查阅了所有在混乱的死亡行军中逃生的故事。但材料寥寥无几，毕竟那是纳粹德国行将崩溃的时候。

我在记录了埃莱娜的那份莱比锡名单中找到一个叫勒妮·盖泰（Renée Guette）的名字，她是第4036号，16岁就被捕了。1945年她18岁，和若塞差不多大。记录显示她到达武尔岑的当天早上就跑了，正是在盟军飞机来轰炸，若塞的包被子弹打了好几个洞的时候。勒妮说当大家惊慌逃散时，她和另外四个同伴在混乱中跑进一片森林里。党卫队朝她们开枪，勒妮落后了，被一个朋友拉进一条沟里。随后一群平民经过，她们得以借此掩护跑进森林，在那里待了第一个自由的晚上。后来她遇上了苏军，5月7日被苏联人交到设在格里马（Grimma）的美国难民营。

勒妮依次在罗曼维尔、新布雷姆（Neue Bremm）、拉文斯布吕克和HASAG莱比锡工厂待过，和埃莱娜一样。战争结束后，有家人把一个小男孩的照片交给勒妮，他们正在寻找这个小男孩和他的妈妈波利（Pauley），而波利是他们的女儿，也是勒妮的朋友。她知道波利的下落吗？是的，她在照片背后写道："波利的大儿子肯定死了。上次是在路上见到了波利，就在解放之前。她大着肚子被抓了，双胞胎就在眼前被溺死在桶里。她疯了，肯定死在路上。"

我认为津卡的孩子生还的可能微乎其微，但后来我又找到一张报纸，上面有一幅五个孩子的照片，都是在法国的监狱里出生的。照片是战后照的，下面的注释说当时一共有八个孩子，都离开了母亲。他们的妈妈被与其他囚犯隔离开，后来有的被送去拉文斯布吕克，有的送去莱比锡。有七个孩子活了下来，而米舍利娜（Micheline）和她的孩子贝比耶特（Bébiette）因为是犹太人，在1943年被送进了毒气室。

利斯·伦敦

图片来源：弗朗索瓦丝·戴－伦敦、热拉尔·伦敦和米歇尔·伦敦（Françoise Daix-London,Gérard London, and Michel London）

利斯·伦敦和这几个母亲同在一组，战后她写了部回忆录，名叫《达盖尔街的悍妇》（*La mégère de la rue Daguerre*）。利斯组织了一场针对德国义务劳动勤务队的抗议活动，她站在熙熙攘攘的达盖尔街头，向众人发表了一场热情洋溢的演说，随之而来的是一场传单雨和激昂的《马赛曲》大合唱。

抗议没能持续多久，警察来得很快。利斯勉强跑掉了，但是她犯了个致命的错误，她丈夫早上还提醒过她。她丈夫晓得她将面临巨大的危险，在早上吻别时特地提醒她："你身上带着地铁票没有？"[6]

她没太在意这话，或者是装着不在意来安抚他。但就在她逃跑的节骨眼上，她发现自己没带地铁票。于是她只好步行逃跑，躲进附近一个朋友的家里。但公寓里有人看见了她，于是几天后她被出卖，惨遭逮捕。一家报纸登了这次抗议，叫她"悍妇"。来自德国当局要求处决她的压力非常大，但她肚里的孩子救了她一命。法国政府虽然五体投地地追随德国人，但是还是不愿意判孕妇死刑或者驱逐她去集中营，毕竟孩子是无辜的。

我看着利斯描述的在监狱里生孩子的情形，心里想着津卡。当第一次临产时，她被武装警卫押到医院，拷在产床上。随着分娩阵痛越来越剧烈，一个法国秘密警察却来审问她，他们知道她还有没供出来的，比如地下组织的名称和负责人之类的。当她在努力克服疼痛时，警察却在一旁殴打她。最后旁边的医生制止了这一切，赶走了警察，但这时她的宫缩已经结束，就又被送回监狱。第二次临产时，是朋友们秘密帮她接生的，她不得不在嘴里咬一条毛巾，避免出声。

1944 年 4 月 4 日至 5 月 16 日之间，利斯和剩下的所有女政治犯都被驱逐了。监狱当局向母亲们保证，说将尽力把孩子送去她们身边。启程前一夜，她们的孩子已经被送走，她们自己也将落入德国人手中。监狱发还了她们平时的衣服、结婚戒指和手表。大家都瘦了，旧衣服穿在身上松松垮垮，感觉很奇怪。母亲们因为失去孩子而心痛不已，没人睡得着。清晨，一个牧师来看望她们，大家纷纷写下自己的地址和留言交给他，要他把话带给她们家里人，接回她们的孩子。当队伍依次启程时，她们听见四面八方传来歌声，最终所有人都加入其中。她们唱的是《离别之歌》（*Chant des Adieux*），用的是《友谊地久天长》的调子。

我们将分别，可是无望
无望返回
我们将分别，可是无望，
无望再见
这只是个再见，我的兄弟们
只是个再见
是的，我们还会再见，我的兄弟们
这只是个再见

她们被带进一个围满了德国兵的院子，监狱长大声读出要走的人的名单。当最后一个名字被叫出来时，利斯写道：“不约而同地，妇女们齐声高唱起了《马赛曲》。”

“党卫队大为光火，围上来用枪托打我们，把我们一个一个推上卡车，但我们还是一直唱。”党卫队全副武装，他们站在车厢边上，拉起篷布，遮住了妇女们。车轮压过街上铺的石板的声响传到妇女们耳中，她们知道这时正在驶过城区。“我们继续唱着《马赛曲》，好让路人注意，让他们知道在这德国卡车里载着的究竟是什么样的人。”[7]

在罗曼维尔转运营，她们看见在木制高低床上刻着她们战友的名字，后面还跟着诸如“法兰西万岁”“打倒希特勒”等口号。

有人找到了达妮埃尔·卡萨诺瓦（Danielle Casanova）的名字，大家围拢过来，用手指抚摸着刻下的凹槽。达妮埃尔是她们的英雄，她也在这里落脚过。她最初是牙医，但当法国沦陷后，她挺身而出，把青年人和妇女们组织起来。她为地下报纸《自由思想》（*Pensée Libre*）撰稿，创办了《妇女之声》（*La Voix des Femmes*）。她坚信男女之间的绝对平等，文风生动活泼，鼓舞了一批又一批的妇女加入抵抗斗争。她的丈夫早年被德国人逮捕，她也被迫四处躲藏。最后她也被捕，被送往奥斯维辛，在那里的卫生所工作。德国人极度恐惧流行病传染，他们会为在“雷维尔”里的医务人员那样接触病原体的人供应干净水和衣服。

只要有机会，达妮埃尔就想方设法把消息传递给大家。她尽可能给大家提供工作机会，以此保护她们。比如她在卫生所里创造了一个驱赶老鼠的活计。每次她晚上去囚室里看望朋友时，脸上都淌着泪水。她每天见到的可怕的事情太多了，但她能给妇女们带去希望，她们确信她会活下来，为后人讲她们的故事。她们甚至会把身上唯一的东西交给她，就是她们的结婚戒指。

在妇女们转运至罗曼维尔之前，达妮埃尔死于斑疹伤寒，她的故事被一路传颂回法国的监狱里。利斯·伦敦写道："只要一想起她，所有爱着她的女人们眼中就涌起泪水。我们知道她已经不在了，但我们仍然觉得她就在我们身边。"[8]

5 月 30 日，她们被从罗曼维尔转运至新布雷姆。这表示她们正式坠入地狱。火车车厢甫一打开，一片凄惨景象就直冲入她们眼帘，给了她们一个下马威。利斯是这么记载的：

> 我一直记得这让人难以忍受的一幕，一群骨瘦如柴的人，被潇洒无礼的党卫队军官们拿着鞭子驱赶着，绕着一块小洼地无休止地爬行。他们享受着这野蛮的淫虐快乐，把这叫作一种"运动"。一个死人脸上凝固着恐惧，被两个囚犯直直地拖过我们眼前。俩人中的一个小声向我们说："看看他们在这里是怎么对待人的。"[9]

勒妮·盖泰也写了她一到新布雷姆就亲眼看见的那场"运动"："我们看着一个瘦得像骷髅一样的人四脚着地，朝一小堆白糖爬。德国人逼着他像狗一样把糖叼起来，但到头来还是从他嘴边把糖踢开了。后来党卫队用鞭子抽他，让他手脚并用地往前跑。"[10]

我在利斯·伦敦的书里找到津卡真名的第一条线索。实际上，她们原来竟是好朋友。利斯的书中画了一幅铅笔素描，署名"津卡"，又用圆括号注明勒妮·沙特奈。我不清楚这是不是那个津卡，但当我拿到隆的书之后，在最后几页里写着津卡的真名是勒妮·勒邦·勒邦。我在档案里检索这两个名字，最终发现指向了同一个人：她娘家姓是勒邦，出嫁后姓沙特奈。她姥姥叫津卡，为了纪念她，勒妮·勒邦的中间名就是津卡。

隆写道："津卡，或者说勒妮·勒邦·勒邦，是个小洋娃娃，头发卷卷的，门牙中间有条可爱的缝。她是我们中间唯一有孩子的，孩子叫法兰西，生在弗雷讷，出生后就被送回了家。"[11]

津卡的父亲叫皮埃尔·勒邦（Pierre Lebon），他的父亲叫安德烈·勒邦（André Lebon），是法国殖民地的工商业部长。他的母亲，也就是津卡的奶奶，叫津卡·帕莱奥洛格（Zinka Paléologue），是莫里斯·帕莱奥洛格（Maurice Paléologue）的妹妹，他是法国驻沙俄最后一任大使。

津卡出身于一个贵族、政治家和外交官家庭。

1913 年，皮埃尔·勒邦娶了让内·克罗泽–富尔内龙（Jeanne Crozet-Fourneyron），他们有两个女儿，津卡于 1914 年出生。皮埃尔·勒邦参加了一战，在 1916 年战争快结束时，让内患西班牙流感去世。让内未婚的妹妹西蒙娜搬进来处理家务，之后又过了几年，皮埃尔在 1919 年迎娶西蒙娜，和她又生了四个孩子。西蒙娜是津卡的小姨和继母，死于 1936 年。津卡两次丧母，一次在两岁时，一次在 22 岁时。照顾所有弟弟妹妹的重任落在她肩上，也许这就是她为什么没早结婚的原因。

第二次世界大战一爆发，全家人马上就加入了抵抗组织。勒邦家和戴高乐关系很近，皮埃尔一辈子都是坚定的戴高乐主义者。早在 1940 年，津卡就已经参与散发期刊、小册子和宣传品了。她大哥伊夫（Yves）是自由法国的战士，1942 年在比尔–哈凯姆（Bir-Hakeim）战役中战死。津卡的父亲追随戴高乐，担任杰德·菲茨罗伊（Jade Fitzroy）抵抗网络的领导。她另一个兄弟罗歇（Roger）则领导甘比大（Gambetta）网络。

津卡和路易·弗朗西斯（摄于 1942 年夏）
图片来源：法兰西·勒邦·沙特奈·迪布勒克

考虑到女儿还没结婚，皮埃尔物色了一个在供应和供给部当办公室主任的优质小伙子。他叫路易·弗朗西斯·勒邦（Louis Francis Lebon），小津卡两岁，有一个政治学和法律专业的学位。他为人幽默，长相甜美可爱。他耳朵很大，笑容夸张，和小津卡比起来是个瘦高个儿。

皮埃尔努力为两个年轻人牵线，他把路易带到家里来见津卡。在爱国的勒邦家，抵抗德军的重要意义无须赘述。路易显然和津卡同样热血，不过他也有本事逗津卡笑。他可能和皮埃尔及其他组织一起给躲藏的人提供配给卡。路易很快迷上了津卡，1942 年 9 月 11 日他们结婚了。从照片上看他们应该是一对璧人，哪怕在战争最艰难的时候他们仍然紧紧挽着胳膊，满面笑容。

1943 年 4 月，津卡随着路易加入了彗星网络。这个网络的主要任务是藏匿被击落的英国机组成员，设法帮他们返回英国。津卡负责把一个高大的美国飞行员妥善藏匿在一个小阁楼间（chambre de bonne）里，这种设在屋檐内侧极度逼仄的小房间通常是女佣的住处。这个美国飞行员来自中西部的大农场，战争以前从没出过州，就更别说出国了。他告诉津卡，说他挤在这么个小空间里差点儿给他憋疯了，走之前他必须要看一眼埃菲尔铁塔。要是他来一趟巴黎却没去埃菲尔铁塔，等回家以后怎么跟周围的人讲？她怜悯了一下这个年轻人，说好了带他去特洛卡代罗花园（place du Trocadéro），在那儿能看见铁塔。然而津卡根本没考虑到，小小的她身边这个又高又壮的人和饥肠辘辘的巴黎市民的反差有多强烈。在地铁上收获了几次注目礼之后，她叫这个美国人一个字都不要开口，万一别人问起来就装聋哑人。到了特洛卡代罗花园之后，津卡吓了一跳，因为那里面到处都是休假的德国兵，他们四处拍照，往下看看塞纳河，往上瞧瞧铁塔。而这时候美国人也看见了铁塔，大叫一声："哇！太厉害了！"

她一把抓住他，赶紧拉着他下了地铁，叫他闭嘴。巴黎的美景让他控制不住自己，在后来她也许会因为他这一嗓子发笑，但现在她只想给他一耳光。[12]

津卡同父异母的21岁妹妹玛尔特（Marthe）和20岁弟弟罗歇一路护送着飞行员到法西边界上。他们也负责给地下工作者弄假证件，还负责物色能藏人和电台的地方。但1943年春天，彗星网络混进了德国探子，损失非常大。好几个安全屋被捣毁，不少情报员被抓。几百个隐藏的美国和加拿大飞行员被送往布痕瓦尔德集中营。路易于1943年6月23日被捕，就在他们结婚九个月以后。

两个月之内没有任何路易的官方消息，津卡绝望了。有人说他被关在弗雷讷，马上要被解往德国。而津卡这时候发现她已经怀孕三个月了，这让她更加焦虑。津卡8月12日去弗雷讷监狱打听丈夫的消息，一方面是想把有孩子的消息告诉他来鼓舞他，一方面也是怕他被送去德国甚至被判死刑。津卡肯定知道这要冒着极大风险，但她浑身是胆。盖世太保一见到她就把她抓了起来，她也被关进了弗雷讷。

津卡本来可能会早一些被驱逐去德国，如果是那样她很难活下来。然而因为她怀孕了，当局就让她待在法国，和利斯·伦敦一样。半年后，就在1944年2月8日，津卡生下了一个女儿，她怀着满腔的爱国热忱，给她取名为法兰西。就像之前提到的，在女儿被送走之前，津卡能和她一起待18天。我们不知道路易·弗朗西斯知不知道女儿降生的消息，其实有可能，因为那时他也在弗雷讷，他甚至有可能给津卡递一封信。

玛尔特和罗歇所在的抵抗网络直接同英国情报机关合作。1944年3月20日，就在他们准备下一次行动时，办公室被盖世太保突袭。他们也被关进了弗雷讷。姐妹俩会在监狱里见面吗？姐弟俩呢？

路易·弗朗西斯和罗歇可能会听说津卡和玛尔特在5月被遣往德国的消息。后来很多囚犯都记得，若是有一组囚犯将被送走，那么那天早上整个监狱都要严阵以待。当要走的犯人站在中央操场上等着的时候，监狱里每一间囚室里每一个囚犯都会不约而同地一起引吭高歌，用最大的力气唱出那首《离别之歌》，以"这只是个再见"结尾。路易·弗朗西斯和津卡可能从未在监狱里见面，但他们同唱一首歌时，心里肯定会记挂着对方。

津卡被运到罗曼维尔，等待转运。有些妇女的家人们发现在监狱旁边有座小山，他们可以站在山上，直直地望到下面监狱里他们亲人的窗户里去。津卡就是这样见了法兰西最后一眼，刚满三个月的胖娃娃由津卡的妹妹抱着，在山上远远地望着妈妈。妹妹甚至设法偷偷送了一张孩子的照片给她。

路易·弗朗西斯在1944年6月3日被驱逐到柏林北部的萨克森豪森集中营，离菲尔斯滕贝格只有几站地，而菲尔斯滕贝格和拉文斯布吕克隔湖相望。我不知道津卡知不知道她和她丈夫离得有多近，至少，在被驱逐的第一个月离得很近。

德国人在罗曼维尔的中心操场点了 50 个人的名字，其中就有津卡。当局让这些囚犯收拾她们的东西，每人还给了个红十字会的包裹。她们在操场上默默地等了几个小时，之后被一群兵押上卡车，运到巴黎东站。刚一到达她们就打算唱起《马赛曲》，但被守卫的棍棒堵住了嘴。因为她们四周都是平民，守卫在这时候尤其怕她们闹事。警卫把她们带上一列普通客车的头一节车厢，就在火车头的后面一节。

火车开始前进，德国人命令她们合起百叶窗，锁上车窗。不许说话，也不许碰窗户。但过了一会儿又有新命令下来：每人去一趟厕所，在那里可以从蹲坑里往铁轨上扔个纸条。于是大家各自草草地给家人写下了最后一句话，一个接一个地“送”了出去。这些纸条大部分让铁路工人捡到了，最终还是送到了该送的人手里。

启程一个小时后，火车剧烈地晃了一下，突然停下了。大家从座位上被震了下来，耳边听得飞机的轰鸣声。原来是皇家空军盯上了这趟列车，扔下了一个炸弹。慌乱顿时蔓延开来，人们惊声尖叫。接着听见又一架飞机从头顶飞过，火车又挨了一下，机枪随后嗒嗒地响起来。津卡旁边的姑娘摔倒在她身上，受了重伤。她听见德国人把某种武器拉到车厢顶上，朝着飞机开火。越来越多的飞机嗡嗡地飞过来，交火声持续不停。

津卡一开始还好奇，为什么让她们坐客车车厢，而不是大家都说的牲口车。现在她知道了，火车其实是运德国兵和军火的。囚犯只不过是肉盾。

飞机渐渐飞走了，寂静笼罩下来，跟着的是德国人的叫喊声和伤员的呻吟声。这节车厢里的一切都被搞得乱七八糟，窗户打碎了，之前德国人大呼小叫着让她们合上的百叶窗七零八落。津卡是少数几个没被弹雨舔到的人，她们得在德国人的吼叫中把死人抬出去，放在铁路两边。过一会儿便开来了一个新的火车头，列车继续上路。

这段长长的旅程之中停了好几次车，有时候还要向回开一段。但她们终于在半夜到站了，德国人喝令她们下车。这里是新布雷姆，迎接她们的是凶恶的警卫和警卫手里牵着的更凶恶的狗。她们被赶到一间大厅里，在那里地上的草垫子上睡一夜。一个女警卫挥着鞭子从她们之间走过，但有些勇敢的人开始唱起《万福玛利亚》（*Ave Maria*），唱得非常好听。警卫一开始打算制止她，但这声音像水晶一样纯净，连警卫都被打动了。睡在草垫子上，旁边是凶恶的警卫和优美的歌声，这是津卡在德国的第一夜。[13]

第二天早上，一群警卫过来说要给她们“上一课”。她们被领到一个方形的大水坑前面，坑边上是十几个男囚犯，手绑在背后，有的没衣服穿，有的脚上也被松松地捆着。德国人赶着这些男囚犯绕着水坑跑，先低头蹲下跑，再直起腰跑，就像这样一会儿蹲一会儿站地转着圈跑，永不停止。每当他们路过警卫，都要吃几鞭子，或者被警卫推两下，绊几脚。要是谁摔倒了，接着的就是狼狗的撕咬和警卫的狠踹。甚至有的人直接被推下水坑，淹死在里面。警卫还会把囚犯的那碗稀汤泼在地上，让他们跪着舔，自己哈哈大笑。这一切行为，警卫都叫作“运动”。如果女囚们违反了规矩，那这就是对她们的惩罚。这就是第二天她们要进入的狰狞世界。

津卡 1944 年 5 月到了拉文斯布吕克，是九姐妹里第一个被送来的。当她还在新布雷姆时，她听说德军在东线和意大利都吃了败仗；埃莱娜、扎扎、隆、居居、若塞和梅娜都是 6 月到的，她们知道盟军已在诺曼底登陆；而妮科尔和雅基是 8 月到的，那时候巴黎已经快解放了。虽说战局早已扭转，但九姐妹还是在德国境内被送得越来越深，离解放越来越远。

在新布雷姆，津卡确信她随时都可能迎来解放。她知道德国投降是迟早的事。但在又一次被塞进火车，往更东方开去时，她的心沉了下去。现在她觉得她需要努力挣扎才能活下去。这回妇女们被赶进了牲口车，夏日炎炎，没有饮水，干渴无法忍受。这是 5 月，晚上还很冷，但白天就热得很。整节车厢只有个透气的小窗户，不一会儿车厢里就充斥着尿、粪、汗和恐惧的气味。

到了拉文斯布吕克后，非人的折磨又重演了一遍。津卡的衣服和结婚戒指被扒掉，她小声请求在库房里干活的一个捷克囚犯，能不能把她女儿法兰西的照片保管好。那女人看也不看一眼，悄悄把照片藏进囚服的内兜里。过了几天，她默默地把照片偷偷交给了津卡。

走完德国吃人政府的一切惨毒手续后，津卡被编为 42106 号。之后她将与埃莱娜和其他人一同被遴选出来，在7月随大批囚犯被送到HASAG莱比锡劳动营。在那里她将被编成3892号。

就在八个姑娘在拉伊岑警察局门外抽着烟等着埃莱娜出来时，一个农妇狐疑地凑过来冲她们喊道："你们是什么人？你们是干什么的？"这妇人态度这么差，大家又恼火又害怕。

隆耐心地重复了一遍埃莱娜向警察讲的故事，但那个农妇可不在乎。她打断隆的话："我看见你们和那些兵做生意，你们买不买我的土豆？"

隆答应买50公斤，但要预先煮一下。农妇把货交给了刚出警察局的埃莱娜，只不过只有37公斤，而且都是生的。这个农妇的粗暴态度让她们对拉伊岑的印象很差。

"要不然我们就睡在外面，看着头上的星星。再生堆篝火煮土豆？"梅娜热情地建议道。

"还生什么篝火，瞎扯！"雅基咆哮道，"还睡外面看星星？妈哟，让我头顶上有片瓦吧。"

她们又走了几公里，看见连绵的田野中耸立着一幢大农舍，旁边还配了一个谷仓。然而，她们这群人破衣烂衫，一瘸一拐，憔悴不堪，还背着个大铁锅，扛着袋土豆。她们觉得这太扎眼，别人一看就要吓一跳。于是七个姑娘躲到墙后，等着埃莱娜和隆上去碰运气。

俩人一脸懊丧地回来了，其他人啥也没问，啥都没说，默默地起身收拾东西，盘算着到下个村子还要走多久。这时候埃莱娜说了一句："你们走什么呀？"

隆和埃莱娜大笑起来，看起来她们还挺喜欢这个恶作剧的。

"那边好得很，"埃莱娜解释道，"我们见着农场主了，他叫恩斯特·赖策（Ernst Reitzer），还有他女儿安内利斯（Annelise）。"

安内利斯长着一头金发，她一点儿都没犹豫，一见面就笑着请姑娘们吃饭。当她们进门后，第一眼看见的就是间干干净净的大厨房，厨房中间摆着张大桌子，桌子上放着花瓶，花瓶里插着花。姑娘们虽然早就饿坏了，但还是被这简洁的美感打动了。在一个扼杀美的苍白地方住得太久了，她们在纯粹的惊叹中站了好一会儿，泪便流了下来。

安内利斯请她们坐下，父女俩很慷慨，桌上有一大锅热气腾腾的汤，一碗煮土豆，还有面包、奶酪、果酱和咖啡。姑娘们吃的时候，父女俩就问问题，而且能感觉到他们多少有些谨慎。大概因为都是二十多岁的年纪吧，安内利斯说的多一些。她说她开战的时候还在上学，其实没下过地。她的两个哥哥都战死了，妈妈悲痛而亡，她只能弃学回家帮老爹经营农场。她一边说话一边把玩着餐巾，把它放在膝盖上一遍遍地抹平，仿佛把这个曲折故事的褶子熨平一样。她曾经也有过宏大志向，然后战争爆发了。大家都点点头，她们知道她的意思。安内利斯抬头环顾桌边这一圈静听故事的笑脸。她们好瘦啊，又瘦又憔悴。她们穿着破布片，脸上的笑容掩不住病容。她能看出来这些女人和那些波西米亚痞子不一样，她真的感到奇怪，她们是怎么变成这副样子的。

姑娘们将记住这一夜，记住主人们的慷慨，记住平静中充盈的真挚的善意。从安内利斯和她父亲身上能感受到殷勤好客的真心，不是那种因为战争快结束，要显得自己是个好人的抠抠搜搜的小恩小惠。当安内利斯问起她们的经历时，她们知道她是真心发问。于是埃莱娜平静地道出了她们承受的一切，毫无感情地平静地讲着。

埃莱娜讲到她们在拥挤肮脏的牲口车里被运到集中营；她讲到灭绝令，焚尸炉，昨天的室友变成今天的灰烟；她讲到焚烧人肉的味道，腐臭的粪尿味道等等恶臭把人腌入了味；还有衣缝里比沙子还多的虱子。

她讲到德国人把她们的朋友吊死在食堂椽子上，而她们被逼着在朋友尸体下吃饭；她讲到她们被迫在寒风中站好几个小时，点名时你可能不明不白地就被拖出来枪毙；她讲到她们看着朋友被行刑队枪杀的情景，她讲到德国人怎么用各种办法拷打她们，有的妇女是怎么样被挑出来慰安党卫队士兵；她讲到被生生从津卡怀中夺走的婴儿，讲到活活在工厂里累死的人，讲到又饿又怕发疯的人，她还讲到了“兔子”（原文为德语，Kaninchen），那是拉文斯布吕克的一些年轻波兰姑娘，她们被挑出来做了医学实验。[14]

在拉文斯布吕克秘密拍摄的照片，照片上是一个“兔子”在展示她的伤口
图片来源：美国大屠杀纪念馆，安娜·哈萨·雅罗斯基和彼得·哈萨
（Anna Hassa Jarosky ,Peter Hassa）

她讲到有个叫卡尔·格布哈特（Karl Gebhardt）的纳粹医生，他喜欢切开姑娘们的腿，敲断她们的骨头，割掉她们的脚。他在旁边的实验室培育各种细菌，像产疽细菌、葡萄球菌、链球菌什么的，然后把这些东西统统感染在“兔子”身上。姑娘们拄着拼凑而成的拐杖，蹒跚蹚过集中营的泥泞。囚犯们把她们都捧在手心里，她们认为“兔子”

必须活下来，好为世人淋漓尽致地证实纳粹的恐怖。战争快结束时，党卫队下令处决所有“兔子”，拉文斯布吕克的其他女囚们冒着生命危险把“兔子”的编号换成已死之人的编号，再把她们偷运到其他劳动营。有一些“兔子”就像这样在战争最后一个月到了 HASAG 莱比锡工厂。

埃莱娜说完时，安内利斯早已哭了出来，恩斯特也明显被触动了。姑娘们从来不信德国人不知道集中营里发生的事情，但是那一夜她们发现可能有的德国人真的不知道。

埃莱娜换了个话题，说起她们的国籍：“我们里面有六个法国人、两个荷兰人，还有一个西班牙人。我们基本上不是学生就是文秘，还有个人正学唱歌呢。”

“哪位在学唱歌？”安内利斯问道，声音明亮了一些，“她能为我们唱一首吗？”

若塞根本没法拒绝。当初每当周日下午野营时，她的朋友们都求她唱歌，她一次都没拒绝过。甚至有的时候因为她太累，导师不让她唱，怕她年纪太小，伤了声带，她也接着唱。在莱比锡时她经常唱些流行歌曲：舒伯特的《鳟鱼》(*La Truite de Schubert*)、里娜·凯蒂（Rina Ketty）的传奇作品《我将等待》(*J'attendrai*)，或者吕西安娜·布瓦耶（Lucienne Boyer）的《我们的爱所剩无几》(*Que reste-t-il de nos amours*)。她唱的时候，妇女们也跟着哼唱，头随着音乐摇摆。她们坐在床上，手搭在彼此的肩膀上，相视而笑。她的歌给了她们一个难得的超越时刻，让她们能够再次感受到自己的人性。

现在，就在安内利斯和恩斯特面前，若塞的脸红了。她悄悄问埃莱娜："我该唱哪一首呀？"

"《鳟鱼》吧。"埃莱娜建议。当初在集中营时大家都喜欢这一首，若塞唱的时候声音像水晶一样纯净。这首歌她们以前听了千百次，那时一边听着一边吞声饮泣，回忆着失去的朋友们。但这一次，她们坐在温暖的厨房里，肚子饱饱的，她们听着若塞的歌声，像自由的女人一样放肆哭泣。

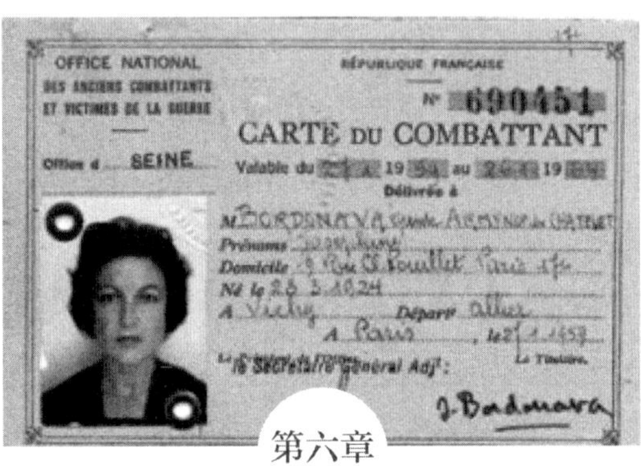

第六章

若塞

约瑟芬·博达娜瓦（若塞）｜图片来源：若塞一家和阿列省驱逐出境记忆基金会之友（Amis de la Fondation pour la Mémoire de la Déportation de l’Allier）

4月18日，姑娘们一大早就醒来了。她们睡在安内利斯的农场里，肯定不会知道著名的阿布特瑙恩多夫（Abtnaundorf）大屠杀这时已经在莱比锡–特克拉（Leipzig-Thekla）集中营发生了。集中营里的几千男囚犯大部分已经走上了死亡行军，但是仍留下近300名走不动的病人。12个党卫队士兵把他们锁在兵营里，把建筑浇透了汽油，之后开枪开炮点着了火。有的囚犯从大火中逃出来，又被门外的德国兵枪杀；有几个囚犯在浓烟中逃到附近波兰劳工的营房，被他们藏了起来；而剩下的囚犯被当地居民枪杀或者活活打死。美军就在几个小时后抵达，只见到还冒着烟的火场，层层叠叠地堆着烧焦了的尸体。他们吓了一大跳，拍摄了犯罪现场，记录了仅存的几个幸存者的证词。战后这些档案在纽伦堡国际军事法庭用做证据。[1] 假如美军未能及时赶到，这大概就会是HASAG莱比锡集中营仍留在“雷维尔”里妇女们的命运。

这天早上，安内利斯为姑娘们准备了一顿丰盛的早饭，之后领她们去了洗衣房。洗衣房里有个洗脸池，还有热水。姑娘们洗了把脸，还找出来块破布，一人擦了个澡。这时，埃莱娜在窗沿上找着了把牙刷。

“你怎么知道它干不干净？”扎扎怀疑地盯着它。

“谁知道这是谁的？”隆也说了一句。

“可能是牧童的吧，但我无所谓了。”埃莱娜说。她的牙在拉文斯布吕克被生生拔掉了一颗，一直疼得要命，她早就想好好刷次牙了。

安内利斯和父亲不要姑娘们的钱，他们只是要姑娘们“告诉法国人，并不是所有的德国人都像你们之前遇到的那样”。[2] 姑娘们给了安内利斯一个政治犯的红三角标志。还在背后写下了：“安内利斯留念。她亲切而慷慨地欢迎了九个囚犯，大出我们所料。”

当姑娘们走到下一个村庄，一个风景如画的小村庄时，她们感到很振奋。一个德国女人走到花园门前，给了她们一锅煮好了的鹰嘴豆。她们高兴地收下了，把豆子倒在妮科尔背着的大锅里。她们被妇人自然而然的大方打动了，她们觉得说不定接下来这一路上的情况就会好起来。“大家对我们都这么好啊！”扎扎感叹道。

妮科尔觉得不对劲，她们的运气也太好了一点儿。一路上的人怎么可能对她们都这么好。她们不过几天前还是德国人的囚犯。要是在路上看见一群人气势汹汹地挡着道，她可一点儿也不见怪。果然，说曹操曹操就到。

埃莱娜走上前交涉，但一个红脸膛的村长吼叫着打断了她：“刚才就有几个像你们这样的人打算过去，这条路不让过！”

埃莱娜深吸了一口气，舌头舔了一下缺了的那颗牙的牙洞。每次遇到暴怒的德国人时，她就下意识地舔一下。她长出一口气，冷静地答道：“其他人不让过，但我们可不是其他人。”

“你什么意思？你们都一样。”他的口水喷向埃莱娜，“一群盲流……”

她拿出那张带着拉伊岑公安局抬头的纸头：“你看，我们有书面许可。”

村长和其他人围过来看，他们顿时变了副面孔。就像扎扎后来在书里写的，简直就像魔法一样：“只要是官方文件，德国人见了都这样。”[3]

她们不敢迟疑，赶快离开了小村庄，远远离开大路找了个树荫歇下来吃东西。她们笑着说，一张信纸就把那群人从奓毛的躁狂症变成庄重尽责的官员。边说着，她们边拿营地里带出来的破勺子轮流舀着那锅鹰嘴豆吃。

津卡又咽了一口豆子，说：“谁敢信我们能吃这么多？”

妮科尔回答道：“对，这么几天了，谁敢信我们才吃了这么多？”

她们休息了几个小时，继续赶往下一站，奥斯特劳（Ostrau）。这回埃莱娜和隆直接去找宪兵。她们考虑，既然已经有了“书面许可”，她们就要向警察报备才能上路，而且还能找村长要个住处。要是她们没通知当局，万一被发现，就可能被当作是故意要躲起来，那她们就有可能被送进集中营，甚至也许更糟糕。

在奥斯特劳，另外七个姑娘在警察局外面等着，远远听着警察局里的声音，越听越害怕。听起来她们的计划可能要失败了，警察局里传来可怕的吼声，是不是那张神奇的信纸不顶用了？她们听不清警察到底说的是什么，但能感觉出个大概。

但是埃莱娜和隆倒不这么认为，她们没那么害怕，这种局面她们早就习惯啦。面前男人的咆哮对埃莱娜没什么影响，她只是舔着牙洞，静静等着他喊完。警察满口咒骂，说她们是谁，她们这种人该交给党卫队，就像他接到的命令一样明确。他们已经抓住了其他的“婊子和犹太佬”，对她们也要一样做。这是规矩，他必须遵守规矩。

“是的，我们理解，”趁他骂累了喘口气，埃莱娜镇静地回答道，“但是你看，我们的情况不一样。”她递过去那张珍贵的文件，“你看，我们得到了许可了。我们有通行证。”

他接过那张纸，闭上了嘴，研究了好久。于是奇迹再次发生了。“啊，没错，”他的声音平缓下来，“拉伊岑，我知道了。对，你们的情况是不一样。”

“我们只是一群弱女子。”埃莱娜继续道，她很高兴这张纸达到了预想的效果，但不想让他看得太仔细。她礼貌地把文件拿回来，仔细叠好，装进外套兜里。“我们根本弄不懂什么战争、前线之类的。请给我们说说，那是不是挺可怕的？”

他热心又殷勤地给了她一些建议，告诉她如何继续在两条战线之间穿过这片无人区。“你们可要小心，”他解释道，“特别危险，尤其是对你们这样的女人来说。”埃莱娜装得越像个无知的女人，警察的态度就越好。在调情和佯装无助之间有一种微妙的平衡，这把戏一直很管用——直到她装得有些过头为止。

很明显，这个人觉得她的声音挺不错。讲话的时候，男人一直上上下下地打量着她，但她犯了个错误，跟这人的眼神接触太长了。他压低声音，说道：“今晚我给你安排了个地方。但就你一个人，你的朋友们可不算。”他朝隆的方向点点头，示意她出去。“咱俩可以好好互相了解了解，”他挤挤眼睛，轻轻地说，“我有好多吃的。”他又加了个饵。

埃莱娜的笑容僵在了脸上。

这时候隆说话了：“好的，不过我们是一起的，我们九个人呢。我们这么多人，你那儿的东西肯定不够我们吃的。我们得走了，还有好长的路要赶，就像你刚才说的一样。”

隆抓起埃莱娜的手，埃莱娜感激地握了一下。

“但她可以自己拿主意，”警察不满道，“我肯定让你不虚此行。”他攥起埃莱娜的另一只手，把她往自己身边拉。“在这种兵荒马乱的年月，我能保护你。”

埃莱娜往后一缩，当试着挣开他的脏手时，她感觉到胯上一阵刺痛。隆向前一步站在他们之间，努力把埃莱娜解放出来。

“我有责任和朋友们在一起。”埃莱娜站在隆身后，挤出个笑容，假装她们没在努力挣扎。“责任，”她又重复了一次，“你是个警察，你肯定知道责任的意思。”她又向后退了一步，把手抽了出来。

“我们需要埃莱娜。”隆强调了一遍，她像一堵墙一样挡在警察面前。

“再会！”埃莱娜转身要走。

他叫她等等，但是只有隆回答了。“抱歉，我们真的要走了。”一边说着她一边举起她的双手来。她们都知道，如果这个人愿意，他完全可以拿枪逼着埃莱娜留下来，她们一点儿办法也没有。然后她们俩以最快的速度离开了他。

一出门来，埃莱娜就屏住了呼吸说：“我要马上离开这个地方。”

“我认为我们得离大镇子远点儿，大镇子容易挨轰炸。”

“还容易碰着这种人。”埃莱娜咬着牙说。

她们会合以后，两人宣布她们的方向没问题。不用解释为什么，埃莱娜脸上的表情就足够说明了。

天麻麻黑的时候，她们到了德尔姆舒茨（Delmschütz）。村长家在一座陡峭的山坡上，埃莱娜抬头看看，哀鸣了一声。若要去交涉就要爬上爬下，她觉得她搞不定。“不行，我搞不定。”她向大家道歉，声音虚弱得发抖。这是她第一次流露出软弱的表情，第一次褪下运筹帷幄的面具。

“我的腿，我的腿不行了。”她觉得泪滴在眼眶中打滚。她的右腿肿得特别厉害，每走一步，屁股就剧痛一下。自从在昂热被狠狠拷打之后，她的两胯就一直像火烤一样疼。前几天走走停停时还好一些，今天走了一整天就又开始了，疼得受不了。

“不用，不要勉强。”扎扎立马搂住埃莱娜安慰道。埃莱娜的眼泪马上涌了出来，她一边擦泪，一边向大家道歉。

“居居和我去吧。”隆说，又用荷兰话对居居说了两句。

“遵命！”居居调皮地向埃莱娜敬了个礼，然后换成德国话，“我要跟那个村长开个小会。”埃莱娜闻言笑了出来，放下心来。

埃莱娜和其他姑娘在路边沟里坐下，她很感激这一群朋友。津卡答应她过一会儿用当初南斯拉夫人送的油膏给她揉揉腿。埃莱娜起初觉得就她自己跑可能更省事，顶多再带个扎扎。但现在她明白了，她们互相都需要彼此。姑娘们请若塞唱首歌，不一会儿，优美的歌声就飘扬了起来。

埃莱娜觉得她的心慌劲儿过去了。现在她和她的朋友们在一起，在她们之中她尽可以放松，一点儿也不用提心吊胆。

若塞，全名约瑟芬·博达娜瓦，是一对战前就搬过来的西班牙移民的女儿。西班牙没躲过 20 世纪 30 年代的全球萧条，随后又打起了内战，难民蜂拥进入法国。但到了法国才发现，他们的处境依然岌岌可危，西班牙政府不再承认他们的国籍，尤其是在一大批人非法入境之后，法国政府也不再承认他们。最后他们分散在法国南部星星点点的难民营里，这些难民营后来被纳粹征用了。若塞的父亲是个工人，她 10 岁时被寄养在戛纳一户人家里，一直到 15 岁。父母寄养她，可能是经济原因，也可能是家庭原因。但作为一个西班牙移民的孩子，她无疑是处在法国社会边缘的。她曾回家待过一小段时间，但 17 岁又回到了寄主家，18 岁她离开了，和戛纳的一位索瓦乔夫人（Mme. Sauvageot）住在一起。[4]

她长大的“一缕阳光”（Rayon de Soleil）寄养之家是阿尔邦・福特和赫尔马宁・福特（Alban and Germaine Fort）在 1935 年 10 月创办的，若塞在两个月后就搬了进去。在 1939 年她短暂离开的那段日子里，一共有 24 个孩子和福特夫妇俩住在一起。当时德国占领了法国北部，福特夫妇就把犹太孩子送到南方的戛纳保护起来。1942 年 11 月，夫妻俩凭假证件收容了 33 个犹太孩子，从此，他们在马塞尔网络（Marcel network）开展地下工作。马塞尔网络由穆萨・阿巴迪（Moussa Abadi）和奥黛特・罗森斯托克（Odette Rosenstock）建立，是法国南部最大的营救犹太儿童组织。[5]

穆萨・阿巴迪是叙利亚人，在索邦大学研究中世纪寓言，反犹法案出台后，他在 1940 年被赶出了大学。奥黛特・罗森斯托克在巴黎当医生，1938 年西班牙内战快结束时，大批难民为了逃脱佛朗哥的统治，越过比利牛斯山跑到法国，奥黛特当时在山间做医疗志愿者。她在那里全程见证了第一个难民拘留营的建立。营地里的恶劣环境和非人待遇震惊了她，她很快加入了地下组织，用医疗车偷运难民出营地。当她和穆萨通过朋友介绍见面时，她给穆萨留下了深刻的印象。

但是事情并不顺利，1942 年 4 月，穆萨在尼斯的盎格鲁街（promenade des Anglais）眼看着一个犹太妇女被警察活活践踏致死，旁边还有一群人围观。妇女六岁的儿子抽泣着目睹妈妈被害，而围观的人群不为所动。当穆萨问他们发生了什么时，人群中出来一个人说："他在管教犹太人。"[6]

1943 年年初，穆萨认识了一个叫东·朱利奥·帕尼滕蒂（Don Julio Penitenti）的牧师。这位牧师是意大利军队的随军牧师，军队刚从东线撤下来，正行军经过尼斯。牧师讲了东欧对犹太人的屠杀和迫害，说他们会把孩子排成一排当练枪法的靶子，把整个村子的人都杀光，埋进万人坑。穆萨不愿意相信这些，牧师拿出他的十字架，放进穆萨手心里，又握住穆萨的手："我以基督的血的名义发誓，我告诉你的都是真的。"[7]

穆萨跑回家，找到奥黛特。他们彻夜长谈，下定了决心。他们找到了愿意为之冒生命危险的事业：拯救犹太孩子。他们共同建立了马塞尔网络，在 1943 年到 1945 年间救了 527 个犹太孩子。他们或是给孩子伪造受洗证明，改变孩子的身份，或是把孩子们藏在偏远小村里。他们也得到了贵格会和犹太童子军的秘密组织的大力协助。而福特夫妇也同意穆萨用他们的地方做安全屋。当穆萨物色长期收养家庭时，福特夫妇就负责照顾孩子们。

1944 年 10 月，奥黛特被捕，随后被送往奥斯维辛。在她那一班人中，她是少数几个没有一下车就被杀的。德国人派她去“雷维尔”做医生，就是那个约瑟夫·门格勒（Dr. Josef Mengele）医生在双胞胎身上做灭绝人性的残暴实验的地方。然而奥黛特终究幸存下来，于 1945 年 4 月 15 日在贝尔根 – 贝尔森（Bergen-Belsen）集中营被英军解放。

虽然穆萨和奥黛特深深地爱着对方，然而战争一结束他们就分开住了。穆萨患上了严重的抑郁症，日日为他与孩子们一起目睹过的创伤困扰着。战争结束后，他不得不告诉许多孩子他们的父母已经去世，这让他更加痛苦。但是他们最终还是在 1959 年 11 月 3 日结了婚。

福特夫妇介绍年轻的若塞加入了抵抗组织[8]①，她的服役经历显示，她在 1942 年年初就积极参加戛纳的抵抗组织。那时候她才刚 18 岁，但她可能在更小的时候就已经参与其中了。她在战斗部门的社会服务科工作，组织向被俘或战死的抵抗组织成员的家庭发放小额抚恤金、物资和食品。重要的是，要让人们看到，抵抗组织不会忘记他们的牺牲。若是最坏的情况发生，士兵们还可以指望组织上照顾他们的家人。

意大利在 1943 年 9 月 3 日与盟军于卡西比尔（Cassibile）签订停战协议，从轴心国倒向了同盟国。德军随即占领了法国南部，若塞和组

---

① 福特夫妇在马塞尔网络的工作在战后得到了认可，他们在耶路撒冷的大屠杀纪念馆获得了以色列国家颁发的“国际义人”的称号。

织里的同侪们马上发觉工作压力增加了。1943 年戛纳发生了第一次驱逐，是由一个叫作法国民兵（Milice française）的亲纳粹组织实施的，这个组织是维希法国法西斯分子的准军事组织。六个地下工作者被逮捕，之后被驱逐。而告发和迫害犹太难民的行为也增加了。若塞的组织暴露了，盖世太保抓捕在即，她迅速转移到了马赛。

若塞在马赛和让·穆兰（Jean Moulin）新创立的联合抵抗运动（MUR）接上了头，她化名为“塞弗琳”（Severine），在 1943 年年末到 1944 年 3 月 1 日这段时间里主管分发社会服务包裹工作。在马赛周围的小村庄里，她也许会遇到为马塞尔网络藏匿儿童的家庭。

在卡西斯（Cassis）山上的一个小村庄里，有一个家庭收容了犹太儿童，和他们的孩子一起抚养。他们的大儿子和二儿子都加入了 MUR，无法帮助他们的父亲干农活，而女主人也很忙。若塞习惯于参与其中，每次去做客都要坚持在花园或洗衣房里帮忙。

他们干完活后，女主人总是劝若塞喝杯茶。那不是真正的茶，而是她在树林里采集的草药——她坚持说这些草药对像若塞这样的年轻姑娘好。它们能让她漂亮的头发又黑又顺。

有一次，女主人把她的手放到若塞的手上说：“等我儿子回来了，我想让他娶你。到时候你就会知道他是个努力的小伙子。”

若塞脸红了，笑着说：“我还没见过他呢。”

“听我的，”她说，“你就信我这个老太太的吧。”

孩子们已经学会了，一旦有人来就要马上藏起来。但若塞来了没几次，他们就聚起来兴高采烈地欢迎她。也许他们能感觉到她是多么渴望得到他们的爱。在寄养家庭的后面几年，她经常整天把最小的一个孩子抱在怀里或者背在背上。她已经习惯了不断的抚摸和温暖。现在在抵抗组织里，她只能独自生活，每周都要搬家，不能和别人谈论她的生活，也不能和老朋友们交往，她很孤独。每次来访她都感觉到快乐，这快乐能恢复她的生机。

孩子们会求她为他们唱歌。最小的寄养儿童会爬到若塞的腿上，把头靠在她的胸前。她有一头可爱的小卷毛和一双大大的黑眼睛。若塞知道，这个小女孩的母亲被驱逐到了波兰一个可怕的集中营里，据说那个集中营的情况极坏无比。当她要走的时候，小女孩就开始哭，而若塞会说："如果你保证不哭了，我就再唱一首。"

有一次，若塞不得不传达这家大儿子不能再回家的消息，那次拜访非常糟糕。"你们会为他感到骄傲的，因为他是为了法兰西勇敢战死的。"她说道，声音平静，不带任何感情。因为当时她自己不太相信这个消息。男主人把手放到他妻子肩头，轻轻地说："好，好的。谢谢你，小姐。"

她把老两口单独留在厨房里，去谷仓里找孩子们。她给他们唱歌，让他们像小狗一样挂在她身上。在她腿上的小家伙用她的小手指抹去了若塞的眼泪，小女孩用她甜美、柔和的声音说："如果你不哭了，我就为你唱一首。"

3月1日，从抵抗组织区域领导贝尔纳·拉蒂耶（Bernadette Ratier）那里传来消息说，盖世太保逮捕了那些在MUR当地社会服务办公室住过的犹太人。盖世太保在那里意外地发现了联络官让－皮埃尔（Jean-Pierre），他身上有该地区的所有邮件，还有化名“塞弗琳”的博达娜瓦小姐，她带着准备给囚犯的包裹、装有给帮助隐藏犹太儿童的家庭月薪的信封以及所有她准备交给让－皮埃尔的社会服务科的信件。盖世太保当时也在追捕让－皮埃尔，所以所有人都被捕了。[9]

若塞被送至位于马赛天堂街425号（425 rue Paradis）的盖世太保总部受审[10]①。她一开始被关在马赛的博梅特（Beaumettes）监狱，之后被转移到罗曼维尔。1944年6月14日，她同另外50名女囚被从巴黎东站转运至萨尔布吕肯（Saarbrücken）。她们一开始关在新布雷姆，后来她在6月23日和另外45名女囚被运到拉文斯布吕克，和梅娜、隆和居居一起。她在那里被编成43220号。

姑娘们在德尔姆舒茨路边的沟里等着，天渐渐冷下来，埃莱娜她们

---

① 天堂街425号是臭名昭著的恩斯特·邓克尔（Ernst Dunker）的巢穴，他是个不入流的流氓，因为用酷刑有效摧毁马赛的抵抗组织而备受盖世太保的赏识。他参与了逮捕让·穆兰（Jean Moulin）的行动，也积极参与处决及驱逐数百名抵抗战士。他被称为“马赛的黑传奇”，战后被判死刑，于1950年执行。

也越来越着急。说不定山上大房子里的村长逮捕了隆和居居，说不定她们的旅途至此结束了。她们商量了一阵，决定再派两个人去探路。津卡和妮科尔决定出去看看情况，剩下的五个人一边等着一边数数，好把注意力从恐慌中转移出来。假如津卡和妮科尔在她们数到 2000 时还没回来，那说明最坏的情况发生了，她们得马上逃走。

不过没过多久，妮科尔就在大路上碰见了居居。“你们跑到哪儿去了？”居居惊呼道，“我找你们找了好久！”这是典型的居居了。她总是把东西放错地方，这次她忘了自己是从哪儿离开大家的了。

看到妮科尔微笑着带着居居回来，大家都欢呼起来。居居急忙告诉他们，隆正在市长家等她们。她们该出发了，前面有一顿饭等着呢。

妮科尔和扎扎慢慢地搀着埃莱娜上山，居居带她们到一座雄伟的房子前。这座房子俯视着下面的山谷，房子的两旁是三层楼高的大谷仓，屋顶是倾斜的红瓦。抹成白色的墙壁是都铎风格的半木构造，优雅的主屋被漆成乳黄色，巨大阴沉的谷仓静静地矗立着。巨大的门厅镶嵌着深色的木板，下面铺着黑白石砖。真人大小的画像严厉地盯着他们，上面画的一定是这个家族的先祖。门的上方是一句德语格言，埃莱娜翻译道：“信主，也要信自己。天助自助者。”

“听起来有点儿道理。”妮科尔说。

隆在大门厅里欢迎她们，她好像已经弄清了屋子的结构。她把大家带到厨房，让她们洗洗手。厨房里有个高高的大水池，她们必须踮起脚才能够着，一切都不成比例。梅娜一边看着桌子旁边大得出格的椅子，一边小声问居居："到底是我们缩小了，还是这里根本就是巨人的家？"

扎扎也说："等会儿我得要本厚书垫在屁股底下。"

"那你们体会一下我的感受！"小津卡说。大家得帮着她爬到椅子上，她们晃着脚，笑了起来。笑声多少抚平了她们看到这个陌生的巨大地方的恐惧。

"等会儿你们就知道了，"隆阴沉地说，"就知道为啥一切都这么大了。"

她们等着主人过来的时候，感觉就像小孩子在假装大人。但是当户主、他妻子和两个女儿霸道地走进来时，大家都惊得说不出话来了。村长一家都是"巨人"，个个都有六英尺多高，他们肩膀宽阔，肌肉鼓胀。两个女儿都穿着黑长裙，头发密密地编成小辫子。她们面无笑意，只是简单地朝客人点点头。餐桌布置得很丰盛，食物分量很足，但这家人的敌意也非常明显，这跟上次和安内利斯与她爸爸吃的那顿饭完全不一样。后来扎扎推论说，不可能每顿饭都和那顿一样啊，要是这样的话，仗根本就打不起来啊。

埃莱娜和其他人很清楚，这些明显面带厌恶的巨人之所以屈尊与她们这群衣衫褴褛的女人一起吃饭的原因只有一个：那就是前线离得越来越近了。巨人们知道，说不定明天早上他们的命运就变了。对赢的那一边的难民好一些才算聪明，哪怕她们又脏又臭。这顿饭上几乎没人说话，主人们根本不问她们是谁或者她们从哪儿来，也绝口不提他们自己。菜上来以后，唯一的声音就是勺子碰汤碗的声音。

村长把空碗推到一边，宣告用餐结束。一个仆人突然冒出来，收拾走了餐具。两姐妹之一吩咐仆人带姑娘们去睡觉的地方。姑娘们小声道了谢，跟着仆人出去了。

她们被带到了一个巨大的谷仓。姑娘们决定爬到最上面的干草棚去——她们害怕农场工人第二天早上会过来用干草叉把她们串起来。而在埃莱娜之前那次遇险后，她们也担心农夫会在夜里进来。另外，她们还害怕谷仓门附近的装置。那东西是用来把干草卷成捆的，如果它在半夜把她们卷起来该怎么办？谷仓里充满了各种形状古怪的机器，一切都那么大，一种不祥的厄运感笼罩着这个地方。姑娘们都不是农村出身，这些巨大的拖拉机和犁头让她们害怕。

那天晚上没人睡得着。风呼呼地吹着，谷仓发出吱吱的呻吟声，仿佛她们坐在一艘破船上，直接驶入海上的风暴。即使她们在彼此面前保持着勇敢的姿态——比如像梅娜爱说这是场“野营旅行”，或者像扎扎感叹每个人都“这么好”——她们还是知道她们正朝着巨大的危险前进。

第七章

雅基

Jacqueline Aubéry du Boulley / Jacky

雅克利娜·奥贝里·杜·布莱（雅基）｜图片来源：米歇尔·莱维（Michel lévy）

4 月 19 日晨，九姐妹从谷仓的木板缝望出去，眼看着朝霞染红了天边。每个人都沉浸在自己的思绪中：雅基祈祷她能有力量熬过下一天；妮科尔一直想着她在莱比锡集中营醒来时在勒妮身边的时候——她们的第一个动作总是抓住对方的手——感到一阵悲痛；津卡摸着她给路易·弗朗西斯做的烟盒，心中暗暗说道，你可一定要活下来；若塞开始轻轻地哼起一首歌。姑娘们一直都喜欢这样安详地被歌声叫醒，她们不知道这是若塞暗地里为她藏起来的孩子祈祷平安。

天很冷，灰沉沉的，下着蒙蒙细雨。春天的天气捉摸不定，这时候还阳光明媚，下一刻就湿冷刺骨。她们一直待在稻草里，直到村长家的仆人来通知她们说洗衣房里有热水。

洗衣房就在村长家里，是一间铺着白瓷砖的干净屋子。那里有淋浴头，还有个大水池子，能往头上浇水洗澡。她们忘我地淋着温水，想着在拉文斯布吕克时，每次耳边听见“淋浴”这个词就像挨了一记窝心脚。那时的“淋浴”是被冰水浇透以后再光着身子站在雪地上，直到支撑不住颓然倒地，和地面冻在一起。当然，她们也听说过“毒气浴”。在莱比锡，每天早上都得急急忙忙地洗个冷水澡，水的冰凉一直渗到骨头里。几个月以来，她们只在莱比锡的弹药厂见过热水，那是通红的弹壳浸在水桶里降温时加热的。等弹壳拿走以后，妇女们有时会赶快把头伸到热水桶里，盼着警卫不加注意，让半开的水多少烫死几只头发里的虱子。

虱子是当初在莱比锡时妇女们夜间活动的主题。晚上睡觉前，妇女们互相抓头上的虱子，然后是衣缝里的。一段时间下来，她们已经能熟练地逮住这些虫豸，再拿指甲掐死。妇女们可不想长虱子，因为那样要剃光头。不仅是囚犯们，德国人也害怕虱子，因为它们能传染各种疾病，像疥疮、感染和斑疹伤寒，而斑疹伤寒经常流行，动不动就带走人命。营地里到处可见“有一个虱子，要你一条命”的标语，每天晚上抓虱子是活下来的关键。

在一丝不苟地抓虱子时，她们会谈论当天听到的谣言。像埃莱娜那样会说其他语言的人就会报道其他监区的新闻。波兰和苏联的囚犯在营地里消息最灵通，说不定她们听说另一个城市也沦陷了。但传闻往往是假的，很快就会被新的传闻驳倒。

她们互相说对方多么有气质。毕竟她们中的大多数是法国人，腔调很重要。她们还互相开玩笑说彼此有多苗条，但她们又强调可以在脸上打一点儿腮红。她们再也没见过白天，凌晨 4 点在寒冷的黑暗中早点名，从工厂下工时已是黑夜，然后谈话往往会转向食物。

妮科尔详细地描述食谱的成分，所有步骤，从中竟然找到了一丝解脱。这是从日常工作中嗅觉上出现的幻觉开始的：熔化的铁矿石从熔炉里流出来，引燃了机器的润滑油，这闻起来像烤架上的牛排或者烤鸡。这种感觉很奇妙，又转瞬即逝，然后她就被抛到一种压倒性的饥饿和恐慌中。她发现谈论食物有用：她一开始讲的食谱大多是蛋糕，满满当当地放了糖、黄油和鸡蛋。妮科尔开始在每晚的抓虱子活动中向朋友们声情并茂地描述这些好吃的。

她描述了怎么用草莓做巴伐利亚奶油。她和家里的厨师一起做过好多次这个甜点。“第一步，”她说，大家都安静了下来，“在锅里倒四分之一升的牛奶，放点儿香草。你可以把整个豆荚放进去，也可以剖开豆荚，把香草籽压碎放进去，这样屋子里会有香草的味道。”

她停顿了一下，吸了一口气，似乎闻到了一点儿香草的香味。

“第二步，在碗里放 70 克糖，再打四个蛋黄，直到蛋黄变稠，颜色变浅。”

“我祖母的农场里就有那么好的鸡蛋。”有人说。大家纷纷赞同，一个鸡蛋——只要有一个鸡蛋，她们就能支撑几个星期。

“第三步，等牛奶刚刚开，你就把它倒到蛋液里，同时还要不停搅拌。”妮科尔记得她当初是怎么在厨师倒牛奶时搅拌的。那时她年轻，一双手搅得很快，一点儿也不累。

“第四步，把这碗东西倒回砂锅里去，同时慢慢地加热，加热到这碗东西刚开始变硬，然后马上把它倒到碗里晾凉。不能热过头了，那样鸡蛋就会凝固住，会裂开。可得要一直注意着。”

“第五步，可以往牛奶蛋液里面放点儿碎巧克力，稍微搅几下让巧克力化开。我妈喜欢用白巧克力，那样做出来以后是又白又润。”

“第六步，现在弄点儿奶油，用打蛋器把它打成又厚又硬又亮的小尖尖。”当初这也是妮科尔的活儿，因为厨师觉得干这个太累。要一直耐心地打奶油，似乎怎么也不会变硬，但最终总会像变魔术一样变出一个尖顶。

“然后把奶油拌到牛奶鸡蛋巧克力的混合物里，让它冷却。”妮科尔静了下来，想起做完后厨师会让她舔舔打蛋器。

“继续说啊！”黑暗中一个女人叫起来。

“啊对。然后在樱桃白兰地里泡几个草莓。我一般是仔细切一下草莓，然后再淋上樱桃白兰地。我们说到第几步了？”

“第七步！”妇女们喊道。

“好的。第七步。在蛋糕模子上抹上黄油，把手指饼干放在模具边上和下面。把它们一个挨一个紧紧靠在一起。”

“就像我们一样！”有的人喊道，大家哄笑起来。妇女们开始躺下，在拥挤的床上安排位置。要在又硬又窄的木板上睡下，她们经常要头对着脚，脚对着头地躺下才能挤得开。她们今晚抓够了虱子，大家都累了，而且她们感觉巴伐利亚奶油也快做好了。诀窍在于，要在饥饿感重新冒出头抓住你的心之前，带着对香味的记忆睡着。

妮科尔在莱比锡时的菜谱本

“第八步，”妮科尔继续说，“先倒一层奶油，再撒一层草莓。再倒一层奶油，再撒一层草莓。一直到它完全堆满。”

“第九步，把它放在冰柜里冷却至少四个小时，然后就能上桌了。”

当她说完，现场一片寂静，然后是低沉的掌声。

“我能尝到它了！”雅基说着，眼睛闪闪发亮，“我能尝出草莓和奶油的味道……”

第三天，她们想听另一个菜谱。妮科尔说了一个西班牙海鲜饭，来向若塞致敬。然后是栗子奶油和膨化可丽饼。讲菜谱成了一件正经事，成了一场表演。妇女们听了还想听，而且其他监区的人也想要：要是她能把菜谱写下来，就能传出去。有人从集中营办公室偷了几张纸给她，但还需要一支铅笔。妮科尔冒险和工厂里一个平民谈了谈，平民当时很害怕，不敢帮她，可是第二天她一来就发现有一个小铅笔头被放在她目光所及之处，她开始记下菜谱，和其他监区分享。其他的“厨师”也开始分享她们的菜谱，这成了大家都喜欢的消遣方式，想象力伴着口水往下淌。

这好像有点儿反常，但是背诵菜谱和做小菜谱本子还是在这些饥饿之人中不约而同地自发传播开来。[1] 挨饿比挨打还痛苦，因为挨饿不仅是身体上的痛苦，还是心理上的折磨，饥饿会把人变成动物。每次到发汤的时候人们都会吵架，妇女们目睹饿得发疯的囚犯偷吃，甚至互相饱以老拳。她们甚至见过有人为了一小块面包在泥地里打滚。她们不想变成那样，不想失掉尊严。相反，她们在分享菜谱的过程中暂时得到了安慰。每个周日下午，也就是一周里仅有的休息时间，她们会在一起分享“周日晚餐”。

妮科尔从她的床垫套上撕下来一块布，再加上捡来的布条一起缝了个菜谱的封皮。居居用印着 HASAG 印章的薄薄的长纸条做了一本菜谱。她们连一寸纸都没有浪费，食谱中充满了糖、焦糖、黄油和面粉，热量非常丰富，浸透了童年记忆。她们把菜谱当成宝贝，逃亡的时候都随身带着。在逃亡之初埃莱娜要她们清点集体物品时没有提到这些菜谱，我猜她们应该是把菜谱本子当作了宝贵的私有财产，那是支撑她们熬过饥饿的珍贵东西。

战后，她们很少谈起这些菜谱——就像谈起它们来很可耻一样。那就是些简单的菜谱，不是什么政治小册子。也许她们觉得她们会被误解，因为没人能理解她们冒了多大的风险来制作这些书。如果是为了诗歌、歌曲或政治等“高尚的东西”冒险，情况就不一样，战后人们会谈论和传播这些东西，因为它们符合某种英雄叙事。但自制的菜谱不一样，它们平庸又家常。

在集中营这个不稳定的世界里，菜谱有序的结构——配料表、烹调顺序只是一种暂时的缓解。它让人有了能够控制现状的错觉。分享饭菜是一种不会太痛苦的分享记忆方式。而回忆爱人、父母或者一个失去的孩子却很危险。悲痛会让人失去理智，黑暗的记忆会把人推进恶性循环。但是，分享一顿饭的记忆能让妇女们感受到人性，却不会有太大的伤害。食谱是与现实世界、与过去及未来生活的联系。而且这还能与营地里的其他人群形成联系：人人都吃饭，人人都有自己爱吃的。不是每个人都能写歌或作诗，但每人都能记住一顿好饭。

1945 年初，一群匈牙利犹太人到来时，法国妇女的菜谱已经分享完了。妮科尔记得有几个妇女试着参加，她们日常吃得比其他囚犯的还差；她们的汤淡而无味，基本上就是凉水。很少有人会说匈牙利语，但可能有个匈牙利人会说法国话，于是匈牙利人朗诵了她们自己喜欢的菜。妇女们觉得有了这些新来的人，她们现在就有了一个全新的菜系来“品尝”。

在德尔姆舒茨巨人家的洗衣房里，姑娘们在热水的冲刷下享受着快乐。她们发现一块肥皂，便高兴地大叫起来。她们擦拭着自己的身体、肮脏的手脚和指甲，她们互相擦背，互相提水冲掉对方头上的肥皂沫，从她们头发上流下的脏水竟然成了深褐色。渐渐地，她们不怎么迷茫了。她们大声唱歌，互相泼水，当脏水顺着干净的瓷砖流进下水道时，她们大笑起来。

巨人屋里的一切都一尘不染。当她们到达时羞愧地发现甚至连动物都比她们干净。“现在，”津卡说，“至少我们和巨人的奶牛一样干净了。”

她们重新穿上旧衣服，蒸汽从身上腾腾地冒出来。她们一直等到上午，盼着能有第二顿饭。最后，一个仆人来接她们。“夫人为你们准备了午餐，然后她要你们离开。”她毫不掩饰地冷笑着说。

但她们不在乎。她们洗得干干净净，而且还有顿饭可吃。吃完了煮土豆和热牛奶以后，她们下山朝着下一个村庄走去，却不知道到底该朝向何方。被从一个奢华的地方抛回刺骨寒风中，她们突然感到一股深切的绝望。

“你不觉得要是快到前线了，就应该特别吵吗？”若塞在她们跋涉的时候埋怨道。她经常直接说出其他人不敢说的想法。

“我觉得我们应该能听到炮声。”埃莱娜赞同道。每走一步，她的左腿就疼一阵。若塞脚上的水泡现在已经被磨破了，每次和她的木鞋摩擦时，伤口就会刺痛着流血。

雅基的白喉好像更严重了，也许是洗澡时蒸汽太热，后来又吹了冷风加剧了病情。她好几次停下来咳嗽，咳得喘不上气。尽管大家已经走得相当慢，她也跟不上大家。当她弯腰发作时，其他人就停下无奈地看着。津卡坚持要帮她背着袋子。埃莱娜知道她们不能再像这样继续走下去了。

路上几乎没人，她们经过的谷仓都大门紧闭，寂静让人心里发毛。过了一会儿，她们兴奋地遇到了一个在农田里干活的法国战俘。埃莱娜问他知不知道前线在何方，他却喋喋不休地唠叨他曾经也试着逃跑过。姑娘们可以看得出来，他吃得很好，他的故事全都是吹牛皮，她们猜他自从被俘后从没遇到过什么危险。他肯定没见过一个女人在点名时被打死，也没见过另一个女人的肚子被看守的狗撕开。

在埃莱娜的坚持下，他终于说道："我听说前线现在已经快到莱斯尼希（Leisnig）了。但这还没完。德军正在莱斯尼希前面的森林里准备一次强力反击。要我说，应该远远躲开那里。这场战争还要打很久很久。这些德国人很厉害，他们很坚强。"[2] 他说话时充满了敬佩之情。

"我们现在得走了，"隆和妮科尔同时说道，"我们不能在这里耗着。"

刚从那人旁边走开，她们就开始发泄心中的不满。

"这人真没用。"

"把他说的那些都忘了吧。"

“他说的一个字都用不上。”

“妈的，他怎么就那么能啰唆！”

“我们可不能让他说的那些莱斯尼希的东西吓住。”

妮科尔最后努力克制着总结道：“这仗马上就打完了，德国人要输了。”

她们走过的田野很开阔，山丘陡峭起伏，没有什么能挡住吹向她们的狂风。她们一瘸一拐地走着，已经是筋疲力尽。她们在另一片田地的边缘找到了一间简易小屋，在那里她们终于能躲开狂风，躺倒休息。

尽管她们不停地互相提醒不要理会那个法国战俘说的话，但他的话一直在刺激着她们。她们得找到继续支撑她们前进的力量。于是她们开始了一个从逃亡开始就经历过很多次的仪式：大家一个接一个地依次讲讲自己对目前形势的看法。妮科尔非常直白地说：“现在我们必须要尽快找到美国人，结束我们这场小小的野营旅行了。我已经受够了，就像你们所有人一样。”

扎扎建议道：“我们找个小村庄，休整上两三天。我们都太累了，不能再这样下去了。还有埃莱娜，你基本上没法走路了。”

埃莱娜看着她的朋友们，用一个虚弱的微笑承认她的担忧。“我觉得我们应该继续前进。现在最好不要停下来。”

隆插话道：“对，要是我们争取一口气把剩下的路走完呢？要我说，我们一大早就逼自己起床上路，中午也不休息。我们就这样一直前进。”

大家哗然，她们都认为这个建议从隆嘴里说出来简直可笑，她是早上最起不来的。另外，从早上耗到中午十一二点意味着她们基本上能再吃顿饭。

“我们不能光顾着吃饭。”雅基叹道。

“今天才走了几公里，我就累了，”若塞说，“我根本想象不出来‘逼自己走路’是什么样子。”

最终什么也没定下来。她们挤在小屋里，试图暖和一个小时左右。但是寒气慢慢逼上来，她们开始瑟瑟发抖。当小屋周围呼啸的狂风似乎暂时平静了一点儿时，妮科尔深吸了一口气，站了起来。“在这儿待着太冷了，”她说，“我们得继续前进。”

她们呻吟着慢慢地站起来，开始艰难地爬下一个山头。走了一段路之后，他们来到了奥伯施泰因村（Obersteina），从山顶上能望见教堂的尖塔。她们又一次注意到地上掉了一些土豆。津卡和梅娜开始捡，但妮科尔和若塞喝道：“别捡了！我们多着呢。拉伊岑那个老巫婆给的生土豆还有不少，而且背起来就够重的了。”

“不，”梅娜说，“还记得我们在热平城外第一次发现土豆，以及那些土豆如何让我们吃到了第一顿真正的饭吗？那顿有面条和叉子，还由那个‘单片眼镜’付了钱的饭吗？那是我们的第一顿饭，坐在一张真正的桌子边上！”她相信，那些土豆代表了好运气，指引着她们走向那个时刻。

“想想看，就在几周前我们是多么希望有这么个土豆啊！现在我们已经走到这一步了，”津卡同意，“无论背着有多重，我们都不应该把好好的吃的浪费掉。”于是她们捡干净了土豆。

这群人又一次在路边找了个水沟休息，而隆和埃莱娜则进村找吃的和住处。村民们从她们身边走过，相当难听地议论着她们可怜的状况。但姑娘们不会白白地让德国人评头论足。她们回答说，我们很好，谢谢你，我们只不过想稍微休息一下。

一个矮个子德国兵走了过来，朝沟里看了看她们。她们发现他是因为年纪太小个子才这么矮。他的制服太大，外套肩部又太宽，裤子用绳子系了起来，裤脚卷得高高的。当他粗声大气地问她们是谁时，居居反问道：“你多大了？”

战争接近尾声时，德国的大部分成年男子已被发往东线。国内部署的士兵都未成年，有些只有十三四岁。那个小兵被居居的问题吓了一跳，又小心翼翼地问她们在沟里做什么。居居就像一个成年人向一个孩子解释一样，耐心地回答道：“我们要去法国，因为你们的这场战争基本上已经结束了。你们已经输了。我们正朝着那个方向走。”她指了指西边。

那个娃娃兵有点儿沮丧地说：“是，是的，莱斯尼希已经被美国人占领了。”但当他注意到姑娘们听到这些话马上就要欢呼雀跃，便大叫起来，声音提高了一个八度：“但事情还没完呢！也不可能让你们留在这个村子里！”

“为什么不可能？”居居温柔地问道。

“因为将军绝不会允许。”

姑娘们大笑起来，梅娜告诉他：“埃莱娜随便都能把你们的将军玩弄于股掌之间。”

“那个什么将军根本不是埃莱娜的对手。”若塞赞同道。

娃娃兵对她们失去了耐心：她们怎么这么不把他当回事儿？他的脸涨得通红，像个发脾气的孩子一样跺着脚。这情形一半有些有趣，一半又令人不安。她们想再逗逗他，但把他逼得太紧也很危险，毕竟他手里有枪。

就在这时，埃莱娜和隆回来了。“喂，你们见到那位著名的将军了吗？”若塞叫道，向男孩点点头，“这位说他的将军马上就会把我们赶出村子。”

“我们见过他了，实际上，我们今晚就在他家睡觉。”埃莱娜用法语回答。然后她用德语重复了一遍，好让男孩听到。

女人们哈哈大笑，小男孩迅速转身走掉了。

但他一走，她们就显露出了真实的想法。“我们真应该和一个将军住在一起吗？这听起来就像是个陷阱。”妮科尔焦急地说。

“我可不喜欢什么该死的将军。”雅基一边咳嗽一边插话说。

其他人也同意：这个兵虽然只是个孩子，但看起来已是异常仇恨她们。

埃莱娜让她们放宽心：“他是一位退休的将军。他让我们睡他的谷仓，我们还可以在他庄园旁边的儿童之家吃饭。”

“儿童之家？”若塞一边帮着雅基站起来一边问道。她在儿童之家长大，非常好奇。

“我的理解是，”隆说，“他说的儿童之家在战前是一所农业学校，现在是战争孤儿的家。”

“但他让我们明早五点前离开，”埃莱娜补充道，“如果早上被他的仆人发现我们在那里，那我们就有麻烦了。”

姑娘们收拾了自己的东西，但早早就要走的消息让若塞感到不安。“等等，五点？在我们早上走之前至少能洗漱一下吧？”

“真的吗？五点洗？”雅基冷笑着回答。

“就是的！”若塞很生气，几乎要发脾气，“给我说说到时候有没有压水井之类的让我们洗洗。”

“若塞，我直说吧，明天早上你肯定不愿意把冰水泼到脸上。”

居居明白，真正让若塞苦恼的其实是她流血的脚痛得厉害。她走到若塞的身边。“靠着我。”居居低声说。“离我们的城堡只要走几步路，我的女士。”姑娘们现在焦头烂额，开始耍小性子，互相埋怨，就算雅基照直把现实摆在大家面前，也聚不拢士气。

雅克利娜·奥贝里·杜·布莱（Jacqueline Aubéry du Boulley），于1915年第一次世界大战期间出生在法国西部的夏朗德（Charente）地区。雅基家是一个古老的新教家庭。她的父亲是个商人，经常出海。她的父母之间有些矛盾，于是她从小就由她的叔叔和祖母抚养。叔叔是夏朗德省一个叫布朗扎克（Blanzac）的小镇镇长。当她的父亲退休后，雅基去了巴黎，与老爸和他的新妻子埃玛（Emma）一起生活，不再同她母亲和哥哥联系。

16岁中学毕业后，雅基就一直做秘书工作，直到1939年遇到让·奥贝里·杜·布莱（Jean Aubéry du Boulley），并与其结婚。让来自诺曼底的一个资产阶级音乐家庭，他们在一起没过多久，他就应征上前线了，但她对那段短暂蜜月期的回忆非常美好。每个周末他们都会去巴黎郊外塞纳河与索恩河沿岸的户外酒吧（guinguettes），在那里可以游泳、吃喝、现场听音乐，还能跳舞跳到半夜。

让的父亲曾经是法属加蓬殖民地的总长。他在一战中受了伤，在让还是个小孩的时候就因伤重去世。让的母亲弗洛尔（Flore）是个性格张扬的人，雅基很喜欢她。弗洛尔游遍了非洲很多国家，丈夫去世后，她搬到了巴勒斯坦，然后是埃及，在那里她遇到了第二任丈夫。弗洛尔和让的继父一起在巴黎开了一家高端皮具店，在那里卖鳄鱼皮手包。让在入伍前也曾在那里工作过。

让在服役期间得了肺结核，1940年他被送到坎博莱班（Cambo-les-Bains）的温泉浴场去疗养。他留在那里，而雅基则回到巴黎经营皮具店。这在德国占领时期可不是一件小事，当时如果没有丈夫或父亲的允许，女人不能碰钱，更不能开银行账户。弗洛尔搬到了法国南部海岸的昂蒂布（Antibes），那里是自由区，能远离德国的直接占领。雅基是个坚韧的女人，她在设法靠自己的力量过活。

让的结核病日笃，健康慢慢恶化，他被转移到格勒诺布尔的一家疗养院，在那里享受阿尔卑斯山的新鲜空气。结核病在 1943 年还没有有效的治疗手段，医生只是手术切除肺部受感染的部分，而让在做了这种手术后因为内出血而死。于是雅基搬到了昂蒂布，与弗洛尔一起生活。她正是在这里开始了为抵抗组织工作，她和她婆婆为被击落的英国飞行员提供了一个安全屋。雅基逐渐成为一名联络员，并最终搬回了巴黎。

雅基通过中间人加入了布鲁图斯网络，这是根据戴高乐的直接命令建立的第一批重要情报网络之一。该网络有 1000 多名情报员，其中许多人最终被杀或被驱逐。

她的领导加斯东·韦德尔（Gaston Vedel）参加过一战。他是航空业的先驱，在非洲开过邮政飞机。1941 年，他与他的妻子奥黛特（Odette）一起加入了抵抗组织。1943 年，当盖世太保来到他家时，他逃过一劫，但他的妻子被抓。经过残酷的审讯和拷打之后，奥黛特被驱逐到拉文斯布吕克。

韦德尔继续着他的活动，他在马赛做地下工作，直到情况变得越来越难隐蔽。他去了巴黎，搬进雅基在巴蒂诺尔大道（boulevard des Batignolles）21 号的公寓。而布鲁图斯网络的总部就在附近。

雅基在凡尔赛执行了几项任务后也去了图卢兹，为那里的网络传递情报。7 月 4 日，在执行任务回来后，她与韦德尔和另一名特工在布鲁图斯总部门口被捕。盖世太保一直在等着他们。

经过长时间的审讯，韦德尔和雅基于8月15日被从庞坦火车站驱逐。韦德尔将被送往布痕瓦尔德，从那里再被送往米特堡–多拉（Mittelbau-Dora），这是个在一座石膏矿里通过强迫劳动建造而成的火箭厂。9000名被驱逐的法国人死在多拉，那里被称为“法国人之墓”（le cimetière des français）。

埃莱娜和隆带头穿过将军府精心打理的场地。若塞的脚很疼，她感激地靠在居居胳膊上。扎扎背着一袋土豆，妮科尔拖着沉重的锅和三脚架，津卡拿着雅基的包。津卡时不时停下来，等着雅基追上她们。天色渐渐暗了下来，她们都感到很冷。儿童之家是座“豪宅”，在一条绿荫小道尽头。两边是大谷仓，其中一个谷仓的底层是一个长而宽的大厅。进入大厅，她们看到上下铺上整齐地铺着蓝白格子的毯子。这些上下铺和严格维持的秩序让姑娘们心里打鼓，这唤起了她们在拉文斯布吕克时的记忆。她们沿着那个宽阔的大厅走了很远，来到一个长长的房间，中央摆放着一张长长的桌子，头顶上是石头拱顶。姑娘们被安排在角落里的一张桌子旁，很快就端上来几碗简单的汤。这些汤满足不了她们强烈的饥饿感，但味道还不错。她们的活力慢慢恢复了，于是开始四下环顾。

饭厅里的气氛让人心慌。孩子们互相追逐打闹，他们的叫声在石头房子里回荡。有一两个孩子不时地凑近姑娘们的餐桌，咯咯笑着用手指着她们，再赶快跑开。每个孩子好像都在拱火，试图挑唆别人去接近这些长得像女人一样又穿着破衣烂衫的奇怪野兽。孩子们的家庭教师没有阻止他们，相反还或多或少地鼓励他们，她和孩子们一起笑着，看着这可悲的场景。

姑娘们觉得她们好像在看某种表演。孩子们在扮演无忧无虑的完美的德国儿童，他们在做花环，有可能是为了一个什么聚会。看着这些花，姑娘们想起了拉文斯布吕克的“雷维尔”窗台上盛开的天竺葵。这时，一个坐在窗前盯着中庭的孩子看到将军走了过来，便喊道：“好，开始！”孩子们迅速集合成一排，开始唱歌。将军短暂停留片刻检阅一番，便点了点头，离开用餐区。

隆和居居很快就发现家庭教师是荷兰人，这些小孩也都是荷兰孩子，是投敌的荷奸留下的孤儿，这一点让两个姑娘觉得恶心。荷兰家庭教师与孩子们一起唱起了德国歌，有几首和姑娘们记忆里卫兵唱的一样。孩子们的歌声很甜，很好听，但这整个场面却非常狰狞——完美的孩子们梳着金色的辫子，穿着漂亮的衣服，嘻嘻哈哈地嘲笑着姑娘们。

三个穿着德军制服的男孩走进餐厅，他们看起来也就 15 岁左右。看上去好像是在演戏，但他们腰带上挂着的手榴弹是真家伙。他们踢着正步向女宾席走去。当娃娃兵进来时，隆是背对着他们的，但她随即看见了其他人脸上吃惊的表情。她慢慢转过身，发现枪管指着她的脑门，惊出一身冷汗。

拿枪的兵大喊大叫地要她们的证件，拼命想证明他说了算。隆发现歌声停了，孩子们都咧开嘴笑着看，这简直是个大乐子。

“你们是谁？从哪儿来的？想干什么？”那个士兵用德语咆哮着。他的脸因为激动而涨得通红。

隆心想：就这样了。她们经历了这么多，现在到此为止。她们会被这些男孩带出去枪毙。

“你们该被扔到战俘营里去！”

“或者直接枪毙，”站在他身后的兵插了一句，“谁要想跑就该这么惩罚她。”

隆求生的本能压倒了她的恐惧。她站起来，尽量让自己看起来平静而严肃：“我们身上可不只有证件，我们还有警察局发的通行证。而且将军亲自邀请我们做他的私人客人。”

她的虚张声势奏效了，士兵收起了枪。三个娃娃兵连看都没看那张著名的拉伊岑通行证就直接走了。隆颤抖着瘫倒在她的座位上。她的胃口早没了。她觉得围观的人好像不明白这一刻有多千钧一发。

但她们现在又要观看另一幅让人脸红的景象。士兵们走到那个年轻的荷兰家庭教师那里，一个亲她的脖子，另一个吻她的嘴。他们公然抚摸她，双手摸遍了她全身，甚至摸她的乳房。而这个教师好像还挺高兴，不知是因为大家都盯着她，还是因为她在大庭广众下如此表演。

姑娘们曾在拉文斯布吕克见过德国人干这种事。哪怕在其他囚犯面前，他们也会对一个女人为所欲为。囚犯不是人，只是些物件。但是这几个娃娃兵在孩子们面前这样做又不一样，她们心里翻江倒海。

她们急忙走开，默默地走到谷仓里，打算在那里休息。

但是心中的激荡并没有缓和。正当她们在椽子下面躺下准备睡觉时，另一个法国战俘来找她们。他一直躲在阴影里，看不清脸。妮科尔告诉他，说她们累了，想要睡觉。但他没理会，他太想说他的母语了。

他随便闲聊着，告诉她们，说德国人让集中营里的法国政治犯在前线蹚雷区。津卡和扎扎正躺在一起，她们听到这个消息，握紧了对方的手：她们的丈夫都在某个集中营里。

他继续说："但政治犯一般都过得不错——他们只要在集中营里好好待着，等着仗打完。我们这些士兵得在农场干活，他们只要坐在营地里等着吃饭就行。"

姑娘们咬紧了牙关。

然后他又说："周二那天，我在里萨（Riesa）看到300个女人排成一列，穿得破破烂烂的，旁边还有穿制服的女人守着。"

"里萨，"妮科尔低声对埃莱娜说，"那离这儿近吗？"

"不近，我有印象，"埃莱娜说，"那地方在莱比锡–德累斯顿两地连线的北边，而我们在连线的南边。"

战俘继续说着，笑着回忆起那景象："你们应该看看她们穿的是什么！穿着木鞋、条纹衣服，连裤子都没有，真可怜。我都根本看不出来她们还是女人！都是些肮脏的犹太人，我就知道。或者就是妓女。”

津卡差点儿站起来和他吵，但是妮科尔说话了，她再也忍不住了：“我们当初就是那样。当初党卫队拿着鞭子牵着狗看着我们……”

他打断了她的话：“那你们都是妓女了？”

这太过分了。梅娜气愤地大声脱口而出：“你没听说过抵抗组织吗？”

他哽住了，嘴里咕哝着什么。

“我怀疑，”妮科尔接了一句，“他可能是自愿给德国人干活的。”

这句话奏效了；战俘败退了下去。当他离开的时候，津卡嘲讽道：“当你给德国人种地时，我们在为我们的国家而战。”

过了一会儿，埃莱娜对其他人说：“睡着以前我得告诉你们，将军跟我说，前线在 15 ~ 20 公里之外，我们是可以穿过它的。他说一切就快结束了。”

“将军觉得我们应该趁着夜色过去，因为白天很危险。”隆补充道。

扎扎却质疑道：“也许对一个兵或一支军队来说是这样，但对九个女人来说，最好在光天化日之下走过去，这样他们就可以看到我们是谁了。”

埃莱娜继续说：“将军说最好在凌晨 5 点到 8 点之间走，因为飞机 8 点才起飞。”

“我想他可能只是不想让他的仆人看到我们。”若塞说。

无论将军真正的理由是什么，都没什么关系了。因为姑娘们在早上 5 点之前就会被惊醒，发现自己处在巨大的危险中。

第八章

梅娜

伊冯娜·勒·吉尤（梅娜）｜图片来源：让–路易·勒普拉特（Jean-Louis Leplâtre）

“起来！快点儿！出去！”[①]

姑娘们被一阵喊叫声惊醒。她们跳起身来，仿佛回到了充斥着党卫队的集中营里。

“你们得赶紧走！”将军叫起来，他的声音怕得发抖，“警察来了，他们知道你们在这儿！不知道是谁报的信。求求你们，快点儿走吧，要不然我们都得被枪毙。连我都逃不掉！连我都要被枪毙！”

姑娘们一跃而起，抓起她们的东西。“你现在还想弄个压水井搞凉水洗脸吗？”雅基对若塞说。

“快闭嘴吧！”若塞咬着牙说。

九个姑娘在这里的消息不知是怎么传开的。可能是前一夜那个法国战俘报告了警察，因为他被姑娘们羞辱了。

① 原文是德语，Aufstehen! Schnell! Raus!——译者注

她们悄悄地溜出谷仓，走进黑暗和严寒里。她们又冷又饿，风吹得比昨天更猛了。她们快步走着，肾上腺素驱动着心怦怦地跳，之前身上的疼痛也暂时忘却了。她们绕过路边，盼着没人看见她们。

她们看到远处有一群兵摇晃着手电筒朝儿童之家走去。她们迅速交换了一下眼神，一个一个地悄悄溜进黑暗的树林里。寒冷和恐惧让她们记起来，曾有许多个早晨，她们就在这样的天气里被卫兵的鞭子和狗押着，去工厂开始下一个 12 小时轮班。曾经欢快的笑声现在没了，她们惊慌失措，被震回了现实的处境中。

几个小时后，当太阳升起的时候，她们从森林里走出来，来到了一个叫作基比兹（Kiebitz）的小村庄。她们在村子的中心发现了一家小咖啡馆。她们把额头顶在玻璃上往里看，瞧见里面摆着天鹅绒长椅、圆桌、藤椅，甚至还有一架钢琴。

“我们进去吧，”梅娜恳求道。“假装就在巴黎一样。”

“我觉得我们的钱还够买杯咖啡。”若塞同意了。

“说不定梅娜还能弄到一碗韭菜土豆汤呢。”雅基说道，试图弥补她之前关于压水井的那几句伤人话。大家都笑了，因为只要有人批评德国菜，梅娜就要出来辩护，说德国人做的韭菜土豆汤非常好。

“或者我们可以假装吃你拿手的野营汤。”若塞说。

“不！这不一样，”梅娜坚持说，“我的野营汤应该是用蒲公英在柴火上做的。”

“所以你就不进去了？”妮科尔调侃道。她们躲过了差点儿就发生的灾难，后怕结束之后她又感到一阵松快。这是她的团队，她的朋友们。某种程度上讲，她不可能再和别的一群人这么亲近了。她觉得，只要她们在一起就能成功。

“来吧，快进去吧。”隆不耐烦地推开她们，进了门。

姑娘们跟着她进屋，各自找了个地方坐下。能不在外面吹风，进屋坐下来休息一会儿就让人放松不少。

埃莱娜把头发往后梳，坐直身子，试图让自己看起来像个体面的女士。她用舌头舔了舔牙间的缺口，走到咖啡馆老板面前。老板站在角落里，抱着胳膊看着这些走进他店里的女人。

她微笑着向他礼貌问好。他放下胳膊，微笑了一下。她小心翼翼地和他交涉，说她们身上带了多少钱，问了咖啡和汤的价格。最终，满腹牢骚的老板给她们每人都上了汤和咖啡。他挥了挥手，不打算收钱。埃莱娜认为这预示着她们快到前线了。人们越害怕未来，就越倾向于对她们友好一些。而她们很快就会握住胜利者的权柄。

她们在咖啡馆里待了几个小时，等着太阳升起来，希望它能把今天晒得暖和些。等肚子里喝饱了汤以后，她们开始互相开玩笑。

“我以前可不知道居居还能跑得这么快。”雅基诙谐地说。大家都笑了起来。居居每天早上准备出门时可是出了名的慢。她有一种不紧不慢的做派，有时候会让不耐烦的人彻底泄气。

居居笑了，但她加了一句："那你呢？我可看见你是怎么跳起来的了！"

"那时候我以为我们完蛋了，"若塞承认，"我全身都在发抖，几乎连包裹都捆不住，简直比盖世太保第一次抓我时抖得还厉害！"

"哦，上帝啊，我也是！我也是这样。"扎扎同意。

"还有，津卡，"若塞问，"你这次只是稍微有点儿害怕吗？"

津卡笑着露出她那豁了口的牙，耸了耸肩："我的心使劲跳了几下。"

她们互相取笑谁最害怕，谁的动作最快。在咖啡馆的这一小段时间里，她们恢复了以往的友谊。过去几天的压力让她们的友谊变得脆弱，但还没有破裂。

在离开基比兹之后，她们又来到了扎什维茨（Zaschwitz），七个姑娘还和以前一样在村边的一条沟里等着，而隆和埃莱娜这两个侦察员去找村长或将军，或是任何管事的人。姑娘们现在意识到，她们现在正在接近前线，前线本身带有的一系列问题也随之而来。她们在前线还会遇到什么，她们能被允许安全穿越火线吗？

当她们七个人在沟里等待时，她们讨论起对前线有什么了解；她们的大部分知识都从小说中来。

"如果是像滑铁卢一样呢？"扎扎问道。

"没错！那是谁来着，司汤达？他当初不是在滑铁卢，又因为什么都没发生而失望吗？"居居说。

“我不清楚是不是和滑铁卢一样。”妮科尔说。她突然想起了她家可爱的图书馆，里面有很多精美的皮面书。那是在她父亲破产把所有的书都卖掉之前。

“肯定是这样，还有拿破仑。”扎扎说。

“而且，不应该是吵得要死，到处都是枪炮声吗？我的意思是，谁听说过前线上没声音的？”津卡问道。她们觉得前线应该是战火四起，一片混乱的。她们还记得她们的父亲或祖父讲起过一战时的战壕。会不会有她们必须越过的战壕？还有遍布烂泥和铁丝网的旷野？

“这场战争与上一场完全不同，”雅基用她粗哑的声音说，“没有战壕。只有从头顶上扔下来的炸弹。”

隆和埃莱娜回来了，打断了她们对于现代战争的讨论。她们在村子里见着了几个人，虽然这些人没给她们吃的或住处，但还是告诉了她们一些消息。

“他们告诉我们说，我们的计划很蠢，因为德国人根本不可能让我们越过前线。”埃莱娜低沉地报告说。然后她耸了耸肩，继续说：“但有两个年轻女孩刚从另一边过来。美国人让她们越过边界回家去。”

“美国人？”若塞问道。

“对，村里人说科尔迪茨（Colditz）已经让美国人占领了。”隆微笑起来，因为她带来的是个好消息，“要是我们能到那儿去，就能找到美国人。”

这个消息激励了她们。至少在地图上有个确定的地方能找到美国兵。

“这个科尔迪茨有多远？”雅基问道。但没人知道。

妮科尔站了起来。“我们不能停下来，”她说，“而且他们说德国人不会让我们过去，就是说我们得继续前进。而且这还意味着我们越来越近了。”她把自己的手伸向若塞，把她拉了起来。若塞反过来拉起了雅基。

“等我们找到前线时，我们得想办法穿越过去，还不能挨枪子儿。”埃莱娜说，“我建议咱们走小路。”

“这个可能会有用。”津卡说。她跳起身来，从兜里掏出一块神奇的、还仍然干净的白手帕。她在空中挥舞着它，好像是在投降一样。

“津卡！这是从哪儿弄来的？”妮科尔难以置信地问道。

“它怎么会这么干净、这么白？”若赛问，拍了拍手。

“简直是太完美了。”埃莱娜笑着说。

“我一直把它放在兜里，尽量保持洁净。直到我们到了那条安静但危险的前线，需要靠它来穿越火线的时候再拿出来！”津卡说。

在埃查特（Eichardt）村附近的十字路口，一个骑着自行车的帅小伙迎接了她们，小伙子没有左臂。埃莱娜问了他前往科尔迪茨的方向，又说她们想走小路。他主动提出和她们一起走，他能告诉她们附近的一条小道。

他骑着自行车与她们并肩走，还和隆和居居聊天。“你们是学生，对吧？”他问，“战前我正在读硕士。可是我却付出了这个代价。”他一边说，一边朝着缺了的左臂点了点头。“但对你们来说还没有结束。你们以后的路还很长。”

“对你来说也没有结束。”居居朝他笑了笑，灰眼睛从刘海下小心地窥视着。她们发现他来自荷兰边境附近的一个小镇，居居确信她的家人也在那里。她就问他要不要回家，当他说他要回家时，她请求他给她母亲带一封信，他同意了。

“你们有什么吃的吗？”他问道。

“只有些土豆，”隆回答，“但是没法做熟。”

“在这里稍等一会儿，”他说，“我去去就来。”

姑娘们看着他骑回车子上，顺着来路返回去。他抄了条近道，朝远处的一个农场骑去。姑娘们坐在路边，让阳光暖暖地照在脸上。过了一会儿，他气喘吁吁地回来了：“你们要不要来点儿豌豆汤？”

姑娘们笑了起来。一直都有人问她们：你们饿不饿，你们想吃点儿什么？当初她们在咖啡馆里还认为这个问题很可笑。“我再也不拒绝了，”扎扎说，“给我什么吃的我都要。”

她们跟着小伙子走到了农场，十几个德国人在那里大张旗鼓地夹道欢迎她们。他们身上的衣服破旧，怪模怪样地缀着各种制服的零件。埃莱娜被他们的样子吓了一跳，她看出来这些人都是士兵，以为她们正朝陷阱里走。她抓住了扎扎的手。这群男人人数比她们多，这让她很害怕。

这些人显然已经在这个废弃的农场里住了一段时间了。这座农舍应该是吃了炸弹，大部分屋顶都没了。这些人在瓦砾上建了个临时营地，用熏黑的砖头搭了一个小棚子。没有完整家具，就用破桌子和摇晃的椅子凑合着。他们还在屋外一个火坑上搭了个简易炉子。离他们的营地不远处有个大猪圈，一群猪在泥地里一边拱一边哼唧。

这些人看起来挺放松，当然也觉得能招待一群姑娘是个高兴的事。“欢迎！”他们张开双臂喊道，“你们是汉斯的朋友，那现在你们就是我们的朋友！”

“女士们好啊。来，过来随便坐。”

姑娘们犹犹豫豫，紧张地交换着眼神。男人们轮流介绍自己，说了全名，还礼貌地鞠躬。这种礼貌多少让姑娘们放松了一点儿，然后她们也自我介绍。当轮到梅娜介绍自己时，她行了个屈膝礼，转了一圈，几个男人鼓起了掌。“又来了，”扎扎翻了个白眼，用法语说道，“梅娜又在玩心机了。”

“去你的吧（原文为法语，Arrêtez）！”梅娜笑着说。

男人们被迷住了，也跟着笑了起来。他们虽然听不懂法语，但却看得懂姑娘们互相开玩笑。

主人们摆好长凳和椅子，让她们坐在火堆旁。他们努力试着把椅子擦干净，就像姑娘们是一朵朵娇花，她们穿的破衣烂衫是崭崭新的一样。在这个破屋子里，男人们的宫廷礼仪在让人感动的同时又掺着丝丝难过。她们见了这么多，原来那个世界已经不再，而这些是那个不复存在的世界的残余。

厨师是个大块头，左眼戴着个海盗一样的眼罩。他的那只好眼睛凶狠地看着这些姑娘。要是她们在任何其他场合遇到他，那肯定要吓坏了。他的头发理得短短的，要么是他自己理的，要么是某个不会理发的人理的。头发向四面八方奓着，有的地方差点儿剃秃了。他的胡子也不成形状，就像暂时放弃了刮胡子，随它乱长一样。而且，他的门牙也缺了一颗。他穿着件用制服碎片拼成的围裙，挥舞着一个大勺子。他身材高大，热情洋溢，像打了鸡血一样。这时另一个人递过碗和勺子来。

“你得好好吃东西，你看起来饿坏了！”厨师吼道。他用独眼盯着埃莱娜，告诉她“你太瘦了”，这作风让她有点儿忐忑。厨师则像一个慈爱的保姆一样热心地给她盛饭：“再多吃点儿。好了，好了。我再给你块肉。给你一块带点儿肥肉的。”

厨师不问青红皂白，就又往她们的碗里倒了一些肉汤。他看着她们吃，就像在看着他自己的孩子。

“我给你们提个好建议，”他用独眼盯着埃莱娜，“每当你们看到士兵们做饭，你们就要过去，找他们要吃的。”埃莱娜正试着给其他姑娘们翻译，但她很难跟上他的思路。

“他说：‘最好的饭是士兵做出来的。’”她给大家说。

她们都点头表示同意。

这是货真价实的汤，不是她们在集中营里吃的水货。不是集中营里用烂菜叶做的，那种她们不屑地拿维希政府头头的名字命名的“贝当”汤。这也不是她们在热平吃的那种稀汤。这是浓稠的、丰盛的豌豆炖汤，里面有大块的肉和土豆。

“还记得你在莱比锡吃的那些东西吗？”雅基轻声对妮科尔说。

“记得。”若塞说。她坐在妮科尔的另一边。

“还有那个匈牙利土豆烧牛肉，”妮科尔说，那是从一个匈牙利犹太妇女那里听来的，“我还记得她给我们讲的时候那个高兴劲儿。”

“那是真的好吃。”雅基同意，就像她们真的吃过那些饭，而不是仅仅听人背过菜谱。

“但没有什么比这个好吃。”妮科尔说，其他人都嘟囔着表示同意。第一碗她们很快就吃下去了，但现在是第二碗，她们便开始慢慢地品。埃莱娜逐渐放松下来。

“怎么样？她们觉得我做的饭怎么样？”厨师问她，“难道她们不爱吃？”

“他觉得你们不喜欢他做的汤。”埃莱娜翻译道。她正在努力不为他这么一根筋地追问而生气。

“啊，没有！”她们解释道，“味道好极了！”

隆和居居用德语告诉他：“很好吃。”

其他妇女竖起了大拇指。

“没什么比这更好的了。”梅娜用法语说。她转向厨师，用半吊子德语小心地说："这个很好。"她吻了自己的手指尖，"完美。"厨师的脸一下就红了。

"可怜的家伙。"居居低声说，然后大声地补充道："梅娜，放过这个可怜人吧。"

"什么？我干什么啦？"梅娜腼腆地问道，头高高扬了起来。

梅娜这个小妖精，她已经躲我躲了很久了。在我追寻九个女人的身份时，梅娜是我最后一个确定的。当我开始与居居的孙子奥利维耶·克莱芒坦（Olivier Clémentin）联系时，我问他知不知道梅娜是谁。

他回信说："是的，我母亲很了解梅娜。战后她结婚了，住在巴黎。我再找找细节。"他很快就给我回了信，告诉我梅娜的真名是伊冯娜。

我研究了纳粹的名单。在 HASAG 莱比锡集中营有两个可能的伊冯娜，她们都出生于 1922 年，年龄差不多。我给他回信说："梅娜会不会是伊冯娜·勒·吉尤或伊冯娜·罗兰（Yvonne Rolland）？"

他立即回复说："伊冯娜·勒·吉尤，对，就是她。她是布列塔尼人。"

伊冯娜·勒·吉尤 1922 年 4 月 26 日出生在巴黎的一个工人家庭，这家人来自布列塔尼，位于英吉利海峡边、法国西北部。她的父母曾是农民，在他们自己父母的份地旁边有一小块土地。像许多年轻人一样，在第一次世界大战后的几年里，他们收拾行装搬进了城市，寻求更好的生活。她父母说布列塔尼话，但梅娜觉得自己纯粹是个城里姑娘，并为自己的工人阶级背景感到自豪。

居居的女儿劳伦斯（Laurence）告诉我："我们参观过梅娜在北方的家，她家在滨海圣雅屈。我知道扎扎在她的书中说梅娜是个地道的巴黎人，但她确实来自布列塔尼。当我还在学校时，我每周跟她和她的丈夫在第十七区吃两次饭。她很漂亮，活力四射，喜欢讲故事。"

遗憾的是，梅娜的女儿埃迪特（Edith）得了癌症，早早就去世了，但劳伦斯给了我梅娜女婿的地址。我给他写了信，几天后，让-路易·勒普拉特（Jean-Louis Leplâtre）就给我打了电话。他是个快活的人，对他丈母娘的故事很感兴趣，他说他岳母真正是个美丽的女人："一个真正美丽的女人，优雅，迷人。"[1][①]

让显然还爱着梅娜的女儿，他的亡妻埃迪特。他主要谈到的就是他的妻子："她是一位优秀的母亲。我得说，她做什么都做得很好。她很漂亮，特别聪明，还能做一手好菜。她很时髦，而且特别爱去滨海圣雅屈看她的祖母。"

但是，当我问他战争的情况，以及梅娜在结婚生孩子前的情况时，他说他什么都不知道，说这都是母女之间的事。他说："她们有什么都会告诉对方。"埃迪特爱写日记，他非常想知道她的日记里可曾写过她

① 原文为法语，Une vraiment belle femme, élégante, charmante.——译者注

的母亲，可曾写过梅娜在战争中的故事。他建议我和他的儿子，也就是梅娜的外孙纪尧姆（Guillaume）谈谈。“他对这些事很感兴趣，我想他的母亲应该告诉了他不少他外祖母的事。”

几天后，我收到了纪尧姆・勒普拉特（Guillaume Leplâtre）的电子邮件，里面讲了一些他外祖母的轶事。他说她在他两岁半的时候就去世了，所以这些故事都是他母亲讲的，“有一种神圣的传承感”。[2] 梅娜几乎没怎么谈过战争，所以家里某些成员——例如纪尧姆的表弟——就不知道她曾在拉文斯布吕克待过。但据埃迪特说，虽然梅娜从不提这事，但关于她经历的那些事情的记忆却一直留存着。梅娜留着她在集中营时穿的大衣——那件画了白叉的大衣，那件在 1944 年到 1945 年间那个特别冷的冬天里救了她一命的大衣——用它给小埃迪特的摇篮做了床被子，后来这床被子又被做成了个泰迪熊，给了埃迪特唯一的孩子纪尧姆。

梅娜说她是因为爱上了一个男孩才加入的抵抗组织。她淡化了自己的角色，声称没有做过什么大事，只不过是送信而已。她说，她不知道有多危险，还说要是知道可能就不加入了。她做了这些只因为她是个掉进浪漫爱河的傻姑娘。

荷兰抵抗战士阿尔伯特・斯塔尔因克（Albert Starink）在一份未发表的记录中提到了梅娜，那一开始是写给他的孩子们的，后来又给了居居。[3]1943 年他在巴黎通过另一位荷兰朋友认识了梅娜（他当时知道她叫伊冯娜）。斯塔尔因克形容她是个“梦想家，可爱、有趣，而且是个漂亮女人”。一天晚上，她邀请他去她在巴黎郊区蒙鲁日（Montrouge）的住处。然而，阿尔伯特到了之后却惊讶地发现她和另一个男人在一起，那人叫扬·凡·布拉克尔（Jan van Brakel），看上去显然是她的情人。实际上他们的确同居了，荷兰艺术家梅娜·洛佩特（Mena Loopuyt）把她的公寓租给了凡·布拉克尔，而伊冯娜就把梅娜的名字当成自己的化名。

梅娜和扬加入的网络的主要任务是安全护送犹太家庭从荷兰和比利时穿过法国和西班牙到葡萄牙去。我没能找到她的服役记录，她战后肯定没有申请到被驱逐抵抗战士（déporté résistant）的身份。当我问纪尧姆这个问题时，他猜她可能是害怕这样做。当时巴黎当地政府与纳粹合作，她和扬被一个朋友或者是邻居出卖了。梅娜知道事情变化得有多快，所以纪尧姆说，她多少有些偏执，她可能不想让人注意到自己。

斯塔尔因克写道，1944 年年初的某个时候，扬和梅娜这对恋人一起回到了巴黎，到了蒙帕纳斯大道（boulevard Montparnasse）上的一家酒店。那里藏了几个荷兰人，等着穿过比利牛斯山去英国。扬和梅娜掉进了一个陷阱，被盖世太保抓住了。梅娜在审讯过程中没遭什么大罪，“只不过是”挨了几顿打，这让她松了一口气。她担心如果被上了刑，她就会忍不住供出许多她知道的抵抗战士。她装成一个“布列塔尼的乡巴佬”（faisant sa bretonne），操着浓重的布列塔尼口音扛过了审讯。而扬·凡·布拉克尔死在了集中营里。

要说起集中营里的故事，纪尧姆知道 HASAG 莱比锡工厂里的老太太们用废品做成帽子给年轻姑娘们在圣凯瑟琳节上戴着。他知道她们是怎么彻夜跳法兰多拉舞的。外祖母曾说起过妇女们之间强大的支援关系。那些读过书拿过文凭的人会给其他人上课。她们能把脑中记着的整部戏剧和诗歌背诵出来。梅娜是农民家庭出身，开蒙以后没怎么上过学，但她很欣赏那些会教课的妇女。那些接触过高定服装的妇女教会了她针线活儿。而利斯·伦敦这样在政治上活跃的妇女会谈论革命理想和妇女选举权。

纪尧姆也知道看守们的野蛮暴行，他们是统治妇女的普通罪犯。梅娜曾向埃迪特讲过德国人非常害怕辛提人和罗姆人。“他们不会进吉普赛人的监区，除非带着狗和鞭子，因为那些女人凶得很，”梅娜骄傲地说，“只要有一丁点儿机会，她们就会用指甲把德国人的眼珠子抠出来。”

梅娜非常不愿意被人看到她的裸体。埃迪特不太清楚为什么，但战后梅娜确实非常看重自己的隐私。纪尧姆猜这可能是她身上某处有个文身，但我知道拉文斯布吕克的囚犯没被文身。无论如何，光着身子在党卫队面前游街是一种无尽的羞辱。梅娜肯定曾像她崇拜的罗姆人一样，激烈地保卫过她的身体和隐私。马塞利娜·洛里丹 – 伊文斯（Marceline Loridan-Ivens）是著名女权主义者西蒙娜·韦伊在比克瑙最好的朋友，她动情地写下了在纳粹军官面前裸体的持久创伤。“我不喜欢我的身体。就好像它还留着一个男人第一次看我的痕迹，纳粹的痕迹。我以前从没光着身子过，尤其是我那时是个乳房刚开始发育的年轻姑娘。所以对我来说，脱光衣服早就和死亡、仇恨之类的联系在一起了。”[4]

梅娜曾经给她女儿讲过一个出生在集中营里的孩子，还有她们是怎么一起合作把孩子养活下来的。利斯·伦敦曾写到过一个犹太女人生下了个婴儿的事。她设法掩盖住自己怀孕的迹象，直到生下一个金色头发的粉嫩小女孩。孩子被带到了“雷维尔”，她们没有摇篮，就在那儿把婴儿放在一个盒子里。法国囚犯们决定“收养”这个婴儿。她们把自己的衣服剪短，把缝线拆开，拼凑出一些线头布片。她们用这些给孩子做衣服、尿布和被子，她们不停找借口去“雷维尔”看孩子。母亲一生完孩子，就必须回到工厂去，每天轮班 12 个小时。当她下工以后就赶过去看孩子，想办法喂她，但她已是又饿又累，已经没有奶水。波兰护士找党卫队要牛奶，却得到一句：“没门，一滴奶也不给犹太狗的孩子。”[5]

有一些波兰人收到过一点儿家里寄来的糖、人造黄油和奶粉，法国人便一个监区一个监区问过去，请求她们捐一点儿出来。但她们并没多少收获，才过了几个星期，原本粉嘟嘟的可爱婴儿就只剩下一副骨架子，但还是挣扎着活着。两个月过去了，她依然活着，她的手指瘦得像蜘蛛腿，眼睛上是大块的痂——由于长期营养不良，孩子瞎了。法国囚犯们不再找借口去看她，这太让人难受了。利斯记得她自己的孩子在这个年龄段的时候可是又漂亮又圆润，而这个孩子已经变得像鬼魂一样衰朽。然而就在这一切正发生着的时候，指挥官养了只小狗，厨房每天都给它一碗牛奶。

又是一次遴选：这次主要是选犹太人、病人和弱者。母亲和婴儿被选中了，她们第二天就要上路。利斯回忆说，当她走上楼梯去医务室时，她听到了波兰护士愤怒的哭喊声。那位母亲希望她的孩子不要再活受罪，就把孩子的头往墙上撞，打算杀死她。波兰护士抱着孩子，她还活着，但是头上青一块紫一块的。母亲坐在角落里，完全绝望了，而护士在一旁骂她："你和你们那些犹太人待着去吧！你们哪儿是人啊，你们就是些动物。"[6]

在拉文斯布吕克严禁有孩子和婴儿，这就是说他们一出生就会被从母亲怀里带走杀掉，或者，如果长得足够"雅利安"，他们可能会被交给纳粹家庭抚养。堕胎的期限最晚是八个月。任何出生的婴儿刚落地就要被杀，在母亲面前掐死或者在水桶里溺死。由于新生儿对溺水有强烈的反射性抵抗，这过程有时候可能要 20 多分钟。[7]

1944 年夏末，大约是雅基和妮科尔到达拉文斯布吕克的时候，大批妇女被从华沙运来。而其他一些妇女则来自盟军正在解放的国家，德国人正在匆匆疏散战俘。这些妇女中有许多在抵达时刚怀孕不久。根据工作人员的记录，当时到达拉文斯布吕克的波兰妇女中有十分之一是孕妇，因为德国士兵在华沙实施了大规模的强奸。

妇女们随时都可能分娩，在点名时，在澡堂里，在工作中，甚至在帐篷的泥泞中。必须采取一些措施来应对这种分娩潮。当局特地采取了措施，他们在拉文斯布吕克的 11 监区设立了一个托儿所，或者说准产科病房，看上去纳粹分子似乎奇迹般地变好心了。母亲在怀孕期间饿肚子，会使得新生儿身体组织中的水分含量过高，这会让新生儿像梅娜记忆中的婴儿一样，看起来丰满、红润、健康，但这其实是一种假象。母亲们必须马上回去干活，但可以每天来病房四次来喂孩子。新妈妈们饥肠辘辘，身心俱疲，根本产不下奶给孩子吃。她们很快就因饿肚子和担心孩子而发狂。她们乞求牛奶，但根本拿不到。

托儿所里只有两张高低床，但挤了 40 个婴儿。这里没有卫生设施，没有奶瓶，没有牛奶，没有尿布。婴儿们身上长满了疖子和疮。母亲们用早上当作咖啡的黑水洗破布，然后把破布贴在身上焐干，但婴儿们还是经常裹在湿漉漉的临时尿布里。

更加残酷的是，德国人规定婴儿要在晚上被单独锁在病房里，而且还故意开着一扇窗户，哪怕在冬天也一样。曾有一位母亲偷了钥匙去看她的男孩。她看到了一副可怕的景象："各种害虫在床上和婴儿的鼻孔、耳朵里跳来跳去。大多数婴儿都光着身子，盖着的毯子掉在地上。他们号哭着，冻馁交加，身上长满了疮。"[8]

这些婴儿有的只活了几周，有的可能熬过了一个月。拉文斯布吕克的大部分记录在解放前被销毁，但有些囚犯自己保存了记录。兹登卡·内德维多娃（Zdenka Nedvedova）是个捷克儿科医生，她被安排负责托儿所的工作。她和一个年轻的法国抵抗战士玛丽 – 约 · 雄巴尔 · 德 · 洛韦（Marie-Jo Chombart de Lauwe）一起工作，竭尽全力拯救婴儿，甚至冒着与一名党卫队高级护士发生冲突的危险，那护士正在囤积她从红十字会包裹中偷来的奶粉。

玛丽–约和兹登卡希望战争能赶快结束，这样还能及时救出一些孩子。兹登卡设法保存下来了一本秘密的出生记录，上面记录了在1944年9月至1945年4月之间，在集中营里出生了600名婴儿。在1945年2月，还活着的婴儿大多被送往卑尔根–贝尔森，在那里被全部屠杀。但直到最后一刻还有婴儿出生。被驱逐者记忆基金会（FMD）发现，有31名婴儿等到了集中营解放。[9]

在集中营最后混乱的几个月里，孩子们和他们的母亲一起到达。至少有900名2岁至16岁的男孩和女孩被记录为拉文斯布吕克的囚犯。如果其中一些孩子的母亲去世了，就会由营地的女性收养。孩子们与他们的父母分离，记录也随之丢失。2005年，在解放65周年之际，一个布痕瓦尔德和卑尔根–贝尔森的儿童幸存者尤利乌斯·马斯洛瓦特（Julius Maslovat）在脖子上挂了块牌子，上面有他两岁时的照片和一个问题："你认识我吗？"他正在寻找任何可能知道他是谁的人。[10]

在德国士兵的临时营地里，居居用胳膊顶了顶梅娜。她放下了勺子，似乎深深地陷入回忆中。"吃啊。"居居催促着她的朋友。梅娜点了点头，继续品尝浓汤。

埃莱娜猜这些兵已经开了小差，正在等着战争结束。既然很高兴能有姑娘陪着，他们应该没什么恶意。他们给了姑娘们几罐德国野战口粮，叫它们“猴子肉”。姑娘们倒觉得味道相当不错。

埃莱娜向他们问起如何穿越前线，男人们在土里画了一张地图，解释了可能的路径。他们觉得前线大概有 12 公里远，也就是说姑娘们明天就能到达。但一个人强调说事情可能变得很快，另一个人警告说，战争的最后几天往往是最危险的。

“我们和队伍失去了联系。”一个人解释说，他穿了条奇怪的蓝色工装裤，尺寸显然大了几号。

“计划一直在变化，没人愿意费事告诉我们。”一个金发剪得短短的年轻人补充道。他的眼睛紧盯着梅娜。

隆正在翻译，她又用法语补充了一句：“我感觉他想让我们明白他不是胆小鬼。”

男人们向隆和埃莱娜问起她们的故事，但姑娘们回避了。她们说，她们的工厂被轰炸了，她们正想办法回家。

士兵们也对自己的故事含糊其词。公开谈论他们做的事情大约不太礼貌，而且这可能会提醒大家，他们终究是敌人。但厨师突然脱口而出：“这场战争我有好多东西都看不惯，我现在要直说了，我再也不藏着掖着了。那些党卫队，他们就是一群罪犯！”

“你不喜欢党卫队？”埃莱娜问。她仔细地看着他，想起了弗里茨·施图皮茨，那个在弹药厂做了很多努力来帮她的工头。她记得他曾向她承认，他不喜欢希特勒。

“他们掠夺我们，就像他们掠夺你们一样。大家都不敢说实话，所以我们落到了这步田地。”厨师开始生气了，他本来就红润的脸变得更红了，“所有人都被逼着撒谎，被逼着互相揭发。他们逼着大家干混蛋事。”

“他在说什么呢？”雅基问道。厨师突然发怒，开始疯狂地手舞足蹈，这让她马上警觉起来。埃莱娜扼要地翻译了厨师对党卫队的怨气。

“没错，你们在去前线的路上必须躲开他们。”那个蓝眼睛的年轻人认真地对梅娜说。

厨师继续咆哮：“党卫队现在见人就杀，就像一群困兽。我们看到一群从那些集中营里来的囚犯，大约 30 人，全都在树枝上吊死了。这是党卫队干的，他们就是一群畜生。”他一边说，一边挥舞着他的勺子。

当隆翻译他的话时，姑娘们的情绪明显变得低沉了。

“嘿，别这么说话了，你看我们这些朋友这么迷人。”另一名士兵对厨师说，“你看看，你惹得她们不高兴了，冷静点儿。过几天这仗就打完了。”他转向妇女，对她们说：“你们很坚强，还特别漂亮。”

所有男人都同意。“非常勇敢。”一个人说。

“而且这么漂亮。”年轻的蓝眼睛士兵对梅娜说。

“他们都说我们很漂亮呢。”埃莱娜笑着说。

“而且还很坚强。”隆补充道。

听了这些话，姑娘们很高兴。即使在经历了这么些事情之后，她们仍然希望能以女人的身份被人欣赏。

天气好极了，太阳出来了，她们也吃饱了。这次邂逅让她们的士气高涨。埃莱娜首先站起来说：“我们非常感谢你们的热情款待，但我们不能留下来，我们得去找前线了。”

男人们很失望，但他们还是尊重埃莱娜的话。每个人都站起来正式告别，他们鞠了躬，祝她们好运。

“躲开党卫队！”厨师望着她们的背影喊道。

阳光明媚，沟渠碧绿，树木开始开花。她们赶路时，埃莱娜觉得她需要解释一下她离开士兵营地的决定。“梅娜，”她说，“我知道你不想走，但我们不能在那里过夜。那些人白天看起来不错，但谁知道他们晚上会不会动别的心思。”

“而且我们还有路要赶。”妮科尔也说道。

“好吧，我明白了，我们得离开那些人。但是，”梅娜叹了口气，“我觉得我们不应该在大白天赶路。这不成了轰炸机的活靶子了吗？”

“我同意，”雅基说，“我们找个地方休息吧。找个没人的地方，光晒晒太阳休息就好。”

又往前走了一段路，有一条好看的沟，沟里长满了黄色的蒲公英。埃莱娜和妮科尔都想继续走，她们觉得午饭后已经休息很长时间了。但最后，她们只好也跟着一起休息了。安静了一会儿后，埃莱娜问扎扎："嘿，你听到了吗？"

"大炮？"

"不，是鸟！"她俩都笑了。

九个姑娘舒服地躺在沟里。梅娜正给她们编蒲公英花环。她们在战争中离前线这么近的地方待着，肯定让人感觉特别奇怪。几辆马车经过，上面载着农民、伤兵和老人。大部分士兵都很年轻，而且很好奇，就叫了出来："你们好！"他们想知道一群法国姑娘是怎么在这儿的。当说起若塞的情况时，有几位又说："哦，有一个西班牙人？她是哪个？"

"还有两个荷兰人！"隆叫道。这种放松的玩笑让姑娘们微笑起来，鼻子里还充斥着清新的青草味。谁知道在前线能看见这么多"春天"？

然后埃莱娜和妮科尔站了起来，该继续前进了。她们肯定不能在沟里过夜，得加快步伐。

当她们准备出发时，一个老农赶着一辆装满土豆的马车过来和她们聊天，车上还坐着一个伤兵。这个兵看着很年轻，不超过 20 岁。姑娘们问他知不知道前线的情况，位置在哪里，要穿越过去难不难。他告诉她们说，前线现在在穆尔德（Mulde）河附近。

"估计他们不让你们过去，"那个兵说，"而我呢，我打算去下一个村子等着。"

当埃莱娜把他的建议翻译过来以后，姑娘们开始讨论起来。

扎扎只要留在一个地方就比较担心。她说，一般来说，德国人是有组织的人，而德国人中最有组织的是党卫队。如果她们不一直移动，那就是坐等着被抓起来送回集中营，甚至像厨师提起过的那些人一样直接被吊死。

妮科尔很不耐烦。她在巴黎解放仅仅九天前被驱逐了，她曾离自由那么近，结果她反而在地狱里度过了九个月。她可不会干等着被德国人抓回去。

埃莱娜、扎扎、津卡和若塞同意妮科尔的意见，认为她们应该继续前进。但其他人抱怨说，她们现在已经筋疲力尽。为什么不找个好地方躲起来，躺平等着战争结束？为什么还要冒着吃枪子儿的危险？

这种推理让妮科尔大为光火。她争辩说，如果要是她们停下来，她们“也有可能——不对，是更有可能——被党卫队枪毙，好让他们在最后一刻过一下虐待狂的瘾”。

那个兵听到她们用法语说话，就打断了她们。“拿着这些，”他用口音很重的法语说，同时扔给她们几个土豆，“当初我在法国的时候，人们对我很好。他们给我土豆吃。”

而且，他隐约猜到姑娘们正在吵着要不要穿越前线，他就说：“如果你们继续往这个方向走，我告诉你们，就能走到阿尔滕霍夫（Altenhof）。那里有一个连的士兵。你们应该到那儿去，向指挥官介绍自己。他会照顾你们的。”

他的话并没有解决姑娘们的争论。为什么一个德国军官会帮一群逃跑的女囚穿越前线？

她们在傍晚抵达了阿尔滕霍夫，和往常一样，七个姑娘在村边的一条沟里等着，而埃莱娜和隆去找那里的指挥官。

走过一座小桥后，她俩发现指挥官正在管着一群娃娃兵。娃娃们正在例行走队列，他们里面没有一个大于14岁的。指挥官是个年长的人，他用几乎是长辈的目光看着这群男孩。

“那你们是一群法国女人啰？”他有些轻佻地说。他会说一点儿法语，但埃莱娜只是坚持一点，说当晚需要一个地方睡觉，还希望允许她们明天穿过前线。

“就你自己？还是所有九个人？”他问。

“我们所有的人一起。”

“九个漂亮姑娘想冲锋陷阵？”他轻笑道。

“是的，我们只是想回家而已。”埃莱娜坚持说。

“你们自己也知道这是个疯狂的想法，对吧？两边都会开枪打你们。”

“我们愿意冒这个险。”埃莱娜向他保证。

他似乎觉得这种胆量令人着迷。他转身审视了一会儿他的那群娃娃兵，他们马马虎虎地在训练场上行进着。两个女人等待着他的回应。当他转过身来向她们讲话时，他笑了。

“如果你们为我做一件事，我就给你们想要的。一个简单的交易。”他说。他直直盯着埃莱娜，眨了眨眼睛。

他喊出了口令，男孩们朝她们站的地方走了过来。他又喊了几句口令，男孩们一起踏步立正。他大声地讲着话，脸上表情严肃。他问埃莱娜和隆是否愿意给他个面子，“视察”一下他的部队。

有那么一瞬间，两个女人以为她们会大笑起来，因为这很荒唐。虽然指挥官的神情严肃，但他眼中的微光告诉她们，他也知道这很荒唐。这就是他所说的“简单交易”吗？

她们当然愿意，她们严肃地说。

隆有一种冲动，想把男孩们的领子拉正，把衬衫扣好，把头发捋顺。他们又小，又凶，又太害怕。

虽然埃莱娜保持着勇敢的姿态，但她心里却担心这个指挥官除了这种装腔作势之外，还会想从她身上再得到点儿什么。

在桥的对面，另外七个人坐了下来，估摸着等了三四十分钟。当然了，没人有手表。最后，扎扎开口了：“她们花了这么长时间。”

“对，”妮科尔板着脸赞同道，“这比当初居居在德尔姆舒茨走丢时等的时间还要长。”

太阳很快就要落山了。她们感到一阵寒意。但是，由于害怕，她们定不下来该做什么。

最后，隆和埃莱娜一瘸一拐地回来了，她们筋疲力尽。

“我们有地方吃饭睡觉吗？”津卡问，还是非常实际。

“有。”隆回答。但两个姑娘看起来都很忧心。

“他们会让我们过去吗？”妮科尔问。

“这些事等会儿再说，现在我们得在大桥关闭前马上过桥。”隆含糊地回答。

其他七个人静静地服从了。当她们走近时，她们发现了一座优美的石桥，桥下是一组精致的桥拱，横跨一条小河。桥上有两个兵守着，至多 14 岁。男孩们在腰带上尽可能多地系着手榴弹，他们对姑娘们特别下流和咄咄逼人，似乎要用这种方式来弥补他们的青涩。在远处，姑娘们看到一群戴头盔的娃娃兵，头盔对他们的头来说太大了。他们正在训练使用铁拳，那正是她们在莱比锡工厂制造的武器。在观察这些操练时，姑娘们感到有点儿紧张，因为她们知道自己破坏了不少铁拳。在任何时候都可能有一个爆炸。

当我写到这些娃娃兵时，我正和一个邻居说话。他是奥地利人，年纪很大了，当过战地记者，是个著名的作家。全世界哪一场战争他都报道过，但他说自己只当过一次兵。他给我看了一本描述他战地记者生涯的书，上面有张照片，是一群穿着短裤的 13 岁男孩，双手高高举着，在向美军投降。

“这个是我，”他说，指着其中一个，“这就是我当兵的时候。”

“这么小啊。”我说。

“对。上头让我们用重型铁拳打坦克，但那东西我们基本举不起来。”

埃莱娜告诉守桥的娃娃兵，说指挥官正在等着她们吃晚饭，娃娃们不情愿地让她们过去了。但当她们刚过了桥，就有几个兵骑自行车赶上来，说指挥官要和她们谈谈，她们所有人都要去，就现在。于是她们返回头，在男孩们的注视下从桥上走了回去。

指挥官叫姑娘们站成一排，他好“检查她们”。她们已经学会辨认德国军服领子的细节，所以她们知道这个人不是党卫队。但是最后一次点名还记忆犹新，随后便牵出一串强忍着的点名记忆。他打量她们时，她们几乎忍不住颤抖和恶心。

他对埃莱娜和隆说:“所以打算渡过穆尔德河的就是你们这九个人？你们要一起过河的话，我还要收费。”

“收费？”埃莱娜问道。她看着他，试图让他觉得惭愧。

“我们的钱不多，但是有多少就给你多少。”隆提议。

他轻蔑地笑了。“我觉得我们能商量出一个更好的办法，”他迎着埃莱娜的目光说，“一笔不错的生意，我们各自都有对方需要的。”

两个姑娘转过身面对着另外几个人，她们看上去都非常低落。“我们现在就到谷仓去，他叫我们在那儿睡觉。那儿的人会帮我们煮土豆。”隆大声告诉其他人，就像命令一样地喊出来。

扎扎看着埃莱娜苍白的脸。“怎么了？”她小声问她的朋友。

“他不让我们过去，说我们要付钱。”埃莱娜恶心地吐出了这句话，“他要我付‘钱’。”

扎扎什么也没说，只是紧紧握住埃莱娜的手。

“我们走吧，这个事情等会儿再说。”埃莱娜说。

她们又过了一遍桥这回两个娃娃兵的目光充满好奇再往前走50米，骑自行车的兵们又赶上了她们，并说指挥官只想见“那两个女人”。

隆和埃莱娜又过了桥，这回她们被带到一间充作指挥官的办公室和住所的大房子里，在门厅里等着。她们挤坐在一张小凳上，一句话也不说，只是沉默地看着地板。这就和过去几年里，她们千百次地默默等待着命运的毒箭一样。埃莱娜的屁股又开始疼了。

一个人过来说指挥官希望“法国女人一个人到他房间去”。他用的那个词在德语里的意思比较模糊：stube，可以解释成办公室，也可以解释成卧室。埃莱娜抓住隆的手，点了点头，暗示她要隆和她一起去。于是她们一起进了屋。

她们看见一张矮桌子，上面摆着面包、奶酪、水果和酒，桌后面是一张长沙发。那指挥官背对着她们站着，没穿制服。他正在刮脸，身上是一件洁白的衬衫。他没注意到隆也跟着来了，开始用法语开玩笑一样地说话：“那么，你没什么可抱怨的了，对吧？我又不是大灰狼？”

“不，”隆用德语回答，“但是羊想快点儿回到羊群里去。”

指挥官吃了一惊，他转过身来对着两个姑娘。他的半边脸上还全是剃须泡沫。他们对视良久，之后指挥官突然一阵大笑：“啊！我以为我们已经互相理解了，我本以为你会大方地回报我的慷慨。”

“我们只是想穿越前线。”埃莱娜说。

“请随便来点儿我为你们准备的食物和饮料。”

“不，谢谢你，”隆说，“我们已经饿了很长一段时间，但我们现在唯一的愿望是赶快回家。”

指挥官一直盯着埃莱娜。他笑了一下，好像想缓和一下气氛：“也许我误会了。但我更愿意和那个法国女人单独谈谈。”

“我们是一个整体。我们一直在一起。无论你对她说什么，都可以在我在的时候说。”隆坚持说。

他盯着埃莱娜，而她也回瞪着他。一段漫长而紧张的沉默之后，他点了点头，叹了口气：“好吧，你们会有通行证的。”

“谢谢你。”隆说着，并尽量忍住不要笑。

“如果你想为我们做点儿什么……”埃莱娜补充道。她感到愤怒激起了她的勇气。

他对她的勇敢报以微笑：“你还想要什么？”

“有人陪我们尽量走到最后，尽可能靠近前线。这样你们的前锋就不会因故向我们开枪。”

“你们这些勇敢的傻瓜，但没关系。明天一早来这儿，我派人护送你们去穆尔德河。”他挥挥手，打发了她们。

隆和埃莱娜跟指挥官交涉时，其他人正坐在桥另一边一间咖啡馆外面的长凳上。梅娜和居居进去要了些水。梅娜渴了，但她一句德语也不会说。她每次试着学都会闹笑话，当居居教她一个德语词时，她都会把这个词变成听起来像法语的胡说八道。每次都会把大家逗笑，语言课也就作罢。

咖啡馆里的人要么在玩牌，要么在喝啤酒。他们好像对梅娜和居居的故事挺感兴趣。“每次听见法国话，我就想抽烟。”一个人一边说，一边给姑娘们递烟。

一个骑自行车的邮递员凑到坐在外面的姑娘们身边，问她们是谁，从哪儿来。她们回答后，邮递员说：“啥，还有个西班牙人？哪一个？啊她看起来一点儿也不像，她和你们法国姑娘一样漂亮。”

这种笨拙的调情惹火了她们，但他也向她们敬烟。居居和梅娜出来了，手里抱着一大堆面包和香肠，甚至还有些咖啡。咖啡算得上厚礼了，虽然她们没办法煮。

姑娘们开始担心起埃莱娜和隆来。扎扎告诉她们说，埃莱娜小声说过一句模棱两可的“报酬”。她们现在感到又焦虑又无助，还好有烟可以抽。现在没必要轮流抽一根了，她们每人点了一根。当初在集中营时，香烟一般是硬通货，用来额外买面包或者汤。除了那些非常有特权的以外，没人会真的抽它们。不过也有例外，若是谁已经被认定她要死了——或者是自己放弃，或者是被选中处决，那她就会抽她的最后一根烟。

天渐渐暗了下来，到处都是娃娃兵。镇上的人都蓄势待发，充满期待。很明显，战争就剩这么最后几天了。桥上的兵们不再看这些姑娘，现在她们七个人已经成了风景的一部分。相反，男孩们开始玩他们的手榴弹。姑娘们盼着那些手榴弹是假的，因为若是真的，它们随时都可能会爆炸。

当埃莱娜和隆重新出现，从桥上过来时，大家集体松了一口气。这俩人脸上带着满意的神情。

“指挥官怎么说？”津卡问埃莱娜。

“大好消息！现在我们不只是有通行证了，他明早还要派几个兵送我们过穆尔德河。”大家欢呼起来，问起许多问题。但隆又说：“不能在这儿解释，我们得快点儿到农场去，这地方离前线这么近，宵禁非常严格。”

从她们要过夜的农舍房间里能看到松林美景，但除此之外什么都没有，只有硬木地板上的一张桌子。她们不禁怀念起柔软的干草棚来，尽管干草又痒又扎人，而硬木板让她们回忆起监区的破高低床来。农场主很惊慌失措，虽然指挥官命令他们收容这几个姑娘，但他们没有吃的给她们。姑娘们把自己的土豆拿出来，农民们高兴地拿去做饭了。

农舍在一座山顶上。埃莱娜指着树林：“你们看到中间那里了吗，松树好像没那么密的那边？那就是穆尔德河。我们明天就要过那条河。

一旦到了对岸，就是欧洲解放区了。”

姑娘们什么都想知道。指挥官怎么说的？派什么人送她们过去？她们该怎么过河？

隆躺下了，她累坏了：“埃莱娜，你告诉她们吧。我太累了，现在脑子一片糨糊，法语都不会说了。”

于是埃莱娜向她们讲了她俩和指挥官见的第一面，还说了他提出的“简单交易”，埃莱娜当初担心这肯定没那么简单。“看来我没错。”她说。

“那你们俩第三次不得不去见他时，又发生了什么？”妮科尔问。

“他希望为通行证多要点儿‘报酬’。”埃莱娜讲了沙发、食物和指挥官刮脸的情形。她还说了隆是怎样勇敢地捍卫她的荣誉的。

虽然故事不错，而且有人送她们也很好，但现在又有了新的担忧了。可能是因为她们现在离目标这么近，反倒有些恐惧。她们开始讨论过穆尔德河的问题。该怎么过去呢？桥挨了炸弹，所以她们估计得乘船过河了。

“什么样的船？”雅基问，“我的意思是说，那船没问题吗？”

“哦，你想太多了。一条船，或者一个筏子，护送我们的人会安排的。”妮科尔不耐烦地回答。

“对，但穆尔德河好像是前线。当我们上了那条护卫给的筏子，划到河中央，那我们不就成了靶子了？”居居问道。

“是的，”隆平静地插话，“因为太危险，已经有好几天没人过河了，我们在河上就是靶子。”

“好吧，”妮科尔说，其他人的动摇让她有些沮丧，“那我们就在这里待着，等着。谁知道接下来会出什么事——要么孩子们的手榴弹炸了，要么他们手里的铁拳炸了。如果实在不行，我们干脆游泳游过这条穆尔德河！”

她的爆发让所有人都安静了一会儿。

埃莱娜开始制定策略：“要想不被人当成目标，不被人当成木筏上的靶子，最好的办法是尽量看着像是无辜的妇女。我们不要穿长裤，要穿我们的囚衣，哪怕是破破烂烂的也要穿。有头发的人把头发放下来，这样从远处就能看到。雅基，你必须把你的头巾摘掉。我们绝不能看着和士兵一个样。”

津卡问：“谁游泳游得好，哪怕是穿着衣服游？”

五个人举了手：妮科尔、埃莱娜、梅娜、隆和居居。她们都是游泳健将。而剩下的雅基、扎扎、津卡和若塞四个知道怎么游，但游不过河。

“好的，”津卡继续说，“你们五个要是自己有把握，那一人要照顾我们一个。”

“溺水的人都特别慌张，有时候她们乱扑腾，特别会游的人都能被带着淹死，”隆说，“我听说过这种事。”

“那我照顾的那个人最好能冷静点儿。”埃莱娜说。

“想要冷静，那干脆一拳打晕了算了，然后随随便便就能拖过河去。”

隆说。这话引得大家一阵大笑。

"我带扎扎吧，"妮科尔首先说。"她天生就文静。"

"我有一次差点儿淹死，"扎扎对她说，"我保证乖乖的，就像鸽子那么听话。"

"不，为了万无一失，我要把你打晕。"妮科尔笑着说。

农场主把土豆煮熟端了过来，姑娘们却没什么胃口。她们随便吃了几口，又留了一些当早餐，剩下的就让扎扎装到她袋子里做明天路上的口粮。

拾掇睡觉前，埃莱娜讲了一遍计划。她们明天一大早就要起床，然后走三公里到穆尔德河边。过了河之后，还有 15 公里才能到科尔迪茨，她们知道在那儿有美军。这些路在一天内就得走完，因为指挥官警告她们说在到科尔迪茨之前的最后几个村庄里和森林中还驻扎了一些德国兵。明天她们必须逼自己一把。这必须是她们"野营之旅"的最后一天。

第九章

—

最长的一天

The longest day

她们4月21日一大早就醒了，吃了几口凉土豆，但实际上大家都没什么胃口。她们又累又怕，爬起来准备启程，她们今天会找到美国兵吗？会结束这一切吗？她们赶紧去收拾行李，准备上路，比以往紧张的早上更着急忙慌了。“你能帮我拿着这个吗？”梅娜举起一小沓布，问居居，“我行李已经打包了，但忘了把这个放进去了。”

“行。不过你看见我的鞋没有？”居居说，“你们动不动就动我的东西。”她每天早上都一边找她的东西，一边说类似的话。最后总是发现其实是她自己乱放来着。

“如果你把你的东西收拾好……”若塞一边说，一边从屋子一角拎出居居的鞋。但她突然又不说了。她以前也试着教育过这一队人，却没奏效过。今天大家都兴奋得很，更不愿意听她啰唆什么“收拾整齐”之类的。“哦，圣子和圣母玛利亚哟，咱们直接上路吧。”她说道。

隆把捆背包的绳子弄丢了。“我知道，我知道我把它们放哪儿了。”扎扎说她可能已经打包了，她却嘴硬。

“今天肯定特别漫长，”妮科尔提醒大家，“咱们得早点儿走。”

她们还打算尽量看着淑女一些，所以就花了些功夫整理头发和衣服。但是这些打扮的法子看起来太寒酸了。她们连镜子也没有，只能各自问对方自己的形象。大家都在说谎，彼此还都知道。雅基的条纹裙子磨破了，像条破麻袋；扎扎想把她裙子的腰调整一下，但是各种麻烦的动作很快就让雅基不耐烦了！“算了，拉倒吧！”她吼道。

雅基想独自待一会儿，她出门走到大冷天里，抽她昨天珍藏的烟屁股。她也不知道，再走一天她能不能撑下来。她不是想发牢骚，但她肺里热得像火烧一样，嘴里和喉咙里也火辣辣的。她顶着两个黑眼圈，觉得自己好像发烧了。但哪怕是这样，她也暗地里咬牙，怎么也要过了那条破河。

其他人跑出谷仓，打算去向指挥官报到，去找她们的通行证和护卫。她们还得折回去走下山，走过那些娃娃兵面前，再过一次桥。在指挥所，一个年轻军官出来见她们。这就是指挥官说想要“单独见见那个法国女人”之前，通知隆和埃莱娜过去的那个人。隆记得他身上也有剃须膏的味道。现在她发现此人的卧室就在指挥官的旁边——怪不得当埃莱娜和指挥官一起的时候，他一再坚持要从她身上得到“某种回报”。

“你可别忘了，我们对你可还不错。”他朝隆眨眨眼，开腔了，“所以，作为回报，等你们到那边以后，对我们也好一点儿。别对他们说太多你们在这边看见的。”

埃莱娜和隆笑了笑，她们看见的只不过是一群娃娃装成军人的样子。

“我们感激不尽。”隆答道。

他递过来一张纸，上面写着：

“阿尔滕霍夫，1945 年 4 月 21 日。现已批准六个法国女人、两个荷兰女人、一个西班牙女人，由荷兰女人马德隆·费尔泰南带领，穿过前线向西返回她们的家乡。”

埃莱娜读了纸条，向周围的姑娘们翻译了一遍。当她读到最后，读到那句仙乐一样的“返回她们的家乡”时，她们长长舒了一口气。她们一直担惊受怕，现在终于能展颜微笑。“那就这样。”指挥官点点头，惜字如金。可能是临别时多少要有赠言，他又加了一句：“祝好运。”

护送她们的是个年轻的兵，推着一辆自行车。他一心想完成任务，一句也不愿意多聊，甚至对梅娜的调情都没兴趣。她们沿着陡坡向河边走，路上树林茂密，自行车把动不动就会别到树枝上。她们也不知道，这个兵为什么要把车子推上，到时候上山还要扛上去。但很明显，她们的保镖是个惊弓之鸟，树林里一有风吹草动，他就一惊一乍的。女人们担心他在送她们到河边之前，随时会调转回头，一路狂骑回镇里去。

“离他近点儿，”隆对居居说，“你跑得最快。假如他想跑，你就抓住他。”

“没错。”埃莱娜同意，“不到万不得已，我们都得让他一直跟着。”

“我跑得也快，”若塞自告奋勇地加入，“居居，到时候我帮你。”

正当她们提心吊胆地打趣时，扎扎环顾四周，发现森林非常广大。

若不是此时正惴惴于前路，她非常想在林子里溜达片刻。四处可以闻见清冷的松木香，苍穹因鸟鸣而显得更加寂静。“这林子可真美，”她欣快地说道，“就像童话里的一样。”

“啊，说得没错。你就装你的小红帽吧，现在这树林里可能到处都是德国鬼子，随时准备给我们来一枪。”雅基抢白了一句。

越到河边，山坡越陡，她们往前跋涉了三公里左右，已经能听到河流的咆哮，闻见河水的腥气了。终于，她们来到最后一个德军哨所，里面有两个闲得无聊的兵。看来通行证和护兵的口信管用了，守兵没精打采地耸耸肩，对姑娘们说，如果她们真这么打算，那就不妨下到河岸边，过河去。一听这话，那护兵马上转过身，以破纪录的速度爬上山跑了。“估计还没等我们过河，他就到阿尔滕霍夫了。”姑娘们看着他狂奔的背影，打趣道。

居居问两个守兵：“我们怎么过河，有没有渡船或者木筏之类的？”

两个兵笑起来：“你们上那座老桥看看有啥办法。”

姑娘们在河边看到了惊人的一幕，桥被炸断了，4 月份的穆尔德河发着大水，在礁石和炸烂的水泥桥墩周围激起阵阵湍流。河水流速特别快，船根本渡不过去，就更别说游过去了。

河边架了个临时渡口，颤颤巍巍的。在断桥这一头有一架摇摇晃晃的梯子。其实它是由几个梯子绑在一起，形成了一个摇摇欲坠、过度伸展的东西。长长的梯子直直地往下伸了 15 米，让人一看就头晕。梯子的底端插在湍急的河水里，一块混凝土在急流里露出一半，表面还疙疙瘩瘩的，她们得从梯子靠近水面的那一节跳到上面。她们跳到那上面以后，还要从一块巨石爬到另一块巨石上。这些“垫脚石”看上去就很滑，湿漉漉的，裹着泡沫。

就在河对面，断桥的另一半上也靠着一架小梯子，应该能用它爬上去。在穆尔德河急流的映衬下，那梯子看上去极其脆弱，好像随时都能被大水卷走。

姑娘们做好了挨枪子儿或者淹死的心理准备，昨天晚上她们整晚都在克服这些恐惧。但她们没想到会遇到这么大的困难。现在她们退了下来，考虑能从别的什么地方渡过河。

“要不然我们往下游走一段？”若塞建议道。

“所有的桥都给炸断了，”埃莱娜说，“没别的地方了。”在她们被恐惧战胜之前，必须要过河。

问题在于，她们每人都拿了个包裹。虽然不大，但是带着包裹就没法爬梯子。她们得把双手都解放出来。她们有的人还穿着木鞋，这时候正下着毛毛雨，所以每走一步都要滑一下。总之她们现在的情况根本没法耍这种“杂技”。

“我第一个上吧。”津卡站出来。

“不行，我在你前面，”妮科尔说，“你个子小，我得过去帮你。”妮科尔还进一步说，因为她比较会爬山，就要第一个过去。她把那口大锅和三脚架都扔了，还信心百倍地说：“今晚我们就能和美国人吃饭了，那些玩意儿就都没用了。”

当妮科尔往下爬的时候，她感觉到梯子被她的体重带着左摇右晃。她深吸一口气，赶走恐惧继续向下。在梯子最下面，她跳到那块混凝土上，等着津卡爬下来。但是梯子离混凝土太远，像津卡这样的小个子很难把握。她从梯子上跳了过来，但是脚下一滑，半只脚滑进了河里。其他人都倒吸了一口凉气，若塞惊叫出来。但妮科尔向前赶了一步，及时抓住了津卡，把她拉回到石头上来。

津卡全身都湿透了，她险些掉到河里，而她身上的东西都落水了。包括她女儿法兰西的一张照片，还有梅娜给法兰西的第一个生日做的玩具熊。眼看着她的包袱被河水冲走，津卡攥住了妮科尔的手。她全身都是河水，所以妮科尔看不到她的眼泪。

她们俩一块石头一块石头地爬过去，又小心地爬上另一边的梯子。津卡在河对面转身笑着朝姑娘们挥了挥手，表示一切顺利。

雅基和梅娜第二批过来。

“要是我们早上能喝点儿杜松子酒，或者吃点儿你的那个煮鸡蛋吐司就好了，”往桥上走时，雅基对梅娜说，“酒壮尽人胆。”

雅基怕自己在梯子上畏缩，不过她个子高，胳膊和腿都长，这在爬那架长长的梯子下去时比较有利。结果是梅娜在梯子上丢了一只木鞋，她于是把另一只也踢掉。“为啥？”“穿一只可没法走路，另外光脚爬梯子也容易些！”梅娜在咆哮的水声中这么朝雅基喊道。

到了河的另一边，梅娜从包裹里给雅基拿了几件干衣服。接下来是扎扎和埃莱娜过河，埃莱娜先过。过的时候，扎扎一直自言自语，给自己打气。她对埃莱娜说："这也没什么难的，一步步走稳就行。"

"集中注意力。"埃莱娜提醒她。

就在这时候，扎扎的一只脚滑了一下，重新抓稳后，她的大包袱掉了，里面都是昨晚剩下的土豆。包袱很快被河水冲走，扎扎惊叫出来："不！我怎么会把它弄掉了！"

"扎扎，集中注意力！别往河里看！"埃莱娜大喊出来。她的心猛地一紧，脑海里甚至能想象出扎扎掉下去的样子。

"我很抱歉，"扎扎哭喊着，"我把东西都弄丢了！"

"没关系，不算啥，别想了。小心点儿，慢慢爬下来就行。"

包袱里有扎扎所有的衣服，包括一件她在前一天晚上和今天早上等其他人准备时仔细收拾起来的毛衣。她更生气的是弄丢了那些土豆。"蠢货，我太蠢了！"她对着急流喊。在和埃莱娜爬过石头时，她一直重复说自己有多笨。她的双腿因为害怕而发抖，因为她差点儿出了意外。她才从梯子上爬下来半截。如果她掉下去，她的头就会撞到石头上，或者就淹死在河里。

过了河的姑娘们松了一口气，向她俩打招呼。但扎扎还在想着那些土豆。"我们吃什么啊？"她哭道。

"这是好事啊，"津卡安慰她，"前几天在路上时，每当我们没吃的了，就会有人过来给我们吃的。你把那些土豆和破布丢了是好事，这说明过一会儿我们就会有新衣服了，而且还能有比土豆更好的东西吃。”津卡忍着眼泪，她对自己说，丢掉法兰西的照片说明她马上就能见到她的孩子了。

若塞、居居和隆最后过来，其他姑娘帮着把她们拽到岸上。然后她们都躺在地上喘着气。虽说她们身上被河水和雨水淋得透湿，但她们终究渡过了穆尔德河。

“好了，”休息了五分钟后，埃莱娜说，“我们得继续走了，在这里淋雨只能更湿更冷。”

姑娘们走进森林，循着一条隐约的小道往西走。然后马上就碰上了个德国男孩，他说他的确见过美国兵，还说他们就在科尔迪茨。

“向那边走走就到了，也没人拦你们，”他说，“不过在高处要小心炮火，一旦你们听见呼啸声就马上卧倒隐蔽，要是能跳进沟里那最好。”

这消息鼓舞了她们，美国人真的在那儿，而且她们终于遇上个真的见过美国人的了。不过等她们走出深林，发现自己走在山顶上时，便又开始担心起男孩的警告。他说的呼啸声是啥样的？她们之前怎么没仔细问问呢？

一座山爬到半山腰，她们听见第一声呼啸。“只不过是风声而已。”妮科尔自信地说。她不想让大伙停下来。

但是第三声呼啸过去以后，她们就看见不远处腾起一股黑烟。她们赶快躲在一块石头后面，身体尽量贴着地面等着。一片静谧中，她们注意到春花从她们周围的地里探出头来。

呼啸声越来越密，听起来就像撕破绸子的声音，跟着的就是远方爆炸的轰响。轰鸣声像雷一样向她们滚滚而来。她们不清楚自己是不是被瞄准了，不过好像瞄的是远处什么地方。她们在那里趴了很久，静静地等着。

觉得安全了以后，她们以最快速度下山，想马上离开空旷的高处。周围的村庄都已经被抛弃了，她们经过的村落家家大门紧闭，看起来空无一人。她们猜想村民可能躲在地窖或者酒窖里，所以找不到人问路，也找不到人要吃的。现在她们的身上湿透了，走得筋疲力尽。但是为了鼓舞士气，津卡说："既然我们听见了炮响，那就是个好消息，说明这真是我们要找的前线。我还以为永远找不到呢。"

"好嘛，又来了，"雅基嘟囔道，"那我们干脆卖票让人来看呗。"

现在是下午时分，她们又累又饿，焦头烂额。在一个村里迎面撞见一个村长带着村民朝反方向逃去，他问她们怎么过穆尔德河，她们保证说能过去，虽说要冒些险。扎扎警告他们，小心别把东西掉到河里去。

这个人急着逃跑，没空和这群奇怪的法国女人费事闲聊。当她们问起有没有吃的时，他说："我现在没时间招待你们，你们去下个村子吧，那里有个人刚杀了头猪，他应该有吃的。"

当她们走到下个村子时，一个男人骑着自行车飞快地超过了她们。她们进了村，看见自行车斜靠在一间房子旁边，那个人肯定就在里面。

她们敲门，但没人应。于是隆、妮科尔和津卡合力用肩膀撞开了门。

她们冲进屋里，把那人吓了一跳。“这是私人住宅！”

“我们只是想找点儿吃的，”埃莱娜说。

“现在是下午三点，这个时间哪儿会有午饭？另外我们也没吃的。到下个村子去，那里有个旅馆，他们能给你们弄吃的。给你们这种人做饭是他们的活儿，跟我没关系。我又不开旅馆。”

隆打算和他吵，但被埃莱娜拉住了。“没必要跟他啰唆，”她说，“我们还是继续上路吧。”

天气又变差了，雨点打在她们脸上，大风吹得眼睛都睁不开。每走一步都困难重重。一向无所畏惧的埃莱娜也动摇了。她不知为何错过了一个转弯，最终发现她们走错了方向。她们不得不转身。每个人的眼中，不是泪水就是雨水。

“没关系，”扎扎说，试着鼓励她的朋友，“人都会犯错误，我刚才还丢了土豆。关键的是，你意识到了错误。”

“快省省吧，我的岁月静好小姐。你那些乐观主义可都拉倒吧，赶紧闭嘴，别再念叨那些土豆了，”雅基骂起来，“让我越听越饿。”

妮科尔朝雅基吼回去：“你怎么不闭嘴？”

居居对妮科尔说，她得理解雅基有多累，她有多难：“你一直拿鞭子抽着我们，抽着我们让我们快走。”

“要是我不催你们，那我们现在还在阿尔滕霍夫，等着你找到你那只鞋呢。”妮科尔生气地回答。

若塞为妮科尔辩护，说假如居居学着把她的东西收拾好，早上就不用耽搁那么久，她们现在可能就已经找到美国人了。

“是吗？行，那要是隆没和那个人吵架，他说不定就能笑着给我们吃的呢。”居居说。

“说不定，可能，万一，”梅娜尖叫起来，“在前线上就会挨炮轰，那万一津卡不想挨炮轰，大炮就轰不着我们了？！说不定也不用打仗，说不定我也不用在这泥坑里和你们在一起！”

大家都安静了，梅娜的尖叫吓住了她们。她们很担心梅娜会迅速失去理智。但她说的是真的。她指出她们现在是多么可笑。

“干脆算梅娜说得对吧，都是我的错，”津卡说，“但现在我们的确在前线上，现在没空吵架。”

大家点点头，同意了这话，继续丧气地沉默着走路。当初她们从武尔岑死亡行军到奥沙茨，然后她们就逃跑了。现在这个情况和当时那个长长的晚上一样糟糕。

她们在路边一个农场停了下来。因为下定决心今天一直赶路，她们就没去找吃的和住处，而是要了些鞋或者拖鞋。那些仍然穿木鞋的姑娘的脚都生疮流血了。梅娜刚才过河时把木鞋弄丢了，就一直光着脚走，现在泥巴裹在她脚上，就像靴子一样。隆也扔了她的木鞋，穿着一双南斯拉夫人给的大了好几号的男式靴子。她们疼痛的脚在大雨和泥泞中成了另一种折磨。要拖鞋是扎扎的主意，因为她就穿着莱比锡的波兰囚犯给她的那双拖鞋。但是农场里的农民摇着头，几乎不掩饰他们的恐惧和厌恶。没有，什么也不给她们。

她们走到了那座据说是有个好客旅馆的村子，据说那个旅馆老板的职责就是填饱旅人的肚子。的确有这么个旅馆，它的门大开着，但看上去已经被人遗弃了。姑娘们怀疑店主躲在地窖里，就大声跺着地面，高声谈话，希望能把人激出来。她们挨个柜子翻过去，希望能找到一小块面包什么的，但一无所获。20分钟后，她们听见店主从地窖里爬了出来。他叫姑娘们马上走，因为美国人早上已经来过了，他怕美军返回来，找到这些女人。实际上这个德国人吓坏了，他只要仔细想想就会反应过来，如果被美国人发现他正在给一群法国女人做饭，那反而对他是好事。

姑娘们要稍微休息一下，晾干衣服，否则就不走。男人嘴里全是抱怨，但和埃莱娜和隆商量好久之后，他终于答应带姑娘们去马棚，在那里，她们可以把湿透的外套脱下来晾晾干。

店主的老婆看着姑娘们冻得发抖，可怜起她们来，端来了热咖啡和牛奶，但不能让她们在此过夜。埃莱娜又提醒了一遍："我们说好了，遇见美国人以前要一直赶路。"

外套浸满了雨水，又重又凉。她们颤抖着又穿上了它们，继续上路。旅馆老板告诉她们说，在科尔迪茨能找到美国人，说不定在那之前一个叫普施维茨（Puschwitz）的村子就能遇见。普施维茨离得不太远，一眼就能望到。要是路上不耽搁的话，可能一两个小时就能走到，这又给了她们一些希望。雨小了下来，但风吹得更厉害了。“好事啊，风这么大，很快就把我们的外套吹干了。”扎扎这么说着，打算苦中作一下乐。

“上帝啊，扎扎，”雅基冲她喊道，“要是德国佬把你一条胳膊打断，你是不是要说‘好在我还有一条’？”这话一出口她就后悔了。她现在很冷，很累，很害怕，怕她撑不住到那儿了。

普施维茨没有美国兵，不过每家的窗户外面都插着白旗或者白床单。其实不只是窗户，只要是能插旗的地方都插着白旗。姑娘们走到村子里的咖啡馆门口。她们敲了敲门，没人来应，于是便使劲砸门进去。屋里只有个老太太，告诉她们说美国人还没来普施维茨，但他们的确是占领了科尔迪茨。

“但他们不让人出入，你们进不去的。连当妈的出来给孩子弄牛奶都不让。有几个人走到科尔迪茨门口，就让美国人赶出来了。”老太太说。

老太太倒是挺乐意向她们指出穿过树林去往科尔迪茨的路，但她一点儿吃的也拿不出来，因为连她自己都没吃的。

她们走出普施维茨，遇到一个老头子。他给姑娘们指了同一条路，同时又用色眯眯的双眼盯着她们。“要是你们没地方睡觉，就到我那儿去，跟我走吧。”老头咧嘴一笑，指着路边一座破木屋说，他的床上能睡好几个人。“一次能睡三四个，”他淫笑着，眨眨眼睛，舔舔嘴唇，“我们互相暖和，一直到打完仗。”

过了十几分钟，雅基还是骂不绝口："好吧，遇事要看好的部分，这是扎扎你最擅长的。要是你撑不下去了，那我在普施维茨认识个人特别愿意暖和暖和你。"扎扎笑了起来，大家也笑了起来。她们之间的紧张气氛飞走了。

她们走进了另一片高大美丽的松树林。能躲开狂吼的大风，是一种可喜的解脱。地上铺满了松针，这个地方有一种大教堂的神圣感。若是在另一个场合，她们可能会喜欢这片树林，但现在她们很担心。假如她们惊动了一个兵，向她们开枪怎么办？在大平原上，害怕炮弹的呼啸是一回事。现在是在森林里，就在几米之外可能藏着任何东西。

突然她们听见右边一颗子弹飞过，她们马上卧倒在地，躲在树后面。梅娜在那个挂白旗的村子偷了条白色餐巾，津卡撕了几条布条把它绑在树枝上，她们便开始拼命摇晃这面白旗。一边摇晃一边紧张地咯咯笑着。摇了一阵子，她们爬起身来。梅娜和津卡鼓起勇气走在前面，摇着白旗；队伍最后是隆，她原先的白色外套现在灰扑扑的，但她还是把它绑在一根长树枝上。"谁能知道他们在我们前面还是后面？"她说。

她们排成一列，一个跟着一个。她们决定唱歌，好让人知道她们不是军人，而是陷在前线的平民妇女。她们唱着《扬基歌》（*Yankee Doodle*）和《漫漫长路到蒂珀雷里》（*It's a Long Way to Tipperary*），她们只会这两首。

枪声还在响，但她们随即意识到枪声实际上是远处传来的，在她们右侧很远的地方正在激烈交火。子弹咻咻地飞着，她们不停地唱着，挥舞着白旗。这场面让她们感到一阵荒唐，但她们还是笑着，努力地装出一点儿也不怕的样子。

林间小径通向一条大路，层叠绿茵之后豁然开朗，她们看见泥地上全是轮胎印。雨停了，从云彩后面射出一点点阳光，照到大路上。隆、雅基和梅娜瘫在路边，盼着这点儿阳光能晒热她们。“我们得歇一会儿。”隆坚持说。

“我们现在还不能停下。”妮科尔急切地说。

“你们先走，”雅基挥了挥手，她喘得厉害，几乎喘不上气来，“我们会跟上的。”

“不行，”埃莱娜说，“我们说好的，要走一块儿走。快起来，我们继续上路。”

“让我先把气喘匀了吧。”雅基说，同时拼命地呼吸着。

“就五分钟。”隆说。大家也迟疑地点点头。雅基显然走不动了，若塞也坐倒在地，她把木鞋脱下来，人人都看见了她流血的脚。

埃莱娜的屁股也一阵一阵地疼起来：“行，那就五分钟。”

她们静静地坐着，上下打量着大路。寂静中，她们听见四周昆虫和野兽的声音。阳光普照大地，泥土和森林的味道蒸腾了起来。五分钟还没到，她们又听到了另一个声音：远处传来了发动机声，说明有车驶来。一辆前面架着机枪的军车正朝她们开过来。

埃莱娜和妮科尔跳起来，大家都慌了，姑娘们七嘴八舌地叫起来。

“我们怎么办？”

“现在谁还能有车有油？”

“德国人，撤退的党卫队？”

“也可能是美国人？”

“不会是一般的德国人，他们可没有油。肯定是党卫队！”

“厨师说党卫队见人就杀。”

“我们赶紧回到树林里躲起来！”

“我动不了了。”

“快起来！”

“起不来！”

然后就太迟了。

每个人都想着，面前来了一辆德国车，马上就会把她们都打倒。就在这个地方，就在这个离美国人这么近的地方。

然后埃莱娜突然叫起来：“快看车牌照，快看——那是黄色的！”所有的德国车牌都是白色的。

又过了几秒，车停在她们身边。两个坐在吉普车前排的美国兵指着她们的白旗哈哈大笑。

姑娘们开始说话，但她们一时忘了换成英语。她们说了好一阵子德语，直到若塞低声说了一句才反应过来：“他们以为我们是德国人，会把我们当成敌人的。”

她们歇了几口气，隆和居居终于记起来英语怎么说。“我们是从德国战俘营跑出来的！”隆说。她们简单地向美国兵讲了她们的故事，讲她们是怎么朝着前线走了好几天的。

一个美国兵摸出来一包新骆驼烟，用牙咬开了包装问道：“来根烟吧？”

第十章

重返人间

美军跨过科尔迪茨桥，1945 年 4 月 12 日｜图片来源：美军士兵拍摄

一座千年古堡俯瞰着科尔迪茨，它坐落于穆尔德河畔 250 英尺高的悬崖上，外墙足有七英尺厚。城堡被纳粹改为了战俘营，专门关押那些屡次越狱的高级盟军战俘。美国人 4 月份拿下了城堡，把自己的司令部设在里面。城堡下的城镇里停满了军车，到处都是美国兵。他们嚼着口香糖，抽着骆驼烟，啃着巧克力，人高声音更高。姑娘们直接被带到城堡院子里，美军指挥官在那里接见她们。指挥官被她们的故事打动了，他命令三个美国兵去找德国人征用一所房子。

“给女士们找间好房子，艾布拉姆斯（Abrams）上尉。”他一边下令，一边笑着向埃莱娜点头。她光凭语言水平就打动了他。

姑娘们跟着艾布拉姆斯上尉和另两个兵走到镇中心，一离开指挥部，士兵们就忙着自我介绍，急着问每个姑娘的名字。他们三人的名字是典型美式的：哈里（Harry）、雷吉（Reggie）和艾拉（Ira）。“艾拉·艾布拉姆斯。”上尉说，伸出手来和埃莱娜握手。

艾拉和埃莱娜走在前面，一言不发。但其他姑娘与哈里和雷吉轻松地谈笑着。两个兵能跟不是敌人的年轻姑娘说话，感觉特别高兴；姑娘们也一样，尽管她们经历了一天的冒险，已经开始觉得累了。

艾拉指着一座雄伟的三层楼说："这一座看着不错，请在这里等一下，女士们。"

士兵们砸了几下门，就直接闯进去了。他们在楼里时，姑娘们就在外面的路边上等。其他路过的士兵都向她们挥手微笑。也有几个问出她们是法国人，就努力和她们攀谈。"你好！"他们用特别重的美国口音说着法语。每个人都争着给她们递烟递口香糖，有个兵有本英法会话手册，他吃力地翻手册上的词拼成句子跟若塞搭话，直到埃莱娜用纯正的英语说："请问你想和她说什么？"

"哦，拜托！"他微笑着，"请帮我问问，求求你了。问问她愿不愿意当我女朋友。"

"不，她不会的。"埃莱娜严肃地回道。

"哦，行行好吧，求求你，只要告诉我她的名字。"

埃莱娜欣喜地看见艾拉回来了。他背后跟着一对提着箱子的德国夫妇。他们看上去晕头转向，男的努力地把说话声音放平稳，但他显然非常生气，脸都涨红了。女的一直在抽泣，在乞求，她两手绝望地拽着艾拉的外套。

"他们说什么呢？"哈里问埃莱娜。

"他们说他们没地方去了。"埃莱娜说。姑娘们饶有兴趣地观赏着这一幕德国有钱人乞求放过他们房子的滑稽戏。

“哈，那你们呢？”艾拉问埃莱娜，“你们有地方去吗？”

埃莱娜看着他，看见他眼里似乎有火在烧。“这里，”她说，“我们正打算去这里。”

“那就进去吧。”他朝门点点头，“这就是你们的新家，让他们自己想办法去。装着像无家可归一样，还以为我什么都不知道。”

埃莱娜能看出来他原本想再说些什么，但是忍住了。她点点头，脑子里想着这名上尉以及其他的美国兵到底“都知道点儿什么”。

“来，我们进去吧。”她对大家说。

“别忘了锁门。”艾拉说了一句，就离开了。

埃莱娜转身关上门。姑娘们面面相觑，她们都惊呆了。她们在房里四处参观，屋里有架钢琴，书架上全是书。有雕花地毯，精美的台灯，椅子上还有厚厚的坐垫。这里给她们的感觉就像是舞台布景，就像虚构出来的一样。就在她们九个一直身陷囹圄的时候，普通人就在这些墙后面过着普通的生活。她们爬上楼梯，妮科尔打开一个衣柜。看见里面挂满的衣服，若塞当场就哭了出来。她们把里面的大衣、短裙、连衣裙什么的都拿出来，一件件铺在床上。梅娜挨个儿看过去，口中说道：“这件埃莱娜穿最好，这件绿的最配妮科尔的眼睛……”

津卡发现一间铺满瓷砖的大浴室，她和居居马上就跑过去往浴缸里注水，还互相泼水玩。浴室里有香喷喷的香皂，每人都轮流洗了澡，然后换上了干净衣服。她们把之前穿的破布扔到一边，发誓要烧掉它们。

“我们能用这些给你旺旺地生堆篝火，梅娜。”若塞向她许愿。

“我想把我的大衣留下。”梅娜说。她把大衣从衣服堆里扒拉出来，抱在怀里。

她们四下转了一圈，却发现厨房里没吃的。过了几个小时士兵们回来时，她们很高兴。“我们觉得你们可能想吃点儿东西，你们饿不饿？”

埃莱娜翻译过来以后，姑娘们都笑了，又是这个问题。军用食堂设在镇上一家饭馆里，士兵们送她们过去。食堂的人给她们端上热饭，给的比她们能吃下去的多得多。姑娘们有心理阴影了，她们根本不敢剩饭。

她们认识的那三个兵去找来了他们的战友，片刻姑娘们周围就围满了美国兵，接连不断地用问题轰炸她们。艾拉和埃莱娜交换了个眼神，发现她压力很大。“都散了吧，给她们点儿空间。”艾拉命令道。

“我们非常累了。”埃莱娜道，向艾拉道谢。这长长的一天的确把她们累坏了，埃莱娜请艾拉和另外两个兵送她们回新家去。当夜三个美国兵答应在她们门外站岗，九个姑娘一起睡在一张软软的大床上。

现在已很难查清当时在科尔迪茨的美国兵对于姑娘们都经历了什么的了解程度到底有多深。截至 1945 年春，多支美军部队解放了多所集中营。随着他们在德国境内推进，美军士兵沿路可见死亡行军途中倒毙的囚犯。

人们对纳粹杀戮规模的认识在不断加深。大约在 1944 年 7 月，苏联解放了第一所集中营：波兰卢布林附近的马伊达内克集中营。但直到苏军在 1945 年 1 月解放奥斯维辛后，系统性杀戮的规模才为人所知。虽然奥斯维辛集中营已经基本清空，苏联人还是找到了约 6000 名骨瘦如柴的囚犯和大量的种族灭绝证据：80 多万件女式外套，以及 14 000 磅人发。

在往科尔迪茨的路上找到姑娘们的两个美国兵隶属于第二步兵师，他们在诺曼底的奥马哈海滩登陆，一路打到比利时。他们在突出部战役中顽强地守住了阵地，挫败了德军夺回比利时的企图。4 月份他们揭露了莱比锡 – 特克拉大屠杀的真相，就像英军在卑尔根－贝尔森集中营做的一样，他们用枪指着党卫队守卫，命令他们挖好墓穴掩埋死者。美国军方命令莱比锡市长提供棺材，为棺材献上花圈，还要派工人来挖掘坟墓。100 个莱比锡的头面人物被命令参加葬礼。

哪怕是经历了诺曼底登陆和突出部战役的硬汉也被集中营里的景象惊呆了。美国第七军于 4 月 29 日解放了达豪集中营，后来威廉 · W. 奎因（William W.Quinn）上校在回忆录中写道："在那里，我们的部队发现了令人难以置信的景象、声音和恶臭，那是常人无法理解的野蛮暴行。"[1]

在集中营里，他们发现了堆积如山的尸体，有的囚犯根本走不动路，有的只能用四肢爬行。在布痕瓦尔德集中营，有个人因为手指的微小动作才被救出来。当时他和一车尸体堆在一起，就要被投进乱葬坑，是一个美国兵发现了他的手指在微微地动。

士兵们对着这鸦雀无声的场面瞠目结舌，虽然他们四周到处是垂死的人，有几千名之多，但是却没有一点儿声音。他们如是形容道，越往营地深处走，越靠近那些黑色的营房，带着死亡气息的腐臭味就越浓烈。大部分囚犯不是半裸，就是全裸，看着和骷髅没什么两样。每个人的动作都极其缓慢，好像彻底呆住了，就像游魂一样。士兵们最常用来描述他们所目睹的一切的词便是“难以置信”。

囚犯们哭着拥抱士兵们，吻他们，抽泣着小声感谢他们。士兵们拿出了所有的食物，但因为囚犯的消化系统已经无法消化丰盛的饭菜，很多人反而在吃东西时死了。囚犯们都有虱子和斑疹伤寒，一天会因此死几千人。军医不得不重新给他们理发，给他们洗澡。然而这又一次地重创了他们，让他们回想起德国人的“理发”和“洗澡”。解放以后，曾经的囚犯还会想尽办法偷藏食物，护士往往会在他们枕头底下发现藏起来的面包。

许多囚犯在获得解放后没过几天就死了，仅在卑尔根－贝尔森就有约 15 000 人。有些人硬撑到解放，然后就耗尽了所有生命力。据报道，有的家庭火速赶往野战医院，也只来得及与幸存者道个别。

后勤工作令人望而生畏。伤寒大流行意味着以前的囚犯全要被隔离治疗，而且启动遣返归国这一巨大的行政任务也要马上列入日程。此外，盟国意识到了德国反人类罪行的巨大规模，就需要收集证据，逮捕逃跑的党卫队士兵将其送上法庭。而这一切都发生在战争仍在进行的时候。

扎扎的记录至 4 月 21 日美军在科尔迪茨路边发现她们为止。她在最后一句中宣布她们是“九个不想死，拼尽一切返回人间的姑娘”。[2] 但返回人间比这些姑娘想象的要复杂得多。

她们在科尔迪茨那间征用的大房子里待了一周，平时就去美军食堂吃饭，帮美国兵洗衣服。埃莱娜告诉我，美国兵经常去看望她们，她都觉得有点儿超过了必要的限度，而且基本上每次去都要带瓶香槟。他们什么都有，要多少有多少。每当美国人来时，她和扎扎就躲在楼上。我的舅祖母对得体和适宜的要求非常严格，而且我觉得喜欢士兵关注和不喜欢士兵关注的姑娘们的态度是不同的。比如说，隆终其一生都非常敬佩那些穿制服抽烟的美国人，这自然是在纪念她们的解放者。她受到美国兵的保护，深深感激他们。

姑娘们了解到红十字会组织了一趟火车，送被驱逐的难民回巴黎。她们得再等几周，火车才能准备好。而且，若她们想搭那列车，就要搬到格里马附近的红十字会营地去。

与此同时，在 1945 年 4 月的最后几天里，纳粹对拉文斯布吕克的控制正在瓦解。这座集中营的历史记录在战后大多散佚，它们被遮挡在了铁幕后面。4 月 21 日那天，就在九个姑娘渡过穆尔德河时，集中营开始解放。希姆莱向瑞典红十字会的福尔克·贝纳多特（Forke Bernadotte）

传递了消息，说他决定释放拉文斯布吕克剩余的女囚。

贝纳多特是个瑞典外交官，是瑞典红十字会的副主席，还是瑞典国王古斯塔夫五世的侄子。他曾同德国人谈判释放了多座集中营中的囚犯。一开始只是释放斯堪的纳维亚籍的犯人，然后范围渐渐扩大了。在战争的最后几个月，即1945年3月到5月间展开了最引人注目的救援行动，后来被称为“白色巴士”行动[3]①。救援是一场庞大的后勤行动，涉及约300名工作人员、一个20人的医疗队，医院巴士、卡车、客车、摩托车、野战厨房，以及整个行程所需的全部用品，包括食品和汽油，这些在德国都无法获得。

但是巴士一次只能运送大约1000名囚犯。当希姆莱告诉贝纳多特，他可以带走拉文斯布吕克的所有大约15 000名妇女时，人们赶忙把大客车集中起来，尽快开往拉文斯布吕克。

希姆莱走投无路了。他最后的救命稻草是，他可以背着希特勒与盟国单独媾和。通过排除苏联，他希望能在某些西方国家长期持有的偏见，即共产主义比法西斯主义更危险上做文章。他要求贝纳多特把消息传递给瑞典政府，再转达给美国将军德怀特·艾森豪威尔。希姆

① 在“白色巴士”行动中获救的人员数字差异很大：有说法称多达30 000人获救，但瑞典红十字会自己在2000年发表的一份报告中估计有15 000人。

莱还要求不要让新闻界知道释放囚犯的事，因为当时希特勒已是个偏执的孤家寡人，若他听说了这些事，必然会从中作梗。

当希姆莱的命令传到拉文斯布吕克集中营指挥官弗里茨·祖伦（Fritz Suhren）手里时，一开始他还打算抗命。哪怕是苏军快速向集中营开来的时候，祖伦仍在执行希特勒早先的命令，即把囚犯留在集中营里，在敌军接近时把他们全部清理掉。[4] 哪怕自己马上就要覆灭，祖伦仍在继续系统地毒杀和处决囚犯。

与此同时，营地的党卫队正在忙着收拾：他们焚烧尸体，烧毁所有的营地记录，清理营区，清除尸堆，继续处决病人和那些标有 NN（“夜与雾”）的囚犯。

瑞典红十字会设法从拉文斯布吕克营救了 7000 余名女囚，但盟军不保证瑞典红十字会穿过战区时的安全。两辆车挨了轰炸，约 25 名囚犯和一个司机罹难。在最后一趟车上，试图在巴士上抢座位的女囚几乎引发了骚乱。

即使是红十字会在成车成车地向外抢救囚犯，祖伦仍然在下令屠杀，通过行刑队、毒药，或是简易的毒气室。

剩下的党卫队士兵把库房里的金银细软一扫而光，那些都是历年来从刚抵达集中营的囚犯身上搜刮来的。在 4 月最后的几天里，他们大包小包地装满了车，换上平民衣服，然后一哄而散。把几千重病的囚犯扔在身后等死。

4 月 30 日，第一个苏军士兵走进了拉文斯布吕克，然后是一支红军的挺进队伍。

妇女们流着泪跪着迎接解放者，上校米哈伊尔·斯达汉诺夫（Mikhail Stakhanov）是这样描述他开坦克抵达时的情景的：

> 我们的坦克碾过铁丝网，撞开营门，然后就停住了。坦克四周围满了人，妇女们爬到我们车下面，或者拥在车顶上，根本没法往前开。她们看起来吓人极了，十分憔悴，骨瘦如柴，没有一点人类的样子。那里有 3000 个病人，病得极重。我们完全没办法带走她们，因为她们身体太虚弱了。[5]

一些回到法国的政治犯报告说，她们被问到的第一个问题一般是她们有没有被强奸过。如果没有，她们甚至会觉得内疚，仿佛她们没有真正受到伤害一样。马塞利娜·洛里当 – 伊文斯（Marceline Loridan-Ivens）报告说，当她从奥斯维辛集中营回来时，她母亲第一件事是小声问她是不是还纯洁，还能不能结婚。“她根本不明白。我们在那里不是女人，也不是男人。我们是肮脏的犹太人，是东西，是臭烘烘的牲口。他们让我们脱衣服只是为了决定什么时候杀我们。”[6]

也许我们需要思考我们给苦难划分等级的倾向，尤其是当这些等级是建立在女性纯洁性的概念上时。若是更理智地加以考虑，人们就会承认，妇女在战争中被迫承担的远比人们通常承认的要多。

《柏林的女人》一书中的叙述者讽刺地回忆道，在战争期间，当男人们休假回到柏林时，女人们会对他们特别大惊小怪，哪怕这个兵驻扎在巴黎或某个相对安全的地方。但同时，回家的妇女“忙得团团乱转”，要努力找吃的，找水，养活孩子。没有人提及她们的辛苦。她还指出，男人可以大肆吹嘘他们的战争故事，但女人“必须礼貌地保持沉默，我们每个人都必须表现得好像只有自己单独幸免于难了一样。否则就没人会再想碰我们了”。[7]

战争进行得相当快。4 月 28 日，墨索里尼被意大利游击队抓住处决了，4 月 30 日希特勒自杀。九位姑娘很快就会知道这些新闻。

5 月 1 日她们搬到了格里马的红十字会营地，那里离科尔迪茨 15 公里远。隔壁就是美军军营，姑娘们却被带到难民、获释囚犯和流浪者住的营地。难民营里又脏又荒凉，挤满了憔悴虚弱的活死人。警卫和栅栏团团围住他们，这种震惊和失望特别可怕。一到那里，一个她们以前认识的叫莱恩（Line）的女人就迎了上来。她们在莱比锡和莱恩共度了九个月，但现在，仅仅几个星期之后，她就完全变了。她长胖了，剪了头发，看起来像个男人，这样就能隐藏身份行动。她现在扮演着一个严厉的管理者的角色，基本上和当初德国人对待她们的方式一样。她吼着让她们在表格里填上她们的名字和号码，她们也拿到了配给卡。营地告诉她们说饭菜很好，但她们发现，这里的饭与过去一周在科尔迪茨享受的美国菜相比要差得太多了。[8]

她们被带到一个又大又黑的房间，里面摆满了奇怪的家具，屋子一头的地板上堆着一堆干草。屋里有一张圆桌，一张台球桌，还有一架钢琴。如果能赶快回家的话，她们倒不在乎睡在地板上的稻草里。但她们在乎的是，她们实际上又成了囚犯。

她们有些绝望，就在院子里溜达，打量她们的新环境。天气不错，有人在拉手风琴，但琴声却像是寂寞的喘息声，只让她们感到更加沮丧。当初科尔迪茨有个兵曾在她们那栋被征用的房子里弹过钢琴，其他士兵也吹着口琴弹着吉他加入。听了若塞的歌声后，一个年轻士兵拿来一台留声机，为她播放美国歌。她们的房子里夜夜充满了欢乐的音乐。而在这里，孤独的手风琴听起来简直像是一首哀歌。

格里马难民营的氛围和莱比锡集中营一样暗淡无光。这里面住着的大多是男人：波兰人、苏联人和一些法国人。在集中营里待了几年后，这些人目光呆滞，脸上毫无表情。他们中的许多人都快疯了，朝这些女人做下流手势，骂难听的话。姑娘们遇到的那些女人也很麻烦，甚至让她们怀疑自己是不是和这些人一样，已经都变成了粗鲁绝望死气沉沉的人？她们回到了自己的房间。若塞、居居、隆和梅娜极度悲伤地上床睡了。若塞睡觉时哭了，而居居试着安慰她。

津卡、埃莱娜和雅基坐在入口的台阶上，望着身处其中的营地，心里万分沮丧。埃莱娜和雅基讨论着怎样改变当前的状况。若她们能在管理层找到个工作，那多少能有些权力。她们过去自由了几个星期，现在决定不能再被动等待。津卡猜她应该能找到一份差事，因为她曾接受过护士训练。至少那些人应该会觉得她有用。

妮科尔和扎扎与美国卫兵聊了一个多小时的天，只是因为说英语有些乐趣，而且聊天对象是一个健康又乐观的人，而不是一群绝望的难民。

半夜，一群人撬开门锁冲了进来。她们已经经历了这么多事，再也忍受不住这些了。埃莱娜和津卡俩人终于把积攒了好久的怒气和委屈全部发泄了出来。她们一个用俄语，一个用法语，拣最难听的词臭骂那群人，直到他们羞愧地溜走为止。

第二天早上，妮科尔出去弄早餐。她带回来一些不新鲜又难吃的黑面包，扔到睡着的姑娘们身上，苦涩地说："谁想吃早餐？来看看他们给的是什么东西。"她们吃惯了科尔迪茨的丰盛早餐，那时每顿都有鸡蛋、新鲜面包和果酱。那几天早饭后她们都能懒洋洋地坐着聊天，聊着夜里来找她们玩的士兵，还有昨晚上做的梦。

几个在科尔迪茨认识的美国兵在这间奇怪的屋里找到了她们，她们能看出美国人脸上明摆着的惊愕。这是最后一根稻草，姑娘们又开始计划逃跑。有一个兵说了一句："我们每天凌晨 3 点到 8 点站岗。"

"那么我们就在那时候走。"隆说。

"我们去哪儿呢？"居居说。

"无所谓！我们上次走之前不是也不知道往哪儿走吗？"但是上次

她们终究有个目标，要找到美国人。这次她们打算去哪儿，莫非一路走回巴黎去？

一个小时后，雅基带着另一个美国兵回来了。他答应会在那天晚上带些好吃好喝的来，说不定还要带些他的朋友。

“但我们跑之前得好好休息，”扎扎有些恼火，“今晚不能再玩儿了。”

“跑？”雅基笑了起来，“跑到哪儿去？”

雅基告诉她们，说她刚做了个检查。就在她们刚到科尔迪茨不久，她就被送去了战地医院。军医查出了她的白喉，给她用了解毒剂和抗生素。现在休息了一周，她已经感觉好多了。简直没法想象，她差点儿就放弃了。现在她来告诉大家，她检查的结果还不错。“我扎了好几针，”她笑着说，“我马上就能全好了。”

她还带来些消息。这个红十字会营地的头头儿，纽曼医生，原先是巴黎一家美国医院里的。“他的助手，”她说，“是个又胖又蠢的小白痴，连一句英语也不会说。助手没用，活儿都压在医生头上。他现在急需我们去帮他。”

“我们能发挥作用，”埃莱娜点点头，她和雅基昨晚商量了一夜，“隆你觉得呢，我们要不要和头头儿去试着谈谈？”

埃莱娜知道隆更想跑。她觉得在路上旅行最舒服，因为她在旅途中更得心应手。但埃莱娜也知道，再跑也没什么意义。首先她们肯定不会被允许随便乱跑，而且，哪怕雅基打了疫苗，她们这群人也没法一路坚持走到巴黎。埃莱娜看过地图，发现哪怕她们九天里把自己逼到了极限，其实一直在路上绕弯子。所以她打算劝劝隆。

于是这个下午埃莱娜和隆离开了营地。虽然严禁出营地，但她俩发挥了自己所会的五种语言，一路说服了警卫。两个小时后，她们坐着纽曼大夫的车回来了。

她们去见了这一片的军管主任戴（Day）上尉。“那人挺好的。”隆说。她显然对自己很满意，也很高兴能给姑娘们带来个重要点儿的消息。“他说好在两天内给我们找个好房子。”

“不过我们得住在难民营外面，这样就没人守卫了，我们得像普通老百姓一样过日子了。”埃莱娜说。她本想说她们最好别一直请男人们来玩，但还是忍住了。

“我们要的就是这个！”妮科尔叫出来，“我再不想让人守着了！”

“我们能照顾好自己。”津卡非常同意。

“我们跟上尉谈话时，纽曼医生来了，”埃莱娜继续说，“上尉对医生说：‘这两个人是从你的难民营跑出来的。’”

隆插话进来。“然后大夫说：‘哈，那我得罚你们，我罚你们吃巧克力。’”

姑娘们都笑了，因为美国人给她们的食物一直不错，经常有巧克力。美国人在这一点上还是很好的。

埃莱娜说纽曼医生问她们九个人都会干什么。“我们对他说，居居、隆和我能翻译五种语言，津卡是个优秀的护士，妮科尔和扎扎都懂英语，而且打字很熟练。”

“我们还说我们有好几个人都会开车。”隆说。

纽曼医生非常高兴，说希望姑娘们能帮他的忙。她们可以住在营地外面，每天早上六点来营地办公室上班。戴上尉还签发了通行证，好让她们能自由行动。埃莱娜还说了那通行证是什么样子：“就是张有他签名和日期的纸条，写着‘请放这个姑娘出门’，非常容易造假。”

于是她们决定先不跑，先看看情况再说。

当天晚上还是有六个美国兵去找她们玩儿，都是第69步兵师的。雅基、梅娜和其他几个姑娘开心地谈笑着，但扎扎却有些厌烦这些拜访了。她觉得这些兵不像当初认识的那几个第二步兵师的人那样绅士，这群美国兵显然以为“法国姑娘”都是随便的人。她可不喜欢被贴上这种标签。

接下来的几天都很冷，天灰蒙蒙的。伙食还是千篇一律的大米燕麦汤。她们原以为情况在隆和埃莱娜见了上尉以后能改变少许，但是日子基本上还是没什么变化。她们整天闲坐在办公室里等着被派点儿什么差事，顺便应付来闲逛的士兵。她们从另一间办公室里搬来几把椅子，又拿了几个锡碗当凳子坐。

当天晚上又有一群吵吵嚷嚷的美国兵来找她们，但是其中一个很快发现情况不对劲。“她们的确是法国人，但不是那种人。”他醉醺醺地和他的哥们儿讲，然后他们一哄而散。

埃莱娜终于被这种持续的骚扰弄得没了脾气，她对隆说：“有什么办法让他们知道我们不想和他们睡觉？干脆告诉他们我们喜欢女的吧？”

“我试了，”隆说，“但我不知道用英语怎么说。”

5 月 6 日一早，埃莱娜得知戴上尉叫她过去。其他姑娘便围坐在桌边吃饭抽烟，顺便干干文书工作，比如给政治犯填表什么的。大家心情都不好，都有些焦虑。埃莱娜去了好久，就像是一去不回了。

“埃莱娜怎么还没从那个破屋子里出来？”隆说。她又开始提逃跑的事了。她遇见一个美国兵，说可以帮她们跑。而其他姑娘知道隆只是不高兴自己没能去找上尉罢了。埃莱娜一大早就被叫走，那时候隆还睡着。埃莱娜知道隆起床要收拾好久，就自己走了。

“埃莱娜到底干什么呢，她都去了三个小时了。”雅基有点儿不高兴。

“她应该干活呢，肯定是在苏联人、英国人和德国人之间来回翻译。”梅娜说。

“不对，”居居冷静地说，“我倒觉得她应该是和上尉一起看房子去了。他们在给我们找住处呢。”

居居猜对了，中午埃莱娜带着好消息回来了。“我们找了栋大房子，是原先的格里马军官餐厅，离这里就几步路。”埃莱娜说，“不过也有问题，不光是我们在那儿，还有别人也要搬进来。不过我们是第一批，能自己挑房间。”

“还有谁要搬进来？”隆问。

“那里要改成法国女政治犯的宿舍，我们来负责日常管理，我们得管好了。不过那房子的确很不错。快收拾东西吧，半小时内咱们就得走。半小时以后就要换岗，下一班岗就不会让我们全都走了。”

姑娘们四处跑开，去收拾东西。这段日子里她们又得到了不少好东西，现在她们穿得整整齐齐的，看上去就像一帮出门度假的年轻姑娘。“我们穿得都挺传统，除了……”就像扎扎说的，“除了梅娜，她永远都打扮得又夸张又迷人。人很好看，但穿衣风格挺糟糕。她总是穿着长长的大衣，提着个大箱子，还在心口紧紧抱着一瓶勿忘我。”

她们搬进新房子都高兴坏了，饭堂有豪华游轮上的那么大，厨房也不小。门廊上装饰着拱顶，走廊和楼梯一眼望不到头。房间的白色推拉门上有新奇的神秘按钮，房间里还有个能俯瞰花园的露台。整栋房子采光极佳，布置整洁，和之前那个潮乎乎的屋子完全不同。

戴上尉要埃莱娜下午去给他做翻译，她就离开大家去工作了，走之前她嘱咐姑娘们把新家收拾收拾。正好她们选的房间和屋里其他部分是隔开的，于是她们花了一个下午给四间卧室选家具。扎扎给她和埃莱娜选了个特别小的办公室做卧室；梅娜、雅基和若塞选了间温暖的阳光房，在里面摆上沙发、垫子和一面大镜子；津卡和妮科尔选了间殖民地风格的房间，里面有两张铁艺床，还有张厚重的红木桌子；居居挑了间告解室，沙发特别硬，桌子和衣柜也很简单，但房间很宁静，居居恰恰就想独自清心寡欲地待着。到晚上埃莱娜回来时，姑娘们还在拾掇家具。

她和戴上尉待了一下午，一直在收容穆尔德河另一边乡间散落的女难民。她告诉姑娘们，说一大群她们之前在莱比锡就认识的女人要搬进她们在难民营里的老地方，而且这群人的情况很糟糕，脏兮兮的，还长满了虱子。九个姑娘得尽快给她们安排房间。

她们很快把自己的房间拾掇好了，又列出了第二天最紧迫的任务，一旦有了目标她们就有了活力。她们已经是友爱的一家人，开着玩笑就分担了责任。埃莱娜是老大，自然负责用各种语言跟人打交道。扎扎当大管家，妮科尔负责修东西，维护设备状态。不过随着时间推移工作也在变，比如居居第一天负责所有的钥匙（大约 190 把）和对应的门，第二天就成了扎扎的助手。

津卡负责给营地附近游荡的难民体检，送得病的去医务所。不久她也开始照顾婴儿，负责用奶瓶喂他们，还要弄牛奶。雅基从军营里找了个厨子，又找了两个助手，一块弄了一个厨房，好让难民们吃得好一点儿。

营地主管纽曼医生不愿意了。他原先特别需要姑娘们的帮助，现在看她们这么积极，心里难免窝火。他的劲头儿根本比不上这些姑娘们的，但埃莱娜每天跟着他的上司戴上尉干活，姑娘们还亲切地叫戴上尉“吉米”，这让他有火也发不出来。

吉米军营里的美国兵也拿来不少东西，毯子、盆子、吃的，什么都有。九个姑娘光在两天里就收容了 55 位妇女，还把她们打理干净，安排得井井有条。梅娜甚至还从屋外的花园里采花装饰了房间。

到这时候，姑娘们和不少军官都交了朋友，也不再有什么打算碰运气的士兵或者难民去骚扰她们了。她们甚至有了自己的车，是一辆红皮坐垫的欧宝敞篷车，配一个法国司机。这车是一个叫德勒冯（Drevon）的法国上尉的礼物，他好像是负责遣返政治犯的。扎扎发现虽然他手头的资源不多，但还是尽可能地给她们弄来各种各样的新奇玩意儿。他一有空就来找她们，因为他特别喜欢这个宁静的地方。梅娜把房间里摆满了花，让这里看着没那么军事化而更人性化。而且九个欢乐跳脱的姑娘也特别吸引他，有时候他敲了门能耐心地等好久，同时屋里的姑娘们可能是在想办法把雨伞布改成裙子，或者是在一块儿洗澡，互相用新买的香皂擦背。

但是尽管精力充沛，这些姑娘也很虚弱。扎扎的风湿性关节炎犯了，她在床上躺了两天。妮科尔在半夜里突然犯了胆结石的毛病，疼得要命，津卡跑去找人，带回来一个可爱的意大利医生。这个医生穿着睡衣、长袍和红色皮拖鞋就来了，给妮科尔注射了镇静剂。

集中营的难民潮水般地涌进红十字会营地，姑娘们有时会遇到从莱比锡或拉文斯布吕克来的老朋友。她们争着向这些人提问，问对方知不知道其他人在哪儿，还有没有别人也成功逃脱了？妮科尔急着想知道被留在莱比锡“雷维尔”的人的消息，她的朋友勒妮还活着吗？隆在男人中打听她哥哥埃里克的消息。扎扎和津卡也一样在寻找她们的丈夫。她们在人海中这边走走那边看看，就像沙滩上的鹅卵石一样明显，可是要找到她们的亲人几乎是不可能的。但不可思议的团聚还是发生了。一个年轻的比利时人在找他的母亲，但没有抱多大希望，他问津卡听没听过他母亲的名字。她不太确定，但还是带他去看了纽曼医生办公室外面墙上的名单。当她的手指在名单上挨个划下去时，她听到身后传来一声欢快的尖叫声。她转过身来，发现母子俩相拥在一起。团聚还是有可能的，她想。路易·弗朗西斯有可能还活着，她随时随地都可能遇到他。

5月7日下午14点45分，德国无条件投降的消息被打印出来贴到了公告栏上。但讽刺的是，就在投降公告的正下面，有这样一句话："再也不能像1918年那样，一定要赢！"这应该是纳粹政府在战争开始时的宣传，提醒当地居民这次一定要胜利。[9]

她们并没有欣喜若狂，而是沉着地接受了这个消息。梅娜靠在居居身上，居居拉着隆的手，妮科尔和若塞互相挽着胳膊，扎扎和津卡搂在一起，想着她们的丈夫。她们所有人都感到一种奇怪的空虚，或者说是一种表达不出来的深沉的感觉。她们想起了所有没能和她们在一起的人，那些留在牲口车上、监狱里、集中营里和"雷维尔"床上的人。现在，她们等着行政机构运转起来，等着送她们回法国，等着在法国找到什么。

在她们等着的时候，难民们举办了一个聚会。那些天才的高定服装设计师又发挥了她们的才能，用在营地旁边被炸毁的办公楼里找到的窗帘做衣服。美国士兵也来和她们一起庆祝，他们带来了几瓶香槟，分给大家几包香烟。能跳舞的人就跳舞，能喝酒的人就喝酒。有人把钢琴从他们的旧宿舍搬了来，兴致勃勃地弹了起来。难民们正式地感谢了美国人的救命之恩。随着夜幕降临，他们唱起了老歌。《马德隆》（*Madelon*）、《沼泽里的士兵》（*Le Chant des Marais*），当然还有《马赛曲》。然后他们开始背诵集中营中的诗歌。姑娘们一个接一个地站起来，用微弱的声音朗诵她们写的诗，她们曾把这些诗写在偷来的纸片上传来传去，甚至在集中营之间秘密传递。她们在黑暗的监区重复念了无数个夜晚，现在早已完全记在心里。有些作者已经去世，她们在背诵诗歌时也回忆起她们失去的人。大家都热泪盈眶，没有一双眼睛不是湿润的。

第十一章

归家之路

等待遣返回国的妇女们｜图片来源：塔格·克里斯滕森图片社（Tage Christensen Scanpix）

第十一章　归家之路

去巴黎的火车大概 5 月 16 日准备好，七个姑娘流着泪与雅基和埃莱娜道了别。雅基在整个逃亡过程中一直嚷嚷着“我要回巴黎”，现在却决定留在格里马管理她们建立的这个疗养院，让病弱得没法上路的女性幸存者们可以在疗养院里放心休养。当难民们蹒跚地走进营地，雅基看到了那些病入膏肓的人脸上的绝望神色，她完全感同身受。于是她决定要把这个特殊的“家”经营下去，直到 9 月下旬关闭。

埃莱娜留在后面，给美军服务。她现在穿上了美军军官制服，在军官食堂里吃饭，负责在审问有战犯嫌疑的德军官兵时做翻译。在这些工作中，她也收集到了许多囚犯被驱逐的地点，苏联人、波兰人和法国人各分散在德国乡间何处。为了工作之便，美国人给她配了一辆特大的克莱斯勒轿车。这车自然是从某个德国有钱人手里征用的，现在被涂成了卡其绿色，引擎盖上画了个大白星。她还有了可以在美军占领区任意通行的许可证，能按需要在美军加油站加油。

埃莱娜现在还是瘦瘦小小的，和那辆巨大的美国车比起来显得特别迷你，但她有种领袖的风度。难民和囚犯在混乱的占领区里徘徊，寻找住所、食物、水和回家的路，而她就在这之间穿行。她经常遇到一群群从集中营和死亡行军中流落出来的妇女，就指示她们去格里马难民营。

挥手告别之后，另外七个姑娘登上了去往莱比锡 - 普拉格维茨（Leipzig-Plagwitz）火车站的卡车。送难民的卡车一共有 50 辆，路上要穿过莱比锡市区。这座城市已经被彻底炸成了废墟，德国人在瓦砾堆中仅存的几个商店门口排成长队。他们黯然地注视着路过的卡车队，车上的难民则毫不躲闪地瞪回去。

火车其实和把她们运到德国集中营的牲口车差不多，唯一的区别是地板上铺了新稻草。扎扎、津卡、居居、梅娜、妮科尔、若塞和隆这七个姑娘独占一节车厢，车厢上缀满了树枝和春花，她们把门大开着。车厢门上画着洛林十字和胜利之 V，而法国国旗的三色带从一节节车厢上涂过去。这趟车规模不小，装了 1500 人，车厢长长的望不到头。

到法国边界大概有 500 公里，但是足足走了六天。因为一路上铁轨断了不少，桥也被炸了不少，才走得这么慢。每当列车长和乘务员停车下来修铁路时，乘客们就全体下车，到旁边的田野里去。现在正是春天，阳光明媚动人。大家会拔些草生火烧水，有人拿出些美国兵给的新奇粉末，据说这叫什么“雀巢”，他们就弄了这种咖啡给大家喝。

附近的村民们带着吃的和酒来问候她们，每次停车都会奏乐唱歌。她们一路上唱着战前的老歌，至少在那一刻她们懒得思考漫漫前路。

火车又能开动时，列车长就长长地拉几次汽笛，把大家都叫上车。当火车徐徐开动时，人们跑着跳进车厢，大笑着抓住她们朋友的胳膊，把她们拉回到车上。每一站都要多挂几节车厢，多上几批难民。每次上来新人，车上就会多几起老友重逢。跟着集中营幸存者上来的还有些战俘，他们根本没听说过集中营。他们不知道为什么人能憔悴成那个样子，而且女人们在那儿干什么？他们也几乎没听说过抵抗组织，为什么这些幸存者这么骨瘦如柴，形容枯槁？于是幸存者们就告诉战俘发生了什么，每个人都有一大堆故事好讲。她们讲了各种抵抗组织网络；她们讲了告密揭发，讲了维希伪警察和"法西斯民兵"[①]怎么对待她们的；她们讲了水刑，讲了她们听到监狱高墙另一边行刑队的枪声；她们讲了火车，讲了强行被驱逐到德国，讲了她们在集中营那一重世界所看到的。甚至有些人能告诉他们大规模屠杀，比如整列火车的人被直接送进焚尸炉。有些人在拉文斯布吕克的"雷维尔"干过，她们还会说起"兔子"。战俘们惊呆了，他们说，他们完全无法想象这一切。

她们在德国境内穿行，路过一座座残损的城镇。看着这个被夷平的国家一开始令大家感觉还不错，但随后心头还是因这荒芜和破败而充斥

① 这是法国维希政府在纳粹德国的要求下建立的政治性准军事组织，目的在于镇压抵抗组织。——译者注

着黯然的情绪。当到达法兰克福时，每个人都惊讶得说不出话来，这座城市被彻底催毁了。

她们到了萨尔布吕肯，这是她们第一次作为被驱逐者进入德国的边境城市，整列长长的火车上所有人都不约而同地唱起了《马赛曲》。最后，她们高呼："法兰西万岁！"

她们跑过国境线，紧紧相拥。

根据隆的记载，当火车又一次停下来，她终于失掉了耐心。她不想去巴黎，她想回荷兰找她哥哥埃里克。据她说她们七个姑娘吵了一架，结果是她下了火车，自己走路回家。

火车在法国境内又开了几个小时，停在了隆吉永（Longuyon）附近一处空地边上。那里已经建设了一个大兵营，到处都是白色帐篷和穿卡其色军服的军人。所有人都要下车办手续，她们的身份各不相同，大抵分为集中营幸存者、战俘、志愿劳工和强迫劳工，于是大家被分成不同的小组。剩下的六个姑娘一起坐在地上，等着轮到她们，好在这时天气还不错。当局给她们登了记，进行了面谈，然后是体检和喷 DDT 粉除虱，之后又照了相，最后就拿到了临时身份证和被驱逐者遣返证。她们每人都得到了一张到巴黎东站的火车票，价值 1000（旧版）法郎（约合现在的 15 欧元或者 20 美元），要是谁衣冠不整还给发衣服。六个姑娘还被安排到了一顶帐篷中，但她们打算睡在星空下。"这可能是我们野营之旅的最后一晚上了。"梅娜紧紧抓住居居的手说。她们有些怕想到离别，便互相保证一定要一起回巴黎去，一路上不分开。

第二天，她们登上了一辆普通的三等座列车，就是那种木头长椅子，窗户推开时还嘎嘎作响的类型。火车日夜不停地开，有时候到站时就能听见某家人久别团圆的欢笑声。路上所有的火车站，不管有多小，都挂着欢迎难民回家的装饰品，铁路工人还朝难民们敬礼。大家有时在列车走廊或者站台上互相喊话，听起来就让人兴奋。

"等我安顿好了就给你写信。"

"祝你好运！"

"你有我的地址吧？"

当火车开始接近巴黎时，车厢里渐渐静了下来。六个人互相看看，马上回头望向窗外。归来的喜悦渐渐消退了。她们感到胸口一紧，她们所有的意志力，她们一切的一切，都是为了活到这回归一刻。

在巴黎近郊，人们列队站在铁轨两边，向车上的人挥手、扔鲜花。火车驶进城市，慢慢减速，开进了巴黎东站的宏伟大厅。对于大多数人来说，他们当初就是在这个地方被咆哮的党卫队推进牲口车里，他们就是在这个地方被沉默的法国同胞目送着遣往他乡。而现在这里装饰得像7月14日[①]一样，到处都是三色旗，到处都是穿着整齐制服的哨兵。

---

① 法国国庆日——译者注

回家

图片来源：巴黎犹太人大屠杀纪念馆（Mémorial de la Shoah）

她们下到站台上，一群平民涌上来围住了她们。这群人向她们献花，同时也手拿照片在人堆里寻找着，寻找着他们的家人。

“你是从哪儿来的？”

“你是从拉文斯布吕克来的吗？”

“你有没有见过她？”

“你认不认识 A 小姐？”

人群急切地挥舞着照片，推搡着归来的女人们，让她们看一眼，看她们是否认识照片上他们的母亲或者姐妹或者姨妈。照片上的女人都很漂亮，要么是新娘子，要么是野餐的青春少女，要么是抱着粉嫩婴儿的母亲。回归者从没见过谁长得像照片上的人，这些照片里的人她们一个也认不出来。而站台口等待着的人们也在努力辨认这些女人，这些憔悴、惊恐、疲惫的女人。

妇女们仿佛回到了另一个奇怪的世界，或者根本就是她们自己从一个古怪的世界归来。不管是哪一种，两拨人都完全格格不入。妇女们迷茫了，好像这么多人没有找到亲人却是她们的责任一样。某种程度上，别人恨她们能幸存下来。为什么活下来的是她们而不是照片上那些美人？为什么是她们而不是接站者的亲人？这群精瘦、丑陋、古怪、衰朽的是什么人，她们为什么顶替了那些接站者的梦中人？

妇女们试图提供一些希望。扎扎面前是一个发疯地挥着她外甥女照片的姨妈，照片上的小姑娘才九岁，头上扎着大大的蝴蝶结。“我也不清楚，后面从德国回来的人还多呢，她可能还在路上。”但是扎扎其实很清楚，这么小的姑娘在集中营里必定要被挑出去杀掉。

慢慢地，回归者们穿过了人群。她们被带到一间接待室里，工作人员在那儿把她们送上车站外面的巴士。巴士载着她们穿过巴黎——经过歌剧院，经过协和广场和卢浮宫，穿过塞纳河，来到鲁特西亚酒店（Hôtel Lutetia）。这时候巴黎壮观极了，在晨曦中闪闪发光。在经历了一切之后，她们产生了一种奇怪的疏离感。仿佛她们不是真的身临其境，而只是向着一个她们很久以前曾经属于过的世界匆匆一瞥。

政府一开始对幸存者的状况根本没有准备，尽管他们听说过奥斯维辛和其他集中营的情况。他们想象着回归者简单地就能恢复以前的生活。但是，许多人不仅健康状况差得惊人，而且没有家，没有家人，没有工作，也没有钱。当戴高乐意识到集中营幸存者的需求与一般战俘的需求不同时，他决定主要把她们安置在鲁特西亚酒店。

这家豪华酒店建于 1910 年。它坐落在左岸拉斯帕尔大道（boulevard Raspail）上，融合了新艺术风格和大胆新潮的装饰艺术风格。大厅里有厚厚的天鹅绒沙发，带装饰线条的弧形窗户，明亮的彩色玻璃吊灯，仙女举起的灯罩，还有黑白相间的瓷砖地板。酒吧里有一幅大型壁画，画的是田园风光。酒店有七层楼，350 个房间。

艺术家们战前最喜欢在酒店里聚会，詹姆斯·乔伊斯的《尤利西斯》有几章是在这里写下的，毕加索、约瑟芬·贝克、萨缪尔·贝克特和佩吉·古根海姆等众多文化名人也都曾在该酒店逗留过，甚至连戴高乐自己的蜜月也是在这里过的。在战争初期，酒店里住满了从德国和东欧逃难来的艺术家和音乐家。占领期间，德军曾把酒店征用为他们军事情报局“阿勃韦尔”的驻地。当整个巴黎在严酷的配给制度下挣扎求食之时，通敌者、黑市贩子和德国佬却在这里花天酒地。

对很多幸存者来说，鲁特西亚酒店将是她们重新开始生活的地方。

“为什么鲁特西亚酒店在我们的故事中这么重要？因为这里实际上是我们的新生开始的地方。我们进来时只是一个个序号，我们离开时已经重生为公民。”吉塞勒・吉耶莫（Gisèle Guillemot）如此写道。[1]给她们安排个舒服的地方非常重要，就像一个幸存者写的那样：“有这么一群活生生同家人分开的人，对于她们来说没什么是太漂亮的，没什么是太好的，没什么是太干净的，没什么是太丰盛的，没什么是太豪华的，没什么是太奢侈的，没什么是太完美的。因为她们为了胜利努力奋斗，但在数月甚至数年里都看不到胜利的曙光。我这辈子是头一次在公共管理部门里看到了类似于爱的东西。”[2]

从 4 月中旬到 9 月，鲁特西亚酒店一共接待过 20 000 名回归者。六个姑娘是 5 月 21 日到的，那时酒店每天大概接收 500 人。遣往东方的囚犯共有 166 000 人，其中有 76 000 名犹太人，还包括 11 000 个孩子，然而只有 3000 名法国犹太人得以返回。被遣往东方的有 90 000 名政治犯和抵抗运动战士，大约只有 48 000 人返回。

到了 5 月，鲁特西亚的大厅已经变了。从入口到餐厅的长长的走廊两边都挂着板子，政府在那里贴上了失踪人员的告示和照片，还有如何联系寻找他们家人的详细说明。他们还一直在更新一份被发现人员的名单，不论死活。大厅里还摆着抵抗运动不同网络的展台和桌子。幸存者们可以停下来，看看他们的网络中还有没有人回来。旁边是红十字会、贵格会和救世军的志愿者的桌子。还有很多天主教童子军（Catholic

Scouts）、新教童子军（Protestant Éclaireurs）和犹太组织的志愿者，他们负责陪伴从德国北部各个集中营归来的幸存者。每天都有人抵达火车站或机场，被带到酒店，然后回家或启程去下一个目的地。酒店内还有电话桌，好让有需要的幸存者给家人打电话；若他们的家里没有电话，他们可以给自己家乡的市政厅打电话。

酒店每层楼都有一个医生和一个护士随时待命，童子军给幸存者在走廊里指路，有时还要用担架抬人，或叫救护车送他们到医院。酒店有社会工作者帮着处理文书工作。有的家庭每天都来打听消息，迎接新来的人，盼着这次能找到他们要找的人。还有一些幸存者每天都会回来看看，看还有谁回来了。新来的人一般看着都很憔悴，眼神空洞，像鬼魂一样在挂满照片的走廊上徘徊。一些来自欧洲其他地区的人仍然穿着集中营里的灰蓝条衣服。他们的头发被剃光了，他们的皮肤几乎是透明的，就像一块紧紧绷在骨头上的薄布。偶尔会有小规模的骚乱，喧哗，欢乐的尖叫声，眼泪和掌声——这是某些人重逢了。记者们在大厅里穿梭，渴望得到这些团聚的照片，直到工作人员把他们赶出去。

情况在头几天里还是很混乱。“有时候同时有三四辆巴士到达。我们只得尽最大努力不让他们干等。我早上 4 点才回家，还要用刷子清理掉浴缸里的所有虱子。第一批回来的被驱逐者很多都有传染病，甚至工作人员也有因为被传染上而去世的。”安德烈·魏尔（André Weil）如此写道。[3] 魏尔是个出色的数学家，还是个优秀的抵抗战士，被戴高乐任命为鲁特西亚接待委员会的主任。他发了招募志愿护士的通知，应聘人数是所需人数的三倍。戴高乐安排了五辆车，把从医院换下班的护士们送到鲁特西亚值第二轮班。

酒店的一楼留给行政管理人员，二楼是医务室，三楼留给妇女。尽管政府努力地去体贴幸存者的脆弱性，但抵达后的收容流程还是让幸存者不好受，甚至会产生二次创伤。他们必须体检和淋浴，再喷一遍DDT。吃饱了以后，他们必须经受一次军方的面谈，这是为了核实他们不是在冒充被驱逐者，因为这种情况总会发生。前盖世太保的狗腿子、法国民兵、警察的鹰犬、黑市贩子以及法国志愿劳工都有人冒充集中营幸存者，以获得宝贵的被驱逐者卡。这卡片能带来额外的口粮和特权，还能洗白他们犯下的罪。面谈有些粗糙，当局会检查这些人的左腋下有没有党卫队的血型文身，或者有没有去掉文身的痕迹。他们会问幸存者们，他们是什么时候加入抵抗组织的？通过什么网络？谁能证明？既然许多人死了，而他们活了下来，那有没有什么证据能证明他们没有与德国人合作？他们在哪里被捕？他们在哪里被关押过？接受面谈者需要提供具体日期和姓名。

冒牌者往往能通过与回归者谈话来积累大量具体细节，但真正的被驱逐者的空间和短期记忆经常被创伤干扰。这些问题往往把幸存者拽回到过去几个月甚至几年的噩梦里去。奥黛特·罗森斯托克在回忆她到达鲁特西亚时写道：“被逼着回答这些问题的感觉很糟糕，就好像我们是被告一样……有一些被驱逐者几乎要忍不住‘起义’了。”在许多人的记忆中，这次面谈是一种最后的侮辱，是另一种精神创伤。

但当局每天都能抓到“合作者”。有时是幸存者认出了试图溜进他们队伍的人。每天结束时，酒店里都会来一辆警车，把抓住的四五个冒名顶替者一起投进监狱。

大多数被驱逐者的体重在 60 磅 ~ 75 磅之间。他们都需要休息，增重。萨比娜·扬卡·兹拉廷（Sabine Yanka Zlatin），也被称为“伊齐厄夫人”（La Dame d'Izieu），负责管理厨房工作。她是个波兰犹太人，也是个护士，她和她的丈夫创建了一个“度假屋”，将犹太儿童藏在伊齐厄地区。它在法国南部靠近瑞士的地方，由意大利人占领。那里的人直到向德国人投降前都没有积极搜捕过犹太人。但当德国人占领该地区后，反犹紧张局势开始升级。一系列的告发让萨比娜提高了警惕。她觉得应该把孩子们分散开，把他们安置在更好的藏身点。当她在蒙彼利埃（Montpellier）试着找帮手时，她收到了封电报:“家人生病，是传染病。”盖世太保逮捕了 44 个孩子，将他们连同七个成年监护者一起驱逐到奥斯维辛–比克瑙，他们后来都被杀了。她将整个余生都投入到了纪念这些孩子中去，并在 1987 年对克劳斯·巴比（Klaus Barbie）的审判中做证。

工作人员中还有一位出色的抵抗运动英雄，图桑·加莱（Toussaint Gallet）医生。他是妇产科医生，在 1942 年冬天加入抵抗运动，为英国人提供重要的情报。1944 年 5 月，他被盖世太保抓住，严刑拷打之后关在弗雷讷。他被标记为“夜与雾”，在 8 月 15 日的最后一次转运中被驱逐到布痕瓦尔德。他为人冷静、体贴又和善，还善于鼓励人们坚持下去，同监囚犯都熟悉和钦佩他。在布痕瓦尔德，哪怕没有医疗用品，他还是继续竭尽所能地行医，给囚犯们带来援助和安慰。一位叫弗雷德里克－亨利·马内斯（Frédéric-Henri Manhès）的著名幸存者将加莱称作“赤手医生”[①]。

解放后，加莱要求红十字会递话给他的父母。他写道：“我被迫中断了我的工作，但最终我还会做回医生的本职。请尽你们所能让我尽快回国。我会高兴地拥抱你们，然后开始工作。”4 月 18 日，他被空运到巴黎。4 月 19 日，他向法国政府报到说自己已经准备好工作，4 月 20 日，他被安排负责鲁特西亚的医疗项目。幸存者们信任他，因为他是他们中的一员。在他的指导下，幸存者们会听从政府的要求，把那些企图渗透到他们的队伍里，逃避战争罪行的人清除出去。

六个姑娘甫一进鲁特西亚的门，就被各式各样手拿照片的人围着搭话。姑娘们在人群里寻找熟面孔，然后各自散开，走向不同方向。扎扎看到了青年旅社的服务台，便跑过去问有没有勒内的消息。她紧张地坐

① 原文为法文 le docteur aux mains nues。——译者注

着，腿一直发抖，焦急地等着一个年轻的红脸蛋志愿者慢慢看名单。随后她看着扎扎，摇了摇头。

“什么？这是什么意思？他……难道他死了？”她几乎想伸手去摇晃这个志愿者。

“不是，我的意思是没他的消息，他不在名单上。没有喜讯，但也没有噩耗。你知不知道他被关在哪个集中营？”

“不知道，”扎扎抽泣起来，“我什么都不知道。”

这个消息给了她沉重一击，小姑娘跑去给她端茶。在痛苦中，扎扎走到电话桌旁，给家里打电话。过了这么久，她母亲的声音听起来微弱又遥远。她想让扎扎马上回家，但扎扎说她要在他们巴黎的旧公寓里等勒内的消息。她要在那里等着，万一他回来了呢。

若塞在大厅里办手续时找不到她的朋友了。办完手续后，她被分配到酒店的一个房间住一晚，还得到了一张第二天一早去戛纳的火车票。她也不太清楚在那里能找到谁。她不想和她的父母住在一起，他们已经是陌生人了。但她想闻闻大海的味道。她告诉自己，她在南方有好朋友：管理儿童之家的福特夫妇肯定会欢迎她回来，她会去看看她援助过的一些家庭有没有幸存下来。然而一想到好朋友，她只能想到那八个女人。她还没有来得及说再见，她们突然都去哪儿了？那天晚上她待在鲁特西亚酒店三楼的一间卧室里，发现自己孤身一人。她不知道要去哪儿，要怎样重新开始。如果她现在在这里不快乐，那她为什么还要活下来？

妮科尔走完了填表程序和面谈，却发现自己也已是孤身一人。她的朋友已然星散，她感到被抛弃了。她也不知道她的家人在哪里，她最后知道的是，她的母亲和哥哥在里昂；她的父亲在别的地方，可能是在萨瓦省。突然，她看到了一张认识的面孔：克洛迪娜，还有她的丈夫吉勒。吉勒拼装出一个收音机，这样每天就能收听新公布的回国人员名单。克洛迪娜的妹妹叫伊薇特（Yvette），她先被送往奥斯维辛，然后又被送往拉文斯布吕克。他们本来是盼着听到她的名字，然而在收音机里却听到妮科尔回来了。他们赶到鲁特西亚酒店，在那里找了她很久。最后，在拥挤的大厅里，他们看到了她。她变了，但那双锐利的绿眼睛和深色的鬈发还是那么醒目。

妮科尔终于找到了认识的人，这让她大为放松。克洛迪娜问她见没见过伊薇特，妮科尔也希望自己知道，可是实在是没有消息。于是克洛迪娜说："来吧，今晚就去我们家。"

"不行，我一定要找到我的家人。"妮科尔很坚决。

"现在已经这么晚了，地铁都停了。明早再找他们吧，我们可以打电话。今晚来我们家，我妈妈肯定特别想见你。"

妮科尔想马上找到她的家人，想让他们知道她还活着。不过克洛迪娜劝动了她跟他们走，回他们在第 16 区的三居室去。当她们进了家门，克洛迪娜的母亲问妮科尔有没有见过她女儿。她还问了驱逐的情况，那儿具体是什么样的？

根本不假思索，妮科尔就开始谈起来：运输的恐怖，集中营的恐怖，遴选的恐怖。她说了又说，这些话像河水一样从她口中倾泻出来，成为痛苦的洪流。她拼命想让别人理解她，她完全不用思考，只需说出在那里发生的一切。克洛迪娜的母亲静静地坐在那里听着，一开始还不为所动，彬彬有礼，但脸色慢慢由于震惊变得苍白。然后她问妮科尔："那……伊薇特，你觉得她还会回来吗？"

50年以后，当妮科尔在电视采访里回忆这一刻时，她哭了起来，回忆起她的伤痛。

"我说：'会的，她会回来的。'因为我真的那么想。但我突然意识到我做了什么，我向这位母亲描述了所有的恐怖，但我们还是不知道伊薇特会不会回来。这是段难以忍受的记忆。"[4]

居居和梅娜做完了体检，在面谈的时候分开了。居居被带到了大厅角落里的一张小桌旁，一群荷兰幸存者正围在那里。能再次和同胞们说起荷兰语是件兴奋的事，他们逗得她哈哈大笑。她打了几个电话，她的表弟雅姆很快就赶来接她。在这群人中，有一些老朋友，他们问起了不在那里的朋友。不知居居可曾问起过一年前她们都被逮捕时，她曾短暂见过的那个叫蒂门的男人？然后她出了门，走在城市的大街上，她的胳膊挎着表弟雅姆的胳膊，这时她才反应过来她忘了和梅娜说再见。

在欧洲战事结束后那令人振奋的三个月里，巴黎及其周边一直都有庆祝活动，一切都在重新开始。梅娜和居居一起参加了许多聚会，她们决定好好过日子，把丑陋的过去抛在脑后。同行的荷兰抵抗运动战士阿尔伯特·斯塔尔因克有好几次都看到梅娜和居居在一起。[5] 他在简短的叙述中回忆到，有一天晚上他们在一家夜总会跳舞喝酒，和姑娘们跳舞一直跳到凌晨 4 点。听说他要去鹿特丹，梅娜想让斯塔尔因克带她去兰斯的一个美军基地（不过那里离他的目的地有些距离）：她说她在那里认识一个人，她要给他一个惊喜。斯塔尔因克记得兰斯的军事基地里有一大片白色帐篷，他就在晨雾中把梅娜送到了那里。

据梅娜的外孙纪尧姆说，战后不久，梅娜就乘船前往塞内加尔，与她的未婚夫会面，他是一名在殖民地工作的建筑师。他会不会就是那个她在兰斯寻找的美国士兵？或者是个法国人？她是什么时候以及怎么认识这个未婚夫的？这都是无法回答的问题。

梅娜特别喜欢恋爱，往往可能是夸大了她自己的感受。她是个慷慨的人，也是个不安分的人。建筑师写给她的信可能并不像她希望的那样热烈，但她却不在乎。梅娜全身心地投入，她勇敢地跟着自己的内心走。

在去往北非的船上，她遇到了一个叫威廉·卢西恩·杜邦（William Lucien Dupont）的男人。他主动向她发起“进攻”，我能想象到她靠在栏杆上，看着船尾的浪花，告诉他自己正准备去见另一个人。她告诉他，她要去塞内加尔和她的未婚夫结婚。也许卢西恩嘲笑她，说她只是个傻姑娘，说她不知道什么是苦难，只是巴黎来的温室花朵，不可能在非洲生活。她在那儿可找不到她习惯了的那些奢侈品。

梅娜什么也没说，她没说她是个集中营幸存者，她已经学会了不谈那些。在她回到家的第一夜，正准备讲经历的事情，她的母亲就摇了摇头，把手指放在嘴边示意她噤声。

“那些都过去了，”她的母亲说，“生活还要继续，不要停留在过去。”

那时，梅娜就知道其实没人想听她身上发生了什么。其实她自己也不想说这些。她只想跳舞，想大笑，想重新沐浴爱河。

在船上，卢西恩又警告了她一遍，说她不明白自己在做什么。梅娜告诉自己，她会接受命运带来的一切。但后来，不论是因为什么，事情都不是那么回事。我想那个在塞内加尔的男孩，她的未婚夫，完全不是她记忆中的那个样子。她只是在脑海中、在梦中建立了他的形象。也许他告诉她说不爱她，也许他已经找到了别人，还嘟嘟囔囔说他本想告诉她，但没找到合适的词；她来塞内加尔来得太快了，他还没写好信，云云。她可能想知道津卡或者雅基会对她说什么。她们会说一些尖锐的、一针见血的话。此时她可能最希望居居能和她在一起。

梅娜乘船返回法国，在船上又遇见了卢西恩，或许这就是她的命运。她又羞愤又伤心，她想和一个人在一起，想要个拥抱，想要安全感。梅娜和她的八个朋友一起，拯救了自己，狠狠地救了自己的命，但也许在那么努力之后，她反而想被人好好照顾。在经过这么长的搏斗之后，那种“投降”的感觉可能非常诱人。她可能已经完全累了，甚至可能已经怀上了卢西恩的孩子。

最后她嫁给了他。为爱而生的浪漫的梅娜嫁给了一个并不浪漫的男人。也许他爱她，但他也嫉妒她的过去，嫉妒她的魅力和她能施展的“魔力”。梅娜的丈夫卢西恩控制欲很强，有时居居来找梅娜时，他甚至不许居居进他们的家。居居的女儿劳伦斯这样回忆起卢西恩：“我母亲和梅娜非常亲近，她们会一起出去玩，玩得很开心。而卢西恩不喜欢这样，很少允许她出去。”[6]

梅娜的女婿让-路易·勒普拉特回忆说：“当她不和丈夫一起的时候，她就会很开心。她的幽默感很强，但和丈夫一起时基本不会发挥出来。”[7] 每当梅娜来她女儿家住时，她都会在晚餐时和让-路易喝一杯，然后她就敞开心扉。他说这时候他会发现真正的梅娜。想到这一点，他很难过。

梅娜的母亲在她父亲去世后就退休了，搬回了布列塔尼，梅娜经常去看她。那座房子很简陋，在当地非常典型：它最初是给渔民建造的房子，是一座海边的长屋。梅娜的外孙纪尧姆重申了他父亲的话，说梅娜和她的女儿埃迪特非常亲密，有她们自己的世界。她们经常玩一个游戏：埃迪特和梅娜会去老佛爷百货公司喝茶。她们操着假口音，装作是英国人。似乎梅娜生活在她的想象中，而不是和她嫁的那个严厉的男人在一起。

梅娜和女儿埃迪特在布列塔尼
图片来源：让－路易·勒普拉特

战后，当梅娜见到画家梅娜·洛佩特，告诉她自己用她的名字做化名时，这位艺术家很不高兴。她说："你知道你曾把我置于什么样的危险之中吗？"[8]

当初跟她爱的男孩一起加入抵抗组织时，梅娜甚至都没反应过来她会把自己置于什么样的危险之中。但她取这个化名，是因为她崇拜这个艺术家。也许梅娜自己也渴望成为一个独立的艺术家吧。她的女儿埃迪特显然充满了创造力，她的女婿也说梅娜在针线上特别有灵气。任何服装只要看一眼，她就能自己做出来，用不着图纸。梅娜很优雅，很有魅力，有自己的风格。

1973 年，梅娜在 51 岁时去世。埃迪特在 2007 年因癌症早逝。

在回到法国后的很长一段时间里，幸存者们一直在努力寻找家的感觉。集中营的极端环境对身体影响显著。缺乏食物、休息和适当的卫生条件导致了贫血、皮肤感染、肌肉瘢痕等疾病；肺结核和极为广泛的斑疹伤寒流行也产生了长期的影响，包括听力损伤、肾脏和其他器官衰竭以及神经系统损伤。

还有一些更难治疗的心理上的影响，而且这些在一开始并没有被完全认识到。被驱逐者当初在集中营里努力生存，自杀率出奇地低，他们要全身心地投入斗争，抵御任何可能削弱他们的东西，通常要屏蔽掉对失去家人和朋友的记忆。然而在他们返回后，当他们认为已经安全并最终放松了警惕的时候，冲击发生了。

一些被驱逐者说，回家后他们的家人拒绝了他们。吉塞勒·吉耶莫写道，她的母亲说："你们的抵抗运动那些东西都让我非常痛苦……我很难原谅你。看看你现在的惨状。"[9]

婚约被取消了，因为接受一个曾经在集中营里待过的女人会使家族蒙羞：她们不再被认为是纯洁的。一些幸存者被剃了头发，身体憔悴，被误认为是"光头"，这些妇女因为"横向合作"——也就是和德国士兵睡觉——而被公开剃光头。

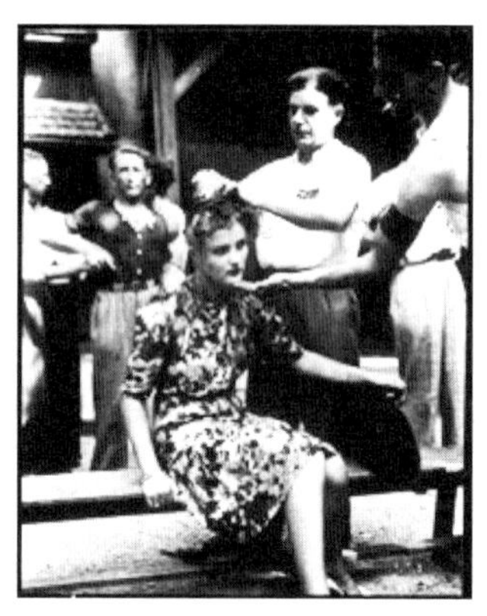

一名因为“横向合作”而受罚的妇女

图片来源：美国国家档案和记录管理局，摄影师史密斯，NARA 编号 5046417（US National Archives and Records Administration, Smith,photographer, NARA record 5046417）

“光头”会被游街示众，周围的人群尽情羞辱她们。有时她们被扒得半裸甚至全裸，额头上还要画上纳粹卐字符。一个姑娘可能因为和德国兵谈过朋友就被打成“合作者”，但往往只是根据像给士兵做饭这种简单事情就能指控一个人，而在占领期间一个年轻女人不可能拒绝这种要求。而且这些妇女往往是那些深处困境，被孤立、被边缘化，单身或丧偶，完全没有资源的妇女，她们不得不给德国兵洗衣做饭。几乎在法国的每一个省，都有大约两万名妇女被狂热的暴民公开剃头。法兰西的耻辱，维希政府的通敌罪行被加之于女性的肉体上，就像贝当把军队在德军攻势下破天荒的大溃败归咎于女人失德一样。“光头”们被赶出她们的村庄和家庭，法国母亲与德国父亲生的孩子一生都在承受着这种耻辱。相比之下，大多数在黑市上发了财的男法奸，甚至做下更大恶事的人，却能逃脱惩罚平静活着。

幸存者回到这个世界之后感觉没法适应，也感觉被误解了。巴黎是 8 月解放的，快一年时间了。普罗大众也开始正常生活了，谈论集中营没什么意思，没人愿意听这些。对于那些没有参加抵抗运动的人来说，听这些可能会觉得别扭，对那些不得不和敌人敷衍的人来说更是这样。幸存者是一种对过去的提醒，而这种提醒不讨人喜欢，他们与大众间有一条模糊的界限。特别是那些相对较少的犹太幸存者，他们回来后往往发现家里只活下来自己一个。有个 11 岁的孩子是冬赛馆（Vel’d’Hiv）围捕行动的少数幸存者之一，在这次围捕行动中，13 000 名巴黎犹太人被围捕和驱逐。他在一次电视采访中说，当他回来时，他发现他家的公寓已经被完全洗劫一空。公寓里空无一人，墙上除了一张他母亲的照片以外，其他地方都画着纳粹卐字符。幸存的犹太人的经济状况极度窘迫。一个新词“种族灭绝”被发明出来，用来描述对整个群体的系统性灭绝，但在战后的最初几年，很少有人使用甚至知道这个词。

有不少幸存者饱受心理疾病之苦，比如慢性抑郁症、噩梦、失眠、焦虑，还有心身症状，如心脏和消化系统疾病。他们紧张、易怒，对潜在的危险保持高度警惕，他们倾向于思考和假设最坏的情况。他们对过去有强迫性的反复记忆，感觉就像现在还在受着苦一样。1953 年，世界卫生组织首次将这些心理问题确认为战争创伤，并将其命名为“集中营综合征”。

痛苦源于封闭自己的内心。集中营中的团结是对抗这种孤独的堡垒，可是在家里和家人在一起时，幸存者却被孤独感压倒。作为回应，每个营地的幸存者都与他们的老营友结成了网络。妇女们首先创建了这些支持团体，她们还记得友谊对她们的生存曾是多么重要。为了纪念这些深厚的纽带，她们创建了抵抗运动前被驱逐者和被拘留者全国协会[1]（ADIR）。热纳维耶芙·戴高乐·安东尼奥（Geneviève de Gaulle-Anthonioz）、热尔梅娜·蒂利翁、丹尼斯·雅各布·韦尔奈（西蒙娜·韦伊的妹妹）和妮科尔都是 ADIR 的成员。她们有两重任务：互相帮助和支持，以及纪念那些没有活下来的人。她们互相提供住房、食物、衣服和工作；她们发现她们可以互相谈论别人不愿意听的事情；她们在疗养中心组织住宿，并帮助解决申请政府补偿和援助的烦琐文件；她们与德国政府斗争，争取保留监狱遗址作为见证，并向幸存的“兔子”支付补偿。

当 20 世纪 80 年代末，罗伯特·福里松（Robert Faurisson）等否认大屠杀的人发表了诸如“他们只毒死了虱子”之类的文章时，ADIR 的

① 原文为法文 Association des déportées et internées de la Résistance。——译者注

通讯《声音与视野》(*Voix et Visages*)提供了关键证据。这引发了集体的愤怒声讨，女性幸存者们迫切感到需要大声疾呼。目击者正在凋零，他们所经历的真相正在被任意涂抹。《声音与视野》鼓励幸存者写下并发表她们的个人回忆，在必要时纠正历史记录。

幸存者们发现他们最好的选择是和其他幸存者结婚。居居的女儿劳伦斯回忆起祖母告诉她的话："对于那些人，那些在集中营里受过苦的人来说，他们必须团结起来，没有别人能和他们结婚。他们没法像我们一样生活，我们也没法理解他们。"[10] 但两个深受创伤的人建立的家庭有时会让他们的孩子也一起受苦。

九位姑娘中有六人与其他幸存者结了婚。不清楚有几对夫妻会互相诉说他们战争里的经历，因为在外界看来，他们似乎积极地想把过去的事情抛在脑后。

在鲁特西亚酒店之后，她们分开了：她们试图继续自己的生活。有几个人仍然很亲密。她们和若塞断了联系。他们中的大多数人没再继续联系，直到 60 年后，还健在的几个人由家人陪同着重新聚在一起，又开始谈论起她们的逃亡。

第十二章

—

只是个再见

埃莱娜和丹尼在伊斯基亚岛 | 图片来源：玛蒂娜·富尔卡德

扎扎的丈夫勒内·莫代的军事档案显示他在诺因加默（Neuengamme）集中营，不过他可能主要被关在诺因加默的 85 个分遣营其中之一的监狱里。随着英军逼近，党卫队将诺因加默包括勒内在内的 9000 名囚犯疏散到波罗的海边的吕贝克。囚犯们被装上四艘船，在船舱里待了好几天，没有饮食。英国皇家空军怀疑船上有准备逃往挪威的纳粹官员，在 5 月 3 日对港口的一次轰炸中袭击了他们。跳水逃生的幸存者要么被英国飞机扫射，要么被纳粹军官射杀，最终仅有 600 余人幸存。经过近一个月的焦急等待，扎扎得知勒内活了下来。他于 1945 年 6 月 12 日抵达鲁特西亚酒店。

扎扎见到他时，他的体重不到 70 磅，身上有伤寒留下的疤。虽然还能走路，但现在的他似乎只剩下了一个躯壳。不过看到他还活着，扎扎还是欣喜若狂。他们搬到了南特，扎扎很快就怀上了他们四个孩子里的老大。在她回来后的头几个月里，她写下了逃亡的故事，给它起名叫《没有仇恨但没有遗忘》（*Sans haine mais sans oubli*），她的语气实际上乐观又幽默，的确没有什么恨意。扎扎只写了逃亡的过程，没提到她在抵抗运动中的工作以及被捕。她稍微巧妙地暗示了在被驱逐和监禁期间看见的惨事，但她没有反复纠缠这些细节。这些恐惧的总和就在那儿，始终在幕后徘徊。

1961 年，她把手稿寄给了《嘉人》（*Marie-Claire*）杂志的编辑，这是家女性杂志。她写道：“我寄给你们一个你们可能感兴趣的故事：九个被驱逐的女人穿越前线逃亡的故事……如果这份稿子没有文学或商业价值，请坦率地告诉我。”[1] 编辑们显然退了稿，她的手稿一直只有朋友和家人知道。

2004 年，在她去世 10 年后，手稿终于出版了。在扎扎这本书的序言中，她的表哥写到他很后悔没有追问她更多战争的细节。后来，当我采访扎扎的外甥皮埃尔·索瓦内（Pierre Sauvanet）时，他解释说，当他问扎扎战争时，她回答说：“如果你想知道发生了什么，那就看我的逃亡故事。”这就是她在这个问题上说的一切了。[2]

我也为自己缺乏好奇心而后悔，我现在有了很多问题。我希望能多问问我的祖父，问问他是怎么从纳粹德国逃出来的，以及作为一个无国籍犹太人在战争开始时和一个法国女人结婚是什么样子。我希望能多问问我的叔叔，问问他在抵抗运动中的情况。我希望能多问问我的祖母，问问她的战争岁月。我希望能多采访几次埃莱娜。我也希望在九名妇女都去世之前就开始探求。对于我的家人，我只是模糊地觉得再提起过去，强迫他们谈论艰难往事是不礼貌的。但我现在又不清楚他们会不会欢迎我问起来。说不定他们反而觉得我们不想听这些。

扎扎在 24 岁时，也就是逃亡发生后不久写的文章，终于在半个世纪后她去世后出版。她的外甥皮埃尔・索瓦内在最终出版该书方面发挥了重要作用。出版商改了书名，皮埃尔增加了日期，改正了德语单词的拼写。他知道她应该会为此而十分高兴。

皮埃尔在还是少年时就从他母亲那里听说扎扎有一份手稿，当时他就对他姨妈的过去产生了兴趣。他解释说："我想可能是因为我有一台小小的电动打字机……我把这个小电动打字机作为打出她手稿的借口。然后在 1992 年，我又把它们重新打进了电脑……当然啦，苏珊姨妈很高兴看到这些文字，希望它能出版。"

扎扎的外甥皮埃尔・索瓦内在向她和勒内展示他的新电动打字机（摄于 1985 年 8 月）

图片来源：皮埃尔・索瓦内（Pierre Sauvanet）

扎扎的书是我揭开这个故事的重要钥匙：没有它，我就不知道从哪里开始。我的女儿苏菲和我开车去拉罗谢尔，去见皮埃尔和他的妻子安妮–芙洛（Anne-Flo）。在我的想象中，开朗的扎扎已经和勒内重逢，从此过上了幸福的生活。

皮埃尔和我们一起坐在他在拉罗谢尔那所很不错的阳光公寓里，他说，勒内从来不谈他经历过的事情，他一直把故事牢牢锁在他的心里。在极其危险的排爆组里工作是什么样子的，是什么让他坚持活下来——所有这些问题都没有答案。

我问皮埃尔关于这对夫妇的孩子的事情，他深吸了一口气。“这就是故事里让人难过的部分了。”他说这对父母从没有给孩子说过战争里的事情。战后，扎扎和勒内高兴地找到了彼此，仍然非常相爱。但回到正常生活可不容易，毕竟他们都受了苦，多少变得疏远了。四个孩子一个接一个地很快降生，而扎扎可能不仅仅只想做个家庭主妇。但勒内埋头工作，经常不回家。扎扎只得独自拉扯四个年幼的孩子。

1963 年，扎扎获得解放后的第 18 年，她中了风，左边身子瘫痪了。皮埃尔只记得她坐在轮椅上的样子。当他还是个小男孩时，他的家人经常去他们在大西洋沿岸一个叫圣吉勒–克鲁瓦德维（Saint-Gilles-Croix-de-Vie）的村庄的家里度假，顺便去看望她。扎扎总是热情好客；勒内也是，但方式不一样。勒内身材高大，胡子拉碴，烟瘾很大，性格内向。扎扎就更开朗，但中风后她说话有困难，写字反倒更容易些。

扎扎身子不灵便以后，他们的关系有所改善，勒内对她照顾得特别好。皮埃尔只知道他们婚姻的这一部分，就是他们非常幸福，非常相爱的部分。但他们孩子的经历却不同。皮埃尔的母亲，也就是扎扎的姐姐，曾说过他们的婚姻起初是不幸福的，孩子们受罪了。扎扎于1994年去世，享年73岁，勒内在一年后也去世了。

他们的四个孩子中有三个一直同精神疾病做斗争。一个自杀了，另一个死在精神病院，最小的也试图自杀，结果留下了严重残疾，像她的母亲一样坐在轮椅上，并被永久地送进了精神病院。

当皮埃尔重提这个悲剧时，他和我的眼里都含满泪水。我问他怎么解释他表弟表妹们受的这些罪，他觉得有两方面的原因："一方面，每个孩子都会问，我为什么会出生？集中营幸存者的孩子们必须知道，他们的存在实际上悬在一根细线上，在很大程度上取决于机会，也许他们会认为自己本不应该出生。另一方面，因为不明原因，他们肯定觉得自己此生无论如何也不会像父母那样强大，甚至可能对活着本身都有一丝模糊的负疚。"

M. 杰拉德·弗洛姆（M.Gerard Fromm）研究过创伤的跨代传播，写了一系列文章。他认为："人类无法自己控制的经历——那些压倒性的、无法忍受的、不可想象的创伤——会从社会话语中消失，但往往会作为一种情感上的敏感或混乱的紧迫感传递给下一代。"[3] 传播研究在20世纪70年代兴起，当时第二代大屠杀幸存者开始显示出他们父母的创伤对自己生活的影响。弗洛姆指出："孩子们被迫处理父母自己无法解决的羞耻、愤怒、无助和内疚。"[4]

经过多年的临床观察和对幸存者的子女甚至孙辈的治疗，一系列症状开始浮现。患者解释说，他们的首要问题是如何驾驭这个不为人知、不可告人的"秘密"。幸存者的家人感到巨大的悲伤，这种悲伤永远无法表达，无法讨论。他们总是有种害怕甚至恐慌的感觉，他们总要试图规避任何形式的风险。他们的内心普遍存在着不信任和不安全感，尤其是对国家或政府。孩子们往往会选择医疗行业，做经常面对生死攸关情况的急诊室医生或心脏病专家。他们总有拯救生命的渴望，却无法真正感受到与他人的联系。他们经常有一种被迫害的偏执感，对他们的父母或祖父母有一种矛盾感。而且还有长期的抑郁和悲伤，一种无法以任何方式解决的哀悼感，那是一种无处不在的失落感。

几乎所有与我交谈过的九名妇女的家人都说，她们基本不谈论战争经历。但他们也知道，这些经历每天都伴随着她们。埃莱娜的女儿玛蒂娜告诉我，虽然她的母亲从来不谈战争，但她母亲教给她的第一首歌，也是她们一起开车时经常唱的一首歌，就是《沼泽里的士兵》。这首歌被称为"集中营之歌"，歌词的版本很多，它们被秘密写下来，从一个营地传到另一个营地。歌词中包含这些句子：

哦苦难的土地啊，

我们必须在那里不停地，

向外挖，向外挖。

通过这首歌和其他微妙的方式，玛蒂娜的母亲向她传递了对集中营的记忆。玛蒂娜回忆起一个噩梦，她们在汽车里被德国人追捕。最后，德国人抓住了她们，把她们扔进一个房间里。房中间有个很深的坑，她被推进坑里，落在一堆死人和活人上。“我从噩梦里醒来了，但我觉得她的恐怖继承给了我。比如说，不管在哪儿，我总是要知道出口在哪儿。我还总是有一种被关在屋里的恐惧感……但要是当初她和我谈谈，我可能会要孩子。我不想把创伤再传下去。我认为她身上有一部分在集中营里死掉了。我一谈起我的母亲就会哭。我们的关系超级复杂。”[5]

在纪录片中，当隆和埃莱娜重逢时，埃莱娜问隆有没有向别人说过她们的故事，两人都说，她们从没有和家人谈过这些。传播研究领域的临床医生多里·劳布（Dori Laub）写道：“通常情况下，幸存者强调他们确实生活在两个独立的世界里，一个是他们的创伤性记忆里（这些记忆是自成一体的，持续不断的，而且永远存在），另一个是现在。很多时候，他们不希望，或完全不能调和这两个不同的世界。”[6]

扎扎的叙述中有一种令人惊讶的语气。当死亡行军开始时，她因为朋友们在一起而高兴。当她们躲在沟里，盟军的炸弹从周围雨点似的落下时，她对春草的味道充满了好奇。她写得很高兴，很兴奋。这简直有种幽默感，有种轻松的感觉。当读者反应过来她们其实正在逃命时，这种感觉非常让人震惊。她的记忆和她的现实经历之间的这种不一致，肯定是一种防御机制，是某种形式的适应力。战后，她的悲伤和痛苦基本上没有被正视。她和其他八位以及其他所有参加过抵抗运动并被俘的年轻女性一样，都属于被大众忽视的一类幸存者。她在某种意义上别无选择，只能假装一切都很好。

皮埃尔和他的妻子安妮·芙洛都觉得，虽然扎扎的一个女儿确实读过手稿，也知道她母亲的故事，但关于这个故事她们基本上没什么面对面的交流。她可能感觉到一种奇怪的错位感，即既知道又不知道。“可是父母们怎么能谈论这样的事情呢？”皮埃尔问，“这对勒内来说是不可能的。”正如霍华德·斯坦恩（Howard Stein）所写的，“被故意禁止存在的东西会像幽灵一样回来，通常是以表演的形式出现。那些必须否认他们悲伤的人会发现失去的东西已经附在他们身上了”。[7]

勒内没试着软化下来。他有些怪癖，比如，安妮·芙洛告诉我们说，勒内会看着他们吃饭，但他从不在他们面前吃东西。他还会在半夜醒来，“在凌晨 4 点，他炸了薯条，喝酒”。而我觉得，扎扎和勒内的孩子们施加在自己身上的暴力是关于战争的代际创伤里最令人不安的陈述。

皮埃尔说，他和安妮·芙洛很喜欢与勒内和扎扎在一起。“我们和他们一起好好过了几次新年夜。最后我们非常亲密……我们不像他们的孩子那样背着黑暗时期的包袱。”

在扎扎的最后一段岁月里，她卧病在床，皮埃尔每天下午都去她的房间聊天。房间里摆满了他们旅游带回来的外地特产。自从她中风后，勒内退了休，他们买了一辆房车，带着他们的狗到世界各地旅行，包括约旦、叙利亚和中东其他国家。扎扎对生活充满热情，旅游让这对夫妇更亲密了。“他们在生命的尽头找到了彼此，”皮埃尔说，“一次华丽的退场。”

在最后几年，扎扎整日在院子里看鸟，就这么度过一天。安妮・芙洛还记得带给她 20 公斤的向日葵瓜子和别的坚果用来喂鸟。“这是她旅行的方式，”安妮・芙洛说，“她窗外的云上一直有鸟飞翔。”

当隆跳下火车，把她的六个朋友甩在身后时，她决心跟着太阳寻找回荷兰的路。当时是晚春，天气很好。她终于自己一个人在路上，手握自己的命运，这感觉挺让人兴奋。有时候晚上在树林里她稍微有些害怕，但她见识了这么多，没什么能吓住她。她走过的地方满眼尽是废墟，还有归乡的难民。道路两旁堆满了破车、扔掉的行李箱和变形的自行车轮子。晚上，一群人生火，烤着土豆，吃的东西很少。她在流离失所的人海里前进着。

在路上的某处她累倒了。醒来后，她发现自己在一家美军野战医院里。她没病，她只是需要吃饭休息。她在那里待了一个星期，一位名叫露丝的美国护士给了她一套新衣服：卡其色的裙子，卡其色的上衣，还有一双挺不错的新徒步鞋。美国人已经建立了一个有效的邮政系统。隆能给她的父母写信："我不知道要花多久，但我正在回家路上。"[8]信送到了莱顿，不过邮戳显示信是通过纽约寄到的。

终于，她在凌晨3点回到了她童年的家门口。她按了门铃，听到她的爱犬叫了。她等了一会儿，又按了铃，听到里面传来脚步声。她的心狂跳起来。然后她的母亲打开了门，惊叫一声后，她泪流满面。隆拥抱了她。

隆的第一个问题是："埃里克呢？"

她母亲又开始哭了起来。她告诉隆，埃里克在1945年1月31日死在集中营里。这个消息对隆是一个巨大的打击。她根本没有想到他竟然会死。她一心想着当她回家时他会等在那儿。

她母亲告诉她，她的男朋友雅佩（Jappe）已经订婚了，她还说了他们邻居的损失，都是悲惨的消息。隆惊呆了，感到一阵反胃。最后，她的父亲下了楼。他明显地老了。失去儿子对他来说也是一个沉重的打击。他拿出一瓶香槟，那是他在整个战争年代奇迹般地保存下来的。

"你回来了，我们得庆祝一下。"他说，试着给大家鼓劲儿。

隆现在还记得，那次他们都喝醉了。

我其实是通过隆的书和纪录片《逃离》（*Ontsnapt*）才了解了她。

因此，当我终于联系上耶茨克·施潘耶尔和安赫·维贝尔丁克这两位电影制片人时，我非常激动。他们邀请我在阿姆斯特丹与他们见面，我们上午将讨论电影和我们的研究，隆的女儿帕特里夏·文辛克（Patricia Wensink）和她的丈夫弗拉迪米尔·施里贝尔（Wladimir Schreiber）下午要来安赫的公寓。我和居居的儿子马克·斯皮伊克一起去了阿姆斯特丹。在爬上传说中令人生畏的荷兰式楼梯，来到安赫的公寓后，我们聚在她亮堂的客厅里度过了难忘的一天。早上，在帕特[1]抵达之前，我与安赫和耶茨克谈了谈。他们慷慨地向我介绍了他们的研究。他们说我对埃莱娜的采访在他们的研究中起到了重要作用，就像他们的电影是我在这个项目开始时前往德国的引子一样。我们一起看了他们的电影，在我有疑问的地方暂停了几次。他们确实在德尔姆舒茨见到了巨人一家。他们认为他们还见到了安内利斯，但她得了老年痴呆症，住在养老院里，所以他们不能确定。

我们谈到了隆对她大哥埃里克的爱。当局在战后通知隆，说他被埋在一个万人坑里，还问她能不能过去辨认他的遗体。后来她一眼就通过牙齿认出了他。在 20 世纪 70 年代，她花了很大力气安排将埃里克的遗体重新安葬在卢嫩（Loenen）的国家荣誉公墓。隆自费出书的全部所

① 帕特里夏的昵称。——编者注

得都会捐给战争坟墓基金会，用于维护埃里克的墓地。

安赫和耶茨克在隆生命的最后阶段和她很亲密，他们还谈到，他们见证了隆和妮科尔之间动人的重逢。但他们说，与她交谈感觉就像和推土机说话。隆喜欢一切尽在掌握，万事都要严格遵守她的程序。他们几乎不了解她的女儿们，隆也不允许他们了解她在战后的个人生活。在她活着的时候，一切都要听她的。和我一样，他们也很高兴能和她女儿帕特谈话。

帕特和弗拉迪米尔带着礼物来了，还精心准备了笔记和隆的历史文件。弗拉迪米尔给我一个带照片的 U 盘。他们显然在这次会面前提前组织了想法。他们立即开始谈起隆。帕特想让我们知道当隆的女儿是什么感觉。1948 年 4 月 1 日，双胞胎帕梅拉·文辛克（Pamela Wensink）和帕特里夏·伊丽莎白·弗雷德里克·文辛克（Patricia Elisabeth Frédérique Wensink）在谢维宁根出生。隆并不知道她怀的是双胞胎，而且这两个女孩早产了很多时日。

她们永远不会知道她们的生父是谁，“我们的母亲不允许”。然而，帕特怀疑她后来遇到过他。隆的父母坚持让她结婚，好挽救家族的荣誉：他们花钱找了一个叫文辛克的人和她结婚。这场婚姻持续了一年。“母亲也不允许我去找他，”帕特说，“我知道他的名字，但我根本不认识这个人。”[9]

隆全身心投入工作中，经常出差。女孩们由她们的外祖母和一系列的保姆抚养。隆在表达亲情和爱上有困难，她的女儿说："即使能感受到爱，我们和她也有距离。就好像她想要孩子，但她不知道该怎么和我们相处。"虽然她知道她的母亲为她和姐姐骄傲，但帕特说，亲密关系对隆来说是不可能的。

帕特记得她的母亲做过可怕的噩梦，她的外祖母叫她去安慰她的母亲，但她当时才 10 岁，什么都不知道。还有一次，她和母亲在一起，隆注意到邻居家旁边停着一辆从萨尔布吕肯来的卡车，而萨尔布吕肯是被驱逐者进入德国后的第一站。于是隆突然变得歇斯底里，尖叫着让他们开走那辆卡车。有许多这样无法解释的事情，把她的女儿们吓坏了。

隆在 20 世纪 90 年代开始写书，这能帮她平静下来。"可惜的是她花了这么长时间才开始写。"帕特说。当读起这本书时，帕特和弗拉迪米尔都觉得隆仿佛被冻结在了时间里，她被困在了 1945 年。美国兵给她留下了深刻的印象。有一次弗拉迪米尔的女婿穿着海军陆战队的制服和帕特来吃晚餐，女婿只是掏出了一支烟，这就完全赢得了她的心。

帕特的姐姐帕梅[①]跑到了澳大利亚，为的是躲开隆强加给她的婚事。

隆再也没有结婚，倒是有了一系列风流事，总是和绝不可能的已婚男人。耶茨克向我和帕特解释说，隆再不想结婚可能有一个原因，是因

① 帕梅拉的昵称。——编者注

为在荷兰直到 1960 年，法律都禁止已婚妇女工作。耶茨克和安赫还给帕特讲了隆通过牙齿辨认埃里克的遗体的故事。

“以我对母亲的了解，”帕特带着些许苦笑说，“不管那是不是埃里克，她已然就认定了。谁知道呢？也许是那个坟墓里的某个陌生人。”帕特知道隆仍然为失去兄长而伤心，她的公寓里到处都有他的照片。“没有一张她孩子的，”帕特补充说，“她在照片下面还放了一些小纸条，就像少女的情书一样：‘我爱你，我想你，你什么时候回家？’”

帕特和弗拉迪米尔讲了隆强势和古怪的故事。1985 年左右，她开始为死亡做准备，但因为她还能再活 32 年，所以指示更新了很多次。大厅的一扇门上贴了一条不需要心肺复苏的命令，楼梯上显眼的地方放了一个写着“私人信件，和我一起火化”的信封，里面装的是情书。耶茨克和安赫在探访时经常看到这个信封。

像雅基、埃莱娜和妮科尔一样，隆是第一代杰出事业型女性中的一员。隆参与了创建欧盟，她担任了支持欧洲工业和法律的高级职位。她是九姐妹中最后的幸存者，于 2017 年 11 月 15 日去世，享年 101 岁。

虽然隆在最后几年失明失聪，但毫无疑问她还是去了养老院住。尽管她有时会让人觉得闹心，但帕特、弗拉迪米尔、耶茨克和安赫都很钦佩她人格中的力量。“其中一些性格特征可能对她的生存至关重要。”弗拉迪米尔后来写信对我说。

居居去荷兰探亲时经常见到隆，与这些朋友一直保持着密切的联系。居居还时不时和梅娜、妮科尔，甚至是埃莱娜保持联系。但她很少直接谈起战争；只有在后来，她才会给孙子们讲一些轶事。

当居居等着盖世太保提审时遇到的那个蒂门回到巴黎时，他差不多也只剩下一副躯壳了。他在达豪待了两个月，然后被送往毛特豪森（Mauthausen）集中营，他把能活下来归功于共产党人的团结和他对于找到居居的希望。毛特豪森－古森集中营群落是纳粹建造的第一个大型集中营，直到 1945 年 5 月 5 日才最后被解放。1938 年至 1945 年期间，来自 40 多个不同国家的约 19 万人被关押在那里，其中至少死了有九万人。[10]

蒂门和居居最后都在巴黎的荷兰大使馆工作。他帮助荷兰政府搜查纳粹罪犯和合作者，这任务比较复杂。他自己的兄弟曾参加过党卫队，他的女儿劳伦斯说：“当我父亲在监狱里的时候，他的兄弟在东线前线。他也受了可怕的罪，但他多年来一直不谈此事。我父亲为荷兰政府工作，是秘密工作——这就会有问题，很复杂的问题。一段时间后，他离开了特工部门。”

居居和蒂门在回到巴黎一年后的 1946 年 6 月结婚，几个月后劳伦斯出生，一家人住在巴黎郊外居居表哥詹姆斯的城堡附属的一座舒适的房子里。这个巨大的庄园一定让居居想起了她童年时在哈滕的家，那时她家的财产还在。不过居居的风格是简单轻松的：家具散架了她也不在乎，她做饭用的是个朴拙的木头炉子。这是个田园诗般的地方，很值得参观，夫妇二人随时欢迎侄女、孙子和朋友们到来。她的孙子们记得曾经有一个夏天，每天午餐时她都会讲述逃亡的一个新情节，就像一部电视剧。她还帮一个孙子写了一份关于她的经历的学校报告。另一个孙子回忆说，当居居要睡衣当生日礼物时，她坚持不要带条纹的。她还告诉他们说，如果孙子们和她同床睡觉，那他们在梦里乱动也没关系。因为她们在集中营里就是紧挨着睡觉的，要是有一个人动了，大家都会跟着动。不过，她确实介意共用一个浴室。集体浴室的记忆一直伴随着她，她坚持要有自己的隐私。

居居曾发誓此生永不踏足德国，但当劳伦斯在那里上学时，她还是去了。她看到了拉文斯布吕克湖前的纪念雕塑《扶持》(*Die Tragende*)，那是一座一个女人背着另一个的雕塑，这让她很感动。还有一次，居居带她的孙女去突尼斯，有德国游客在唱她记忆中党卫队唱过的老歌，这让她非常难过。劳伦斯记起了这件事："后来我们参加了一个交换生项目，我们家住了个德国交换生，而我去了法兰克福的一个家庭住下，是我母亲把我带去的。"

她的孙子奥利维耶也补充说："她也说过当初刚到拉文斯布吕克时，德国人是怎么偷了她的珠宝的，她说：'在什么地方肯定有个德国人正戴着我的珠宝。'"

"没错，"劳伦斯说，"不过听说当初她和隆被捕以后，把她在学生宿舍的所有东西都拿走的是她的荷兰朋友们。”居居告诉劳伦斯，当她回到荷兰时，在那些人屋里看见了她的东西。“我不敢往回要，也没有人主动还。”居居这么对她女儿说。

按居居平常漫不经心的态度，她其实并不太在意这些东西。但她一直保留着“印第安人头”的袖标，这肯定是在科尔迪茨或格里马时某个美军第二步兵师的士兵送给她的。居居于2007年7月去世，享年87岁。

妮科尔回到巴黎的那一天，另一位从达豪来的被驱逐者也抵达了，那便是她未来的丈夫。她们战争期间就认识，他是里昂抵抗战士圈子里的。他们1946年结婚，1947年生了一个女儿。妮科尔应聘到玛格南摄影通讯社工作。虽然这段婚姻没有持续下去，但妮科尔和前夫仍然做了一辈子的朋友，在接下来的60年里每周都给对方打电话。他们的女儿觉得他们婚结得太快了。在经历了这么多之后，他们还没有准备好成为夫妻，而妮科尔当然不愿意不出去工作。她经常对女儿说，她的战争经历让她知道自己有多坚强，她的生活能有多大的作为，没有回头路可走了。

妮科尔一直在寻找她的挚友勒妮·阿斯捷·德·维拉特，但始终没有找到，当初她在死亡行军开始时被迫把她留在了集中营里。我在奥黛特·皮尔普尔的档案里发现，美军在莱比锡发现她后不久，勒妮就被特事特办安排上了紧急医疗后送流程。她的家人把她在集中营里的服装捐给了布卢瓦（Blois）的抵抗运动博物馆。她的家人说，勒妮后来宁愿把曾加入抵抗运动和被驱逐的事埋在心底，不予人知。

当纽约的玛格南摄影通讯社给了妮科尔这个工作机会时，她毫不犹豫地抓住了，把 13 岁的女儿和她爸爸留在了巴黎。她结识了许多朋友，她的职业生涯也得到了发展，但她还是想念女儿，最终回到了法国。她在法国进了 *Elle* 杂志社，直接隶属于其创始人，俄罗斯移民记者埃莱娜·拉扎雷夫（Hélène Lazareff）。

1964 年，为了庆祝解放纪念日，妮科尔为 *Elle* 杂志写了一篇关于她在拉文斯布吕克的岁月和逃亡经历的文章。另一个拉文斯布吕克的幸存者给编辑写了一封尖锐的信，责怪妮科尔把如此痛苦的回忆发表出来。这位女士认为，不会有人对这个故事感兴趣。把它写出来是不体面的。“我们曾经是抵抗者，1945 年回国后我们成了行尸走肉，我们在 20 年后仍然不会忘记，哪怕是最轻微的夸大和吹嘘，我们也无权视而不见。”她要求妮科尔更谨慎些，这种自我审查的程度竟如此惊人。妮科尔的叙述被有意无视了，因为它被认为是在吸引眼球，是在戏剧性地、过分夸张地自吹自擂。由此可见，当时对妇女的压制是普遍存在的。

戴高乐设立了“解放伙伴”（Compagnons de la libération）的荣誉称号，以表彰抵抗运动的英雄，但在他表彰的 1038 人中只有六名妇女，而且有四个人在战争结束前就死了。他要妇女们退后一步，让男人们取得荣光。法国男人受的耻辱已经够多的了。不过，热尔梅娜·蒂利翁写道："1940 年的法国简直令人难以置信，全国上下已经没有一个男人了，发起抵抗运动的是妇女们。妇女没有投票权，不能开银行账户，没有机会出来工作。不过还好，我们妇女有能力抵抗。"[11]

扎扎带着明显的苦涩写道，即使是她们在逃亡过程中遇到的法国战俘和德国当地人，也把她们看成自愿的妓女，认为她们是去集中营里为党卫队或那里的"自由"工人"服务"的。没人相信她们实际上是冒着生命危险参加抵抗运动，没人能想象她们所遭受的恐惧。因为她们是 20 多岁的年轻漂亮姑娘，当她们试着讲述发生在她们身上的事情时，没人真的在乎。

诗人阿德里安·里奇（Adrienne Rich）写道："凡是无名的，照片里没有的，在传记里被省略的，在书信审查里被删除的，凡是被误称为其他东西的，不容易取得的，凡是其意义在不合适甚至说谎的语境下崩塌而被埋在记忆中的东西——这些东西会变成没能说出口的，而且会变成不能说出口的。"[12]

妮科尔当时的许多朋友都不知道她在抵抗运动中的重要地位。一些她最亲密的朋友或许知道她在战争中致残，而且现在仍然承受着在庞贝街被拷打的后遗症，但她从没有谈过她生命中的这段时期。1991 年，当她紧接着西蒙娜·韦伊接受军官级荣誉军团勋章时，有好多人都大吃一惊。

她是一个勇猛的斗士，这一品质让她在新闻界度过了辉煌的30年。她的思路清晰、品位高、洞察力出众，各界都尊重喜爱她。她在《费加罗夫人》(*Madame Figaro*)结束了她的职业生涯，然后退休，专注于绘画和园艺。在大家心中，她一直是个忠实的好人。她与拉文斯布吕克的被驱逐者支持组织保持着相当密切的关系。妮科尔在每个月的第一个星期一都要和其他幸存者见面吃午饭，她的女儿则与少数仍健在的幸存者一起将这一传统延续到了今天。妮科尔于2007年8月去世，享年85岁。

在留在格里马为女性幸存者管理了几个月的疗养院后，雅基回到了巴黎，回到了她当初和让在巴蒂尼奥尔大道(boulevard de Batignolles)上住过的公寓。1945年年底，她的老上司韦德尔上校被担架抬着从埃尔里奇(Elrich)集中营回到巴黎，担保了她的抵抗运动资格。“年轻、漂亮、勇敢，她不折不扣地完成了联络员的艰巨任务，被驱逐到拉文斯布吕克没有抹除她的微笑，更没有打消她成为有用之人的愿望。我认为她是个完美的抵抗战士。”[13] 她被授予了铜星英勇十字勋章。

韦德尔回来18天后，从鲁特西亚酒店的另一位幸存者那里得知他的妻子奥黛特在卑尔根－贝尔森，还活着。但他被告知：“如果你想趁她活着见一面的话，那就赶快行动。”她和一大群幸存者一起被隔离，他们都得了伤寒，生命垂危。英国人害怕疫情蔓延，不愿意释放任何人。韦德尔动用了他以前的老布鲁图斯网络同法国警方的关系，找了四个人、一辆车和足够开到德国另一头的汽油。他们用假证件去了卑尔根 – 贝尔森，将奥黛特带回了巴黎。她那时体重只有 57 磅，还得了伤寒和痢疾，韦德尔便把她照顾到恢复健康。

战后，雅基决心要经济独立，就当了一名电影编辑。1955 年，她在电影《逃亡者》（*Les Évadés*）中担任剪辑师，该片讲述了一群人逃出德国战俘营的故事。她还是 1958 年版《悲惨世界》（*Les Misérables*）的助理电影编辑，并与一对法国左派电影人艾玛（Emma）和让 – 保罗 · 勒沙努瓦（Jean-Paul Le Chanois）一起工作。

在此期间，她遇到了查尔斯 · 费尔德，爱上了他。但他已经结婚了，正准备和妻子要个孩子。查尔斯 · 费尔德曾和他年轻的妻子内莉（Nelly）在里昂的抵抗组织工作。他们创建了一份地下报纸《博爱》（*Fraternité*），旨在反对反犹主义和任何形式的种族主义。在整个战争期间，查尔斯都经营着一家地下印刷厂，自然是在出版地下报纸的同时制造假证件。

他的弟弟莫里斯（Maurice）在占领初期就加入了最初一批犹太年轻人的武装抵抗组织。这个组织经常组织破坏和暗杀，曾炸了一家正在放映反犹电影《犹太人苏斯》（*Le Juif Süss*）的电影院。1942 年，莫里斯 18 岁，他向党卫队驻扎的酒店扔了个手榴弹，随即被捕并被处决。查尔斯和莫里斯的父母都死在了奥斯维辛集中营。

虽然自己也爱着他，雅基却一直拒绝查尔斯的追求。有一个晚上她又拒绝了他，结果他在她的公寓外面待了整整一夜。早晨，她从窗户望出去，看到他还站在那里。后来她告诉她的表弟米歇尔·莱维（Michel Lévy），正是查尔斯这时体现出来的顽强赢得了她的心。不过雅基不希望查尔斯与内莉离婚，他也的确没有离。他和雅基是在许多年后，也就是内莉死后才结婚的。内莉和莫里斯的女儿西尔维（Sylvie）有时候会在查尔斯和雅基的家里度假，雅基还会撮合查尔斯和西尔维的关系。雅基从未生过孩子，因为白喉的后遗症之一就是不孕不育。但她对孩子很有一套办法。米歇尔·莱维的父亲和雅基的第一任丈夫是关系很好的表兄弟，米歇尔在小时候就认识雅基，他告诉我："作为孩子，我们都很喜欢她，部分原因是她会和我们平等地交谈，说话很实在，一点儿也不居高临下。"

雅基一直到20世纪70年代末为止都在干电影编辑，她使用的是自己名字的简称，雅克利娜·奥贝里——她去掉了杜·布莱这个中间名，因为叫这个名字的人在法国社会里通常是贵族，可能被看成精英主义的代表。查尔斯是一名忠实的共产主义者，战后他为路易·阿拉贡（Louis Aragon）工作。他是法国著名的诗人和作家，也是个老共产党员。但雅基从未加入过共产党。她是左派，同情工人斗争，性格也非常坦率。她说出了自己的想法，正如米歇尔·莱维说的，"一般来说，政党并不喜欢我这种性格"。[14]

查尔斯经营着一家著名的图书出版社"艺术界"（Cercle d' Art），出版过巴勃罗·毕加索和马克·夏加尔（Marc Chagall）等大艺术家的书。

菲利普·蒙塞尔（Philippe Monsel）在查尔斯退休后接管了这家公司，他说雅基“很直接，非常直接。是个很坚强的人。Bien trempé[15] ①”。这个法语词指的是把钢铁回火再浸入酸液里让它更坚固的过程，表示一种坚韧、顽强的性格。“她可能有点儿野蛮，没人能从她那儿讨得了好处。她可不会让人骗。”

我想知道她可曾谈起过战争，但菲利普说他只是从我写给他的信中才了解到她的这部分经历。

“我经常遇到那个时期的人，他们做出了真正的英雄壮举，但从来都不提。今天，你做了件芝麻大的小事，反倒在脸书（Facebook）上大肆吹嘘！我们从没谈论过过去，从来没有过。我了解查尔斯的历史，他在一个犹太网络工作过。戏剧性的是，他告诉他的弟弟不要加入抵抗组织，也不要掺和，他太年轻了。但后来他的弟弟还是加入了，结果被捕遇害。我想他一生都带着这个负担，对弟弟的愧疚是他的枷锁。”

菲利普给我讲了他家在佩皮尼昂（Perpignan）附近租的一个度假小屋的故事。他邀请查尔斯和雅基来和他们一起住几天，但是这间小屋被蟑螂入侵了。

当查尔斯和雅基到达时，听到了菲利普妻子的抱怨，看见了蟑螂。

① 字面意思是“回火良好”——译者注

然后雅基宣布:“不，菲利普，你不能待在这儿，更不能强迫你的妻子待在这里！去你的这个破地方吧！你到我们家过假期去！”

没人争论，第二天早上，他们收拾好行李，开着两辆车来到查尔斯和雅基的家。

“雅基就是那样！”菲利普回忆到这里便笑了起来。

查尔斯和雅基非常喜欢他们那条叫雨果的狗。“真的，特别喜欢，喜欢得都要疯了，”菲利普说，“当他们和我们一起开车旅游时，也会带着这条狗，它在后座我们身上走来走去。我们必须礼貌地接受它，因为这条狗是家里最重要的‘人’。”

米歇尔·莱维在雅基生命的最后阶段还和她保持着密切联系，照顾她的起居。他回忆说他们每周日都一起吃饭，还会打桥牌。查尔斯、雅基、米歇尔和雅基第一任丈夫的母亲弗洛尔定期聚会，直到弗洛尔在 1978 年去世。“雅基可能会让人觉得委屈，难以忍受，而且直截了当。但她也很爱玩儿，很爱笑，”米歇尔说，“她嗓音低沉，如音乐一般动听，有一种巴黎资产阶级的气质。她喜欢读书，喜欢看戏；她认识许多作家、知识分子、艺术家，当然还有画家。毕加索是她的朋友。查尔斯喜欢去意大利和希腊旅行，他们经常去。她会给出很好的建议，她还是一个很好的倾听者。当你需要她的时候，她就在那里。她谈到在集中营中幸存下来时说:‘是对生命的渴望拯救了人们。’”雅基于 2001 年去世。

若塞在战后几乎消失了。从她的军事记录和阿列省驱逐出境记忆基金会之友（Amis de la Fondation pour la Mémoire de la Déportation de l' Allier）的网站上，我了解到她在 1947 年嫁给了雅克·阿米诺·杜·沙特莱（Jacques Armynot du Châtelet）。他来自一个贵族家庭，可能是一名军人，因为他的家族有悠久的从军传统。他们在 1956 年就已经离婚了。一年后，雅克移民美国；若塞搬回法国南部，2014 年 6 月在戛纳去世，享年 90 岁。

法兰西·勒邦（摄于 1946 年）

图片来源：法兰西·勒邦·沙特奈·迪布勒克

1945 年 5 月 21 日，津卡和其他人一起到达鲁特西亚酒店后，就去打听路易·弗朗西斯的情况，却得知还不清楚他的下落。若非她的家人已经来到酒店里找她，她就会在酒店里给她的家人打电话。当天晚上或者是第二天，她的姐姐克劳德带着她的孩子法兰西来到津卡和路易·弗朗西斯在梅尚街(rue Méchain)上的公寓。这里离妇产医院只有一个街区，津卡在被捕之前曾计划在这里分娩。

勒妮（津卡）和米歇尔·沙特奈结婚的场景（摄于 1948 年）
图片来源：法兰西·勒邦·沙特奈·迪布勒克

津卡最渴望的是两件事：看看她的丈夫，抱抱她的孩子。很难说母女重逢到底是怎么进行的，法兰西已经一岁多了，可是只在出生后的头几天见过她的母亲，津卡对她来说是个陌生人。利斯·伦敦写到过，她和自己孩子的重逢过程很艰难。她非常想抱他们，亲他们，但他们哭着从她的怀里挣脱开，被她强烈的情绪吓坏了，无法真正理解她是谁。母亲和幼子的分离是会留下伤痕的。

津卡的弟弟罗歇和妹妹玛尔特也被驱逐过，现在已经回来了，但目前还是没有路易·弗朗西斯的消息。她在公寓里等着，坚信如果她一直等在那里，他就会找到她。她听到些关于失踪的被驱逐者的小道消息，说他们被关在别的难民营里，或是说他们只是太虚弱了，很快就会归来。她紧紧抓住这些传言：路易·弗朗西斯正在回家的路上，他可能因故耽搁了，但他随时都会敲开他们的家门。

几个月过去了，到了 11 月，大家都明白了。所有还活着的人都有了下落，或者已经回来了。有许多人将永远失踪，生不见人，死不见尸。津卡从其他返回者那里了解到，路易·弗朗西斯 3 月份曾在卑尔根－贝尔森集中营最后一次被人看见。她听说那里爆发了极其严重的斑疹伤寒疫情，死了好几千人，其中大部分人被埋在乱葬岗里。

1946 年 10 月，她收到了军方的正式通知，说路易·弗朗西斯失踪了，被推定死亡。她开始办必要的手续，来证明他是抵抗战士。1948 年，他被追认为为法国而牺牲的被遣送抵抗战士，同时被追授少尉军衔。

我从一开始阅读扎扎的书时，就想知道津卡在弗雷讷监狱生下的孩子法兰西的情况。她还活着吗，我能找到她吗？最终，通过一系列复杂的打听，并在居居的孙子奥利维耶·克莱芒坦的帮助下，我们知道了津卡在 1948 年和米歇尔·沙特奈结婚。

米歇尔也是抵抗战士，比津卡小 8 岁。津卡的父亲皮埃尔·勒邦又当了一次媒人，她的父亲和米歇尔的父亲很有可能是抵抗组织里的同事，皮埃尔·勒邦便安排他的女儿（现在她是战争遗孀了）和这个年轻人见面。米歇尔的父亲是法国人，母亲是英国人。他很像他的母亲，很有英国人的气质，很风趣，经常开津卡姐姐克劳德的玩笑，而克劳德每次都中计。米歇尔来自一个功勋卓著的军人家庭，他的父亲维克多·沙特奈（Victor Châtenay）在一战期间服过役，在二战开始时，维克多立即加入了第一个抵抗运动网络“荣誉与祖国”（Honneur et Patrie），该网络与英国情报机构关系密切。他在巴黎圣拉扎尔车站差点儿被盖世太保抓住，当时他正在向皮埃尔·勒邦领导的翡翠－菲茨罗伊网络的一名特工递送假证件。维克多的膝盖中弹，但还是逃进了地铁。但是他的小儿子安东尼当时和他在一起，不幸被抓住了。安东尼才十几岁，还是受尽拷打，最终被送往了布痕瓦尔德。

米歇尔的母亲芭芭拉·沙特奈（Barbara Châtenay）是英国将军道格拉斯·斯特林（Douglas Stirling）的女儿。她在一战期间自愿报名开救护车，在二战一开始就和她的丈夫一起加入了“荣誉与祖国”。她在传递大西洋沿岸德国潜艇基地的地图和建筑图时被捕，被驱逐到拉文斯布吕克。

米歇尔的父母育有四子一女，都积极参与反法西斯战争。米歇尔是英国特种空勤团的伞兵，参加了 1945 年 4 月解放荷兰的行动。1949 年，津卡和米歇尔有了一个儿子，名为吉勒（Gilles），他现在是法国南特的一名拉康精神分析学家。

我给吉勒·沙特奈发了电子邮件，问他是不是津卡和米歇尔·沙特奈的儿子。如果是的话，他愿不愿意和我谈谈他的母亲。他回复说，我可能想和他的姐姐法兰西谈谈。收到这封邮件后我呆住了，坐在那里呆呆地盯着电脑屏幕。自从这个项目一开始，我就一直在找她。而法兰西就住在我北面三小时车程的地方，住在德龙省（La Drôme）的美丽荒山中。

通过电子邮件，她告诉我，她和她弟弟吉勒对他们母亲战争中的经历几乎一无所知。我向他们介绍了扎扎的书和纪录片，还把其他幸存者关于他们母亲的描述发给他们。津卡在集中营里很有名。我告诉他们，利斯·伦敦的书里甚至还有她的画像。

这些新消息启发了法兰西，她决定查阅她母亲存放在阁楼里的文件。她发现了一份关于逃亡的复写件，是打字机打出来的，以单倍行距满满当当地打了 19 页。她和她的丈夫迪迪埃（Didier）开始着手把文件输入电脑。他们发觉这必定是扎扎在战争一结束就马上写的日记，她肯定是把副本给了津卡，要她提意见。在空白处还有津卡的批改。

吉勒给我发了一篇他为精神分析杂志写的文章，其中他谈到了病人和分析师之间应当保持必要的距离，同时也要相对亲密。[16] 他唤起了一段创伤性记忆：他曾看过一部关于纳粹集中营中囚犯的电视纪录片。他描述了一排排穿着条纹睡衣的尸体的噩梦般的景象，还有影片中奇怪的无音噪声。

他将这惊人的景象和他母亲在他幼年时向他讲的一些她在集中营里的经历联系起来。津卡告诉他："后来，我们自己想办法给自己找乐子。"她讲到了背诵菜谱和诗歌的事。她向儿子描绘了"死亡集中营中一群生动的人"。吉勒解释说，他的父母有一种"谨慎的幽默和谦虚"。这对他来说是一种策略，只有在他愿意的情况下，才能理解父母这些不言而喻之意。

他的父母与各种团体和意识形态都保持着一定的距离。津卡告诉他，她非常佩服共产党人和耶和华见证人，因为他们有强烈的群体意识和团结精神。她尊重他们，但却和他们"保持距离，退后一步，谨慎行事"。

吉勒的文章让我想到了隆的书中的最后一页：

"当我最后一次去看望津卡时——那时她已经病入膏肓了——她停顿了很久后突然说：你知道，我们变得很奇怪。事情就是这样的。我们甚至一直保持着疏离——与其他人大不相同。这对我来说当然没错，但居居也这么想，甚至一直到现在。"[17]

吉勒是一个焦虑的青年，他总是觉得自己是个局外人，与同龄人疏远。"我父亲母亲的轻微偏见一直在我心中回响，它们绊住了我，让我融不进去，非常痛苦。我总想弄明白我们之间的现实情况，但总感觉隔着些什么。"

他解释说，集中营对他的母亲来说不仅仅是过去的事情，它仍然在她的身体里，实际上是一种病。尽管医生试过手术切除，但她的结核病年年恶化。“这种沉默和不能触碰的现实便是影片中那些可怕场景的答案……我难以亲近政治团体和政治理想，我对我自己和我的肉体也有一些认知困难。”

吉勒和我在午餐时见面，他告诉我关于他自己的第一件事是，他从他母亲那里继承了一种厌食症。他的儿子汤姆（津卡的孙子）也和他们生活在一起。汤姆成了一名厨师——“也许，”他说，“是为了治愈我家人的创伤。”[18]

吉勒说他母亲很讨厌做饭，还总是开玩笑说，她曾经因为背菜谱而在营地的比赛中得了个“最佳厨师”的头衔。实际上，她觉得吃饭是件苦差事。因为得了肺结核，她一直没有什么胃口。

战后，经常有人警告幸存者说，父母过去营养不良的经历会让他们的孩子受罪，所以他们得特别注意自己的饮食。“这些都是科学，”吉勒说，“热量是计算好的，还要加上很多脂肪。而我小时候吃饭的背景音乐是‘吃！快吃！’。我母亲不喜欢做饭，她也不喜欢吃饭，所以我也不喜欢吃饭。”

吉勒后来自己也染上了肺结核，不过这病在那时已经很容易被治好了。但因为医生怕他吃不饱，就把他送进了疗养院。在第一所疗养院，吉勒发动了一次绝食抗议。

他告诉我这个故事时，我们正在外面的阳光下吃午餐，那天天气很好，饭也很好，是黄油麦片粥加烤鱼。不知何故，这个故事让我们都觉得很搞笑。他说，他是“68 一代人”（这个说法一般是指 1968 年夏天法国学生掀起的一场全国性运动，工人大规模罢工，经济停顿。这场风波是法国人的道德和文化转折点）。“疗养院里规矩太多。”他能做什么？他只能“造反”。

“但是你绝食？”我感到不可思议，笑了起来，“替那些肺结核患者呐喊？”

他的儿子汤姆插话说：“他和我祖母一样，他们都是斗士。”

“我被踢出了那个疗养院。他们把我送到另一家，我就好了。”

吉勒说他已经逐渐从厌食症中恢复过来。但他觉得非常奇怪的是，挨过饿之后，他的母亲怎么会对食物如此不感兴趣。

我的女儿苏菲开车带我们北上，穿过德龙省的壮丽景色，来到了法国。我们在奔流不息的河流旁行驶，这些河流在一系列峡谷中穿行，高处的岩石层色彩斑斓。在法兰西住的迪（Die）镇，我们品尝了著名的克莱雷特起泡酒（Clairette de Die）。迪镇可能非常受 1968 年回归乡间运动的嬉皮士的欢迎，因为它有一种真正的另类感觉，很像佛蒙特州或科罗拉多州的部分地区。我们数了数，镇上有五家灵气疗愈（Reiki）店面。

法兰西在旅游办公室前找到了我们。我们拥抱了，她哭了起来。她说，她现在非常激动，因为这么晚才发现关于她母亲的这一切。我告诉她，要弄清楚津卡是谁非常不容易。她说："想想我，我现在 75 岁了，才找到我的母亲。"

法兰西·勒邦·沙特奈·迪布勒克（摄于 2019 年）
图片来源：法兰西·勒邦·沙特奈·迪布勒克

法兰西说，她的母亲从未谈过自己在战时的经历。她有时会谈起路易·弗朗西斯，因为他是法兰西的父亲，但从未谈过她自己。法兰西知道她是在弗雷讷监狱出生的，因为这就在她的出生证明上写着呢。"所以你没法隐瞒它。有时，这也会带来麻烦。在学校，当他们问你在哪里出生时，我就说：‘我在弗雷讷监狱出生。’然后老师就会给我母亲打电话，问我是怎么回事。”[19]法兰西在讲述这段轶事时笑了。

那一天风和日丽，我们坐在他们大房子的花园里。法兰西的丈夫迪迪埃是一位退休的地质学家，他也加入了我们的谈话。他们两个人显然都活力充沛，都是运动健将。他们说，他们经常在山上徒步。我问起他们为什么要住在这个小镇，他们说，他们结婚后大部分时间都生活在非洲和南美，还在海外养育了两个儿子，但迪镇才是他们要最终回来休养的地方。当迪迪埃退休后，他们就在这里落脚。津卡在生命的最后阶段曾经去达喀尔看望过他们，迪迪埃对此印象深刻。他们在海滩上给津卡举办了一个烧烤派对，有娱乐活动和美味的食物。作为主宾，大家大大夸奖了她一番。“那一天非常美妙，”他说，“令人记忆深刻。”

法兰西继续说：“她谈到了我的父亲，但没有说他在集中营发生的事情。他们是那种绝口不提过去的人。比如我的叔叔托尼，他的女儿最近才能采访他，向他提问。他在布痕瓦尔德时还是个年轻小伙子。我们之前对此一无所知。”

法兰西对她的父亲知之甚少。她出生时已经在监狱里，他可能甚至从未见过她。她所知道的只是她母亲告诉她的一些小事。她父亲很有趣，经常把津卡逗乐。她的母亲不爱早起，他就经常在早上取笑她。但她承认，她很难回忆起这些，因为津卡在 1948 年与米歇尔 · 沙特奈结婚，开始了新生活。

“是米歇尔把我养大的，”她说，“他对我视如己出，就只是抚养我而没让我必须改姓，我可以保留两个名字。”她觉得她的母亲已经尽了最大的努力，和她的继父一起把自己抚养长大，同时又使她保留对生父的记忆。法兰西很崇拜米歇尔。她非常尊重继父对待她的方式。她笑着说：“他会纠正我的英语。”他的幽默感很有英国特色。

津卡在战前是个运动健将：她在海里游泳，打网球，还在阿尔卑斯山滑雪。当初她和家人们在蔚蓝海岸（Côte d’Azur）的圣让 - 卡普费拉（Saint-Jean-Cap-Ferrat）附近的家庭别墅里避暑时拍过几张照片，照片上的她面带微笑，皮肤黝黑，充满活力。然而战后她变了。法兰西给我们看了一张照片，她的母亲在结核病疗养院休养时，一个寄养家庭照顾了她整整一年。法兰西当时看起来大约六岁。“他们已经有七个孩子了，所以多一个也没什么。那是一个非常幸福的家庭。那段时间的记忆非常温馨。”

我问她：“你有关于你母亲从集中营回来时的记忆吗？”

“没有，真的没有。我的记忆都是噩梦。”

因为津卡的病，法兰西被寄养在各处的不同家庭里，她的童年一定是动荡的。战争期间，整个家庭都在受苦。津卡、玛尔特、罗歇、米歇尔的小弟弟托尼还有米歇尔的母亲都曾在集中营里待过。两个家庭都有损失。

法兰西记得她弟弟出生的时候，她说：“他比我小五岁。”当他们还小时，年龄差距太大，无法亲近；后来，随着慢慢长大，他们日渐亲密。她的母亲体质很差，只能由家里其他人照顾法兰西。“我和我母亲家特别亲。我的姨妈玛尔特照顾我，她家真的帮了我很多。我的舅舅罗歇可能有些严厉，喝了酒以后有点儿不好相处，但他总是很大方。”

她父亲那边的勒邦家族就不是这样了。津卡显然努力让法兰西和他们保持亲近。法兰西回忆起她母亲告诉她的一个故事：有一次她走了很远的路，一路上抱着法兰西去看望她的姑妈和姑夫，而当她离开时，他们不仅没主动开车送她回家，甚至连一点儿忙也不帮。她只好一路抱着法兰西走回来，这以她的身体状况来说确实非常不易。

她的母亲病得很重。“她经常去疗养院，这对任何人来说都不容易。她做了好几次手术。医生们先是切除了一叶肺，然后他们不得不给她的心脏做手术，给她装了一个心脏起搏器。收拾屋子、照顾弟弟的任务就落到我肩上。那时候简直不堪回首。每次她回家时都累坏了，我就要帮着做家务，比如说帮着做晚饭。每次我提出要帮忙时，她都会非常欣慰。”

迪迪埃仿佛能感觉到痛苦的记忆在折磨他的妻子，就又提起了在达喀尔的那次烧烤。“她那时特别高兴。记得吗？大家都在照顾她。”

法兰西说：“我想她看到我们快乐就很高兴。我们有好朋友，我们的生活又大方又洒脱。”

我问法兰西能不能讲讲她母亲的性格。她说：“她非常坚强勇敢，从不抱怨，哪怕她病得很重。她和米歇尔是快乐的一对。她喜欢笑，是个快乐的人。虽然她的生命很短暂，但很快乐。”

迪迪埃说，你不能对津卡说不。他讲了他和法兰西结婚时的一件趣事："我们本来要结婚的，但这事对勒妮（津卡）和米歇尔来说非常重要；他们想要一个体面的婚礼。法兰西对他们来说特别重要。他们希望她嫁个对的人。但我是'68 一代'。我对所有这些花哨的小资风格婚礼的想法不感兴趣。有一天，他们说：'迪迪埃，你跟我们来。'他们把我带到了巴黎的一家商店。就在其中一个地方，全部是那种……"迪迪埃想了想措辞，想到了"企鹅的尾巴"，用英语说了出来。

"燕尾服？"我说。

"是的。我告诉她，那些衣服看着太蠢，我不打算穿。她就非常甜蜜地说：'迪迪埃，你就让我高兴一下。'她的态度非常好，我只能说：'好吧。'她就是这样的人。"他又说了一遍："'迪迪埃，让我高兴一下。'于是我穿上了'企鹅尾巴'。"

法兰西觉得，如果受过苦的人不愿意谈论战争，我们应该尊重他们。"我对我的童年和青春期很满意。我没受什么创伤。也许我的童年——怎么说呢——总有一种感觉，一种恐惧，怕大家会离开，怕我会被丢下。这感觉一直伴随着我的整个人生。我是吃百家饭长大的。这对一个小孩子来说很不好受。但我并不怪我的母亲。更复杂的是后来因为她病得很重，我不得不被寄养在不同人家。但现在我知道了她的故事，这真让人感慨万分。"

津卡在 1978 年去世。她的心脏最终还是没挺过去。

在埃莱娜开着那辆大克莱斯勒回到家里之前，她在后备箱里装满了美军食堂里的各种吃的。当时的德国已是一片废墟：田地抛荒，人民挨饿，城市破败不堪，男性人口大幅减少，整个国家分裂成东西两半。甚至有些人认为，德国从此将不复存在。

埃莱娜还有一项任务要完成。她带着满满一车的肉罐头、汤、巧克力、香烟和美国口香糖，驱车前往当初弗里茨·施图皮茨在防空洞地上灰尘中写下的那个小镇。

埃莱娜告诉我："我找到了那个村子，发现弗里茨现在是村长了，因为他是一个老共产主义者。我把我带来的所有食物都给了他。当他的惊讶过去后，我们都很感动。"

他们活下来了。他们将一直活下去。

埃莱娜比其他人晚几个月回到法国的家。她开着她的大克莱斯勒来到塞纳河畔的阿涅尔（Asnières-sur-Seine），给家人和邻居留下了相当深刻的印象。每个人都来到广场迎接她。她是归国的战争英雄，而且还制服笔挺。

经过一个多月的精心饮食、休息和她母亲的照顾，她已经恢复了体力。她还去看了牙医，修好了她的牙齿。她急着想重新开始工作，想把过去的事情忘掉，她回到了以前在马自达灯泡公司的岗位。她的老板问她愿不愿意去德国出差，一个德国科学家称他有一项对公司来说很重要的专利，想卖给法国人，但需要派人去审查他的要求和实验室。

埃莱娜被派往符腾堡州，在那里工作了八九个月。他们为她订了一家小旅馆，她一个人住在那里。在离旅馆大约 25 公里的地方，驻扎着一个法国轰炸机师和一队飞行员。当她在周末无聊的时候，或者当她想找人说法语的时候，她会去那里打桥牌，打猎，在多瑙河里钓鱼，或者参加士兵们的聚会。她正是在这里遇到了第一任丈夫，玛蒂娜的父亲，雅克·富尔卡德（Jacques Fourcaut）。

埃莱娜当时 27 岁。玛蒂娜回忆说，她的父亲雅克长得很帅，但却是一个焦虑不安的人。他是个飞行员，却对飞行有恐惧感。她说："我母亲非常漂亮，他们相爱了。我父亲很有魅力。但他们真正爱上的是爱的概念。"

埃莱娜告诉我，雅克的上司警告她："你简直是疯了才想嫁给那个男孩。他是个半疯，他的问题很严重。"但她还是嫁给了他。

玛蒂娜确定这是因为她的母亲已经怀孕了。"我是六个月后出生的。而埃莱娜也是在她的父母相遇后六个月出生的！所以很明白了，为什么我的家人有这种恐惧症，害怕女孩太接近男孩，甚至看到男孩都不成。"

玛蒂娜说，埃莱娜和雅克来自两个非常不同的世界。"我的母亲是托洛茨基主义者，她的父亲是犹太人，反对军事，是个和平主义者。但我父亲的家庭则完全相反，都是天主教徒。他来自一个工业家的家庭。他的父亲在生意场上一路高歌猛进，而他的母亲是贝当的支持者。她认为她的儿子是个叛徒，因为他参加了抵抗组织。她说她要亲手杀了他。"

作为一名军人，雅克经常不在家，但当他在的时候，他会和埃莱娜的女友们调情，追求她们。玛蒂娜记得，1957 年她的祖父去世后，家人把她送到山区的一个营地。当她回到家时，埃莱娜宣布她要离婚了。

我之所以认识埃莱娜，是因为她嫁给了我的舅祖父丹尼，我祖母的弟弟。丹尼的形象在我印象中十分高大，因为他是公认的抵抗运动英雄，也因为我父亲很喜欢他。我父亲在十几岁的时候，经常离开他那生活在纽约州北部农场的严厉的德国父亲，到欧洲他的法国母亲那里过夏天，只要她能给他安排好机票或船票。

大家都记得有那么个夏天，丹尼和埃莱娜在伊斯基亚（Ischia）岛为所有的孩子租了一所房子。我父亲说，那个夏天他就好像是去了一趟乌托邦。当我去问埃莱娜的女儿玛蒂娜时，她也用回忆好梦般的语气回忆起伊斯基亚的夏天。她笑着说："哦啦啦，我当时爱上了你的父亲！"她说，"我所有的表兄弟都在那里；我想我们至少有十个人。我们每天都围在餐厅的大桌子边上吃饭。我当时九岁，我记得到处都是盛开的玫瑰花。玫瑰花的味道。那是天堂！"[20]

她给我看了一张那年夏天的照片，埃莱娜和丹尼在海滩上。他们很美，互相爱着，他们已经找到了彼此。"他们告诉我他们已经结婚了，但其实还没有。他们后来结婚了。为什么他们认为我会在乎这个！"

对玛蒂娜来说，作为一个经历相当复杂的母亲的独生女，丹尼进入她的生活是一个天赐良机。"当他来的时候，我看他是个介于加里·格兰特（Cary Grant）和约翰·韦恩（John Wayne）之间的人。他打橄榄球；

他跟我谈战争；他给我讲故事，我听得眼睛都睁大了；他还教我游泳。每次我害怕的时候，他都帮我克服恐惧。”

玛蒂娜青春期时经历了一段艰难的时期。她的母亲想让她加入交响乐团，但玛蒂娜想弹吉他，和她的朋友在海滩上唱民歌。那是 20 世纪 60 年代，一切都是颠覆性的。她尝试了许多不同的职业，最后决定选择心理学。她最后成了一名社会工作者。20 世纪 80 年代，在艾滋病危机的高峰期，她在街头帮助瘾君子们。她毕生致力于为受压迫者和受苦者服务。现在，在她退休后，她是巴黎一个流浪汉收容所的主任。她觉得她一生的工作是她母亲所奋斗的事业的直接延续。她解释说，联合国在 1948 年通过的《世界人权宣言》是她奋斗的基本原则，宣言是在集中营之后、大屠杀之后提出的。这对玛蒂娜来说是她的直接遗产。像许多第二代大屠杀幸存者一样，她选择了一个帮助他人的职业。而且她还与自己的心理疾病做斗争，她患有偏执狂和边缘型人格障碍，这是代际创伤的常见症状。

我在 20 世纪 80 年代认识了埃莱娜姨姨，当时她已经 60 多岁了。在此期间，她曾因严重的抑郁症住院治疗。我问玛蒂娜她母亲与抑郁症斗争的事情。她说：“这是从她 50 多岁开始的。原因有三点——她被炒鱿鱼，弄得很不愉快；她的母亲去世了；而我结婚了。”玛蒂娜承认，她不是一个完美的女儿——因为她在街上与吸毒者一起工作——家里人，甚至连丹尼都把埃莱娜的精神问题归咎于玛蒂娜。他们说她的母亲是因为担心女儿才心情低落。但也许正是在这个时候，由这些损失牵头，她的母亲开始审视自己的过去，开始伤心悲痛。埃莱娜找到了一位好医生。之前她一直拒绝精神分析，还贬低玛蒂娜在心理学方面的工作。埃莱娜已经把她的所有过去都忘了，但自从得了抑郁症，又找到了这位好医生，玛蒂娜觉得她的母亲终于能够开始谈论所有这些事情。她想说话，她需要说话。“当你记录她的故事时，她真的很高兴。”玛蒂娜告诉我。

但这也激起了一些事情。在她生命的最后阶段，有几次她很明显是在挣扎着接受她的过去。有一阵子，她不让人帮她洗漱。她的长期护工拉蒂巴（Ratiba）试图把她弄到浴缸里。埃莱娜反应非常剧烈，还打了她。拉蒂巴很钦佩埃莱娜，对她很忠诚。当埃莱娜打她时，她没有生气，而是问埃莱娜是不是水刑的原因。埃莱娜回答说：“我们不谈这个。”但事后，她平静下来，同意洗澡。

在丹尼死后，她也一步步接近了死亡，埃莱娜开始担心自己最后会有什么反应。埃莱娜的父亲曾是一个激进的无神论者。玛蒂娜告诉我：“我的外祖母是天主教徒，但她的女儿和她的丈夫是无神论者。我母亲在生命的最后时刻担心的是，她会仅仅出于对死亡的恐惧而皈依宗教。”

在 2012 年 3 月母亲的葬礼上，玛蒂娜唱了《沼泽里的士兵》，这是她母亲教她的第一首歌。纪录片《逃离》的制片人安赫·维贝尔丁克和耶茨克·施潘耶尔给我看了一段视频。她低沉饱满的声音，就像鸣响的大钟，重复着感人肺腑的副歌："向外挖，向外挖。"

《逃离》以隆和埃莱娜在逃亡63年后的感人重逢结束。安赫和耶茨克向我解释说，他们问埃莱娜在镜头前有没有什么话想对隆说。但埃莱娜说，她还是更愿意和隆当面说。哪怕舟车劳顿，她也想要去见她。埃莱娜从巴黎搭火车，约好和隆这位老朋友在海牙见面。她们一起回忆了往昔，埃莱娜说："我们那时可都是漂亮姑娘。"

埃莱娜和隆63年后再会（摄于2008年）

图片来源：耶茨克·施潘耶尔和安赫·维贝尔丁克（Jetske Spanjer and Ange Wieberdink）

就在妮科尔去世之前，当初的九个姑娘中依然健在的人带着她们的家人聚了一次。埃莱娜那天没能参加，但妮科尔去了，还有居居和她的家人，扎扎的家人，还有隆。雅基、津卡和梅娜已经去世。虽然若塞还活着，就在戛纳，但已经和其他人断了联系。事后，妮科尔写了一封短信，讲述了他们重逢的经历：

“今天，作为老太太……在这次重逢中，我们感触良多。这也证实了我们为什么是为对方而生的。我们之间还存在着非常强大的东西……关于那些很久以前就失踪之人的记忆与我们同在，而我们，尽管只有我们自己，仍然是一个集体，一个九人集体……我再次确信了将我们团结起来的纽带的力量和我们共同的力量。今天下午是一个里程碑，作为我们特殊友谊的最后一块石头，一份新的记忆落了地，落在一个只属于我们九个人的地方。而对你们所有人来说，这只是个再见。”

致读者

每一位研究普罗大众、研究无产者、研究卑下者和奴隶的历史学家都不得不努力面对史料权威，因为史料限制了什么东西可知、谁的视角算数，以及什么人才有资格成为有分量的历史人物。

——赛蒂亚·哈特曼《落魄的生活，美丽的实验》

SAIDIYA HARTMAN, *Wayward Lives, Beautiful Experiments*

这本书中的九位女性都是真实存在的。这是她们共同的故事，也是关于欧洲二战抵抗运动中女性遭遇的更大叙事中的一部分。但是她们的大部分生活、她们的选择或她们为什么做出这些选择是未知的，也是不可知的。何况我不是历史学家。

我受过诗人的训练。我的意图是融入和想象女性的故事，突破可以量化、可以标注日期、可以在地图上标记、可以引用和验证的局限性。

战争开始时，所有九个人都在没有投票权的情况下开始了她们在法国抵抗运动中的激进工作。她们的法律地位与儿童相同。1944 年 4 月 21 日，主要是由于妇女在抵抗运动中的贡献，戴高乐将军宣布法国妇女将获得投票权。到那时，九人中有七人已经入狱或被驱逐。

当我试图揭开这个故事的真相时，我意识到在查看档案时，有时最重要的恰恰是被遗漏的东西。当这个人是女人、穷人或边缘人时，情况更是如此。作为一名作家，我的工作是探索有权势的人认为重要的记忆和记录的边缘。我不得不在官方历史记忆和这九位女性的个人生活故事之间的紧张关系间做出协调。

战后一段时间内，法国公众和世界上大部分地区都没有关注对犹太人的种族灭绝。他们错误地认为犹太人与政治驱逐者的人数相同。他们想歌颂抵抗运动中的男性英雄，也许有些人甚至想隐藏他们曾可耻地与德国合作驱逐犹太人。在法国，谈论女性抵抗者及其被驱逐是一个禁忌。

在 1961 年的艾希曼审判之后，世界各地对种族灭绝真实历史的兴趣日益浓厚。纪念博物馆、档案馆、电影和视频采访逐步创建，因为大众渐渐认识到幸存者的记忆需要被保存和传递,其基本目的是教育公众，使已经发生的事情永远不会再发生。

在撰写这个故事的过程中，我对集中营纪念馆和博物馆的必要性的思考不断变化。起初，我觉得访问苦难之地和一个叫作“黑暗旅游”的行业在道德上模棱两可[1][①]。在大众旅游时代，奥斯维辛集中营每年大约接待150万游客，关于人群的管理和体验的商品化出现了复杂的问题。如何阻止人们在苦难和悲剧的现场进行不恰当的自拍？在集中营遗址开设礼品店意味着什么？黑暗旅游在塑造历史意识方面发挥了作用，还是说它只是为了应和我们凝视恐怖的猎奇感和好奇心？黑暗旅游是否给了我们一个自由通行证、一个道德许可，就像“我去了奥斯维辛，所以我不可能是一个坏人，我也就不必审查我的行为”？

使问题更复杂的是，这些遗址在不同时期被用作宣传。奥斯维辛纪念营是在 1947 年开设的，目的很明确，就是把它作为一个象征。其中没有提到 110 万犹太人的死亡。事实上，直到 1989 年之后，纪念地才提到犹太人。该遗址被称为“法西斯主义受害者国际纪念碑”，用以讲述“革命同志们是如何在资本主义纳粹分子手下殉难的”。

过去，往往在战争胜利后，各国都会树立庆祝纪念碑。但现在，随着我们有了审视暴力历史的新意愿，我们有了这些空间作为记忆的载体。记忆已经成为一种道德上的要求。然而，当我在进行这个项目时，我却

① “黑暗旅游”一词是由 J. 约翰·列侬和马尔科姆·福利在 1996 年创造的，他们是格拉斯哥喀里多尼亚大学酒店、旅游和休闲管理系的两位教员。“黑暗旅游”指到历史上与死亡、痛苦和悲剧有关的地方旅游。

面临着记忆的问题。创伤性记忆是持久的，影响了几代人，它也是脆弱的。记忆往往是混乱的，甚至是被压制的。如果记忆必须拯救我们，那么当记忆，尤其是创伤性记忆的问题这么严重时，我们该怎么做？而当所有能记得的人都死了，我们又该怎么办？

第一次和苏菲去德国的时候，我对这些妇女被囚禁的地方和她们逃亡的路线只有一个模糊的概念。我错误地认为她们是在布痕瓦尔德，因为莱比锡是布痕瓦尔德的一个分遣营，而不是拉文斯布吕克的。在参观了莱比锡 HASAG 遗址的纳粹强迫劳工纪念馆后，我们来到了布痕瓦尔德。这是我参观的第一个集中营。

那是 1 月的一个严寒的日子。寒风呼啸，雪花飞舞，一片荒凉景象。当苏菲和我从一个标记走到另一个标记时，我们真是被寒冷折磨得苦不堪言，但我们觉得我们无权抱怨，也无权缩短这种折磨人的访问。受苦是件好事。我要把注意力集中在这一种内涵深刻的事件上，我不想变得麻木。但我也忍住了眼泪，因为那感觉像是在装腔作势。然后，当我在玻璃展柜中看到利斯・伦敦为她的孩子们制作的一些毛绒玩具时，我再也忍不住了。我想到了梅娜为小法兰西做的毛绒玩具熊，它失落在穆尔德河的洪流中。

在我们的旅途中，苏菲和我谈到了在这个世界的这个时刻，一个公民必须做什么。我是一个有礼貌的老一辈人，劝她要有耐心。但是她不愿意，也许她应该更加努力，更多追问。也许我们星球的生存取决于此。

埃莱娜小组中的九位年轻姑娘也被同样的紧迫感所驱使。当她们加入抵抗运动时，她们和苏菲一样，都是20多岁。今天看来，她们显然站在了历史的正确一边，但在当时，当她们被盖世太保逮捕时，她们被指控为"恐怖分子"，这也是许多法国公民看待她们的方式。

当我第三次去德国时，我准备得更充分了。我告诉自己，我只要再参观一次集中营。如果我想充分了解这九个人的故事，我必须去看看拉文斯布吕克。这一次我是和我的妹妹蒂莉（Tilly）一起去的。我们从菲尔斯滕贝格火车站出发，走了大约三公里路来到营地，这也是那九个姑娘走过的，或者说逃跑过的路线，后面紧追着党卫队和他们的狗。

我们花了几个小时看展览，又去纪念地走了一圈，然后我们进入了曾经是集中营的平坦的空地。监区的轮廓用凸起的泥土围出来。我紧握着地图，试图找到点名场，在那里，有那么多的时间是站在寒风中度过的。我寻找着"雷维尔"医务区。我们找到了24号监区，法国政治犯曾被送到这里，还有湖边的帐篷区，那里容纳了大批涌入的囚犯。除了浪花拍打湖岸的声音，这里一片寂静。我现在明白，把这些地方留下来做见证是很重要的，但我有些渴望大自然能重新抹平这里。也许这也是我们人类在记忆和遗忘之间的紧张和矛盾心理。我们如何坚持过去的真理，同时又不让过去阻碍我们活在当下？

在参观完拉文斯布吕克的几天后，我和蒂莉租了一辆车，开始重走姑娘们逃亡的道路。我们找到了克莱因拉格维茨，她们在那里受到了南斯拉夫战俘的热烈欢迎。我们找到了热平，那是单片眼镜付钱、姑娘们用叉子吃面的小镇。在拉伊岑，我寻找警察局，但它已经不存在了——只有一个小消防站，显然是在苏联时代建造的。一座破旧的、半废弃的行政大楼是我想象中她们拿到在德国当局面前炫耀的文件的地方。在拉伊岑外，蒂莉和我试图确定哪家农舍属于安内莉丝和恩斯特。我们在一条阴凉的小路尽头找到了一个农场，这是一座漂亮的房子，有一个大谷仓，有着白灰木构件的都铎式墙壁。它有一个阴凉的中央庭院，还有一个水泵。我想，这就是若塞唱舒伯特的地方。

我们找到了"巨人"居住的德尔姆舒茨，还有那座坐落在山顶上的房子。纪录片制片人安赫和耶茨克见到了"巨人"的后代，他们仍然住在那里。

我找到了奥伯施泰因和儿童之家，那里现在是一片废墟。当我们到达阿尔滕霍夫，也就是娃娃兵们鼓弄铁拳的地方时，我还找了那座桥和那片树林。他们都不见了。但当我们接近穆尔德河时，我们在一片深林中开了一会儿。汽车沿着一条高树包围的小路蜿蜒前行，黑暗的树枝缠绕在丘陵中。我们找到了重建的桥，三座桥拱横跨穆尔德河。我可以想象，在寒冷的春日里，九姐妹与那条洪流的对峙确实惊心动魄。

为了讲述她们的故事，我试图追寻关于这九位女性的已知线索。只要有可能，我就会去见她们的家人和朋友。我搜寻了她们的个人陈述和其他曾在同一监狱和集中营的妇女的陈述。我参观了档案馆和纪念馆，并与历史学家交谈。然后我不得不走到阴暗处，与鬼魂交流。拉尔夫·埃利森（Ralph Ellison）写道："写作行为需要不断地回到过去的阴影中，在那里时间像幽灵一样盘旋。"我想创造一个空间，让这九位女性能够存在。

致　谢

这本书的诞生至少花了五年时间，如果我认为它是从 2002 年我与舅祖母埃莱娜·波德利亚斯基·贝内迪特共进午餐时产生的第一个火花开始。我永远感谢她把她没有告诉过任何人，或者只告诉过极少数人的故事托付给我。我还必须感谢我的姨妈伊娃·施特劳斯，她鼓励我，还在 2002 年和我一起去录制采访。伊娃是不屈不挠的家庭档案员，她和她的丈夫米歇尔·帕亚尔（Michel Paillard）一起把录音转写成文档，后来由埃莱娜审阅后捐献给了巴黎南特大学的档案馆。

为了完成这个故事，我得到了许多人的帮助。

我要感谢苏珊·莫代的家人，特别是皮埃尔·索瓦内和他的妻子安妮·弗洛伦斯，感谢他们支持苏珊的书。当我与他们联系并要求进行采访时，他们很热情地接待了我。我也要感谢苏珊在阿尔雷阿（Arlea）出版社的编辑安妮·布吉尼翁（Anne Bourguignon）。当我与她联系时，她对这个故事的热情是显而易见的，她迅速做出回应，让我走上了这条道路。那本书和纪录片《逃离》对我来说是打开这个故事的关键，没有它们，这本书就不可能存在。我深深地感谢耶茨克·施潘耶尔和安赫·维贝尔丁克这两位才华横溢、慷慨大方的荷兰纪录片制片人。

如果没有这九位女性的许多家庭成员的大方相助，我不可能走到今天。我一次又一次地被他们愿意打开他们的门、他们的心和他们的相册而深深折服。妮科尔的女儿给了我她母亲未发表的文章。她邀请我在巴黎的巴特利尔（La Batelière）酒店吃了几顿饭，甚至带我和她的同伴去参加我在德鲁奥（Drouot）拍卖行的第一次现场拍卖。她把我介绍给雅克利娜·弗勒里（Jacqueline Fleury），她是 57 000 人中的一员，是拉文斯布吕克的幸存者，这对我来说是真正的荣誉。

居居的家人提供了很大的帮助。她的孙子奥利维耶·克莱芒坦以其精湛的家谱网站搜索技术成为我的一名编外助手。他帮助我找到了津卡的家人，解开了双姓的结。他和他的母亲洛朗斯·斯皮伊克·克莱芒坦（Laurence Spijker Clémentin）一起，让我第一次认识了居居，并带领我找到了梅娜的家人。居居的孙辈们，卡特琳（Catherine）、波利娜（Pauline）、奥利维耶（Olivier）和艾蒂安（Etienne）·克莱芒坦以及朱莉（Julie）和卡里纳（Carine）·斯皮伊克，慷慨地与我分享他们对她的回忆。我遇到了居居的儿子马克·斯皮伊克，并与他关系密切。他知道他在这个故事中多么重要，以及我多么感激他和这个故事引导我走过的道路。

梅娜的女婿让－路易·勒普拉特和她的孙子纪尧姆·勒普拉特是了不起的讲故事的人。他们都允许我在电话中采访他们几个小时。纪尧姆分享了他从母亲那里继承的动人故事。而让－路易则毫不犹豫地给我寄来了一信封的照片。

我很感谢津卡的儿子吉勒·沙特奈和孙子汤姆·沙特奈，感谢他们在法国南部与我们会面，当时我们还共进了一顿难忘的午餐。在整个项目中，对我来说，最强烈的情感体验之一是见到了可爱的法兰西·迪布勒克（France Dubroeucq），她是津卡在弗雷讷监狱生的孩子。我永远感谢她和她的丈夫迪迪埃，感谢我们一起度过的那个下午，感谢他们在阁楼上发现并与我分享的文件——这是整个故事的另一个宝贵的关键。

我很感谢雅基的朋友菲利普·蒙塞尔（Philippe Monsel）。如果没有与他交谈，我就不会对雅基有太多的了解。我还要感谢雅基的继承人米歇尔·莱维（Michel Lévy），他对雅基的评价非常感人，填补了她故事中的许多空白。

埃莱娜的女儿玛蒂娜·富尔卡德（Martine Fourcaut）的贡献是非常宝贵的。她分享了有关我们家族那部分人的丰富信息。她的幽默感和对她母亲的洞察力对我的理解至关重要。

当耶茨克和安赫安排我和马克·斯皮伊克在阿姆斯特丹与他们会面时，我不知道那一天会有多重要。不仅是终于见到这两个启发了我开启这个项目的人，而且他们还安排了与隆的女儿和女婿帕特里夏·伊丽莎白·弗雷德里克·文辛克（Patricia Elisabeth Frédérique Wensink）和弗拉迪米尔·施里贝尔的会面，这真是太好了。帕特和弗拉迪米尔在会面时慷慨地准备了一些文件与我分享。帕特坦率地讲述了作为一个幸存者的孩子所面临的困难。我对他们与我共度那个星期天感激不尽。

我在莱比锡强迫劳工纪念馆遇到的档案员安妮·弗里贝尔可能不知道她的帮助有多重要，但我深深地感谢她和所有匿名的档案员，他们对保存真相的奉献精神非常高尚。巴黎美国大学（American University of Paris）校长塞莱斯特·申克（Celeste Schenck）慷慨地邀请我去乔治和伊琳娜·谢弗（George and Irina Schaeffer）种族灭绝、人权和冲突预防研究中心查阅他们的档案，该中心存放着南加州大学纳粹浩劫基金会的视觉历史档案。在那里，在首席档案员康斯坦丝·帕里斯·德·博拉迪埃（Constance Pâris de Bollardière）的帮助下，我得以查阅妮科尔·克拉朗斯的数小时视频访谈，这是本项目的另一个关键时刻。

另一个我对纳粹集中营系统的认识的重要组成部分得益于法国布痕瓦尔德、多拉和分遣营协会（Association française Buchenwald, Dora et Kommandos）的成员热心的帮助。我特别要感谢在我第二次去德国时的优秀导游，让-克劳德·古尔丹（Jean-Claude Gourdin）和克里斯托弗·拉比诺（Christophe Rabineau）。我还要感谢那次旅行中的同伴，他们中的大多数人都是被驱逐者的家属。这个最初由幸存者组成、现在由被驱逐者的家人继续的纪念团体，不知疲倦地警惕地保存着历史和记忆。这段历史正受到新法西斯主义者、反犹太主义者和其他否认大屠杀者的不断威胁。我还要感谢布痕瓦尔德、多拉和分遣营国际委员会（International Committee for Buchenwald, Dora and Kommandos）主席多米尼克·迪朗（Dominique Durand），以及历史顾问、秘书长阿涅丝·特赖贝尔（Agnès Treibel）。我要感谢多米尼克建议我与阿涅丝一起工作，她阅读了手稿的粗略草稿，并做了大量的、仔细的、有见地的批注和更正，这些对我来说是非常宝贵的。她一直是我的一个重要消息来源，并永远慷慨地提供她的时间和知识。

在两个冬天里，当我从正常工作中暂时抽身出来时，我得到了一个写作的地方。我要感谢保利娜·努里西耶（Paulina Nourissier）在巴黎的公寓，我在那里写下了本书的初稿，并感谢佛蒙特工作室中心（Vermont Studio Center）在第二年的大力协助。卡利库恩中心作家疗养院（The Callicoon Center Writers Retreat）慷慨地给我提供了一个地方，虽然我没能过去，但我要感谢劳里·芬德里希（Laurie Fendrich）和彼得·普拉根斯（Peter Plagens）的不懈支持。

我要感谢我的经纪人安迪·罗斯（Andy Ross），感谢他不知疲倦的帮助和鼓励。我感谢并钦佩朱迪思·卡菲奥尔（Judith Karfiol）的坚韧不拔。我还深深感谢圣马丁出版社（St. Martin’s Press）的出版团队，特别是我的编辑伊丽莎白·迪斯加德（Elisabeth Dyssegaard），也感谢参与编写本书的其他许多人。亚历克斯·布朗（Alex Brown）、珍妮弗·费尔南德斯（Jennifer Fernandez）、迈克尔·斯托林斯（Michael Storrings）和苏·瓦尔加（Sue Warga）。

对于一个这么长的项目，你最终会与朋友和家人谈论得太多、太频繁。我要感谢他们耐心地倾听，并鼓励我继续。埃拉·希克森（Ella Hickson）是一个帮助极大的盟友；没有她，我可能永远不会走到这一步。玛莎·斯塔克（Martha Stark）、珍妮特·尼科尔斯（Janet Nichols）和卡琳·卡里欧（Karine Cariou）是我最初的读者，她们从我一开始写作就一直不懈地支持我。有许多作家朋友与我一起经历了多年的写作生涯，他们中的四个人作为不知疲倦的战友脱颖而出：多萝西·斯皮尔斯（Dorothy Spears）、玛克辛·斯万（Maxine Swann）、卡勒·佩尼曼（Caleb Peniman）和西尔维娅·佩克（Sylvia Peck）。

由于这个故事部分是我的家庭故事，我对他们的无尽支持深表感谢。我的父亲尤利安·施特劳斯（Julian Strauss）和继母贝齐·施特劳斯（Betsy Strauss）本身就是历史爱好者和作家。我要感谢我的兄弟姐妹们，威利、安妮、苏珊娜和蒂莉，感谢他们活泼的好奇心和幽默感。蒂莉，我的第一位挚友，我生命中的第一个好姐妹，在我最后一次德国之行中，她和我一起去了拉文斯布吕克。安妮跟我谈起了数学。我的母亲，凯蒂·尼科尔斯（Katie Nichols），是我的头号读者。她讲故事的天赋是我成为作家的原因。埃马纽埃尔·沙利耶（Emmanuelle Charlier）是我的研究助理，她找到了居居的家人，这开启了整个故事。乔治·鲍尔（George

Bauer）一直是我的同伴，他从未停止过对我的信任。最后，我的三个孩子不得不忍受一个经常忙于写作的母亲。我很抱歉，诺亚和伊丽莎，你们也染上了这个“病”。为了这本书，苏菲陪伴我走过了那么多的探索之旅，她的精彩见解，以及她帮助我管理录音机的善举是这个故事的一个组成部分。

章后注

第一章 埃莱娜

1. Much of the information about Hélène comes from the recorded interview I conducted with her in 2002.

2. I consulted several archives online about Valentin Abeille. I knew that Hélène had received an important agent in her favorite field near Tours around this time— someone who came with a suitcase of money, she said. Records show that Fantassin reentered France via a site near Tours, and Hélène was cited in her military records for hav- ing received and aided Fantassin. See "Valentin Abeille, un exemple pour les jeunes générations," *La Dépèche du Midi*, February 27, 1999, https://www.ladepeche.fr/article/1999/02/27/208084-valentin-abeille -un-exemple-pour-les-jeunes-generations.html.

3. Suzanne Maudet, *Neuf fillesjeunes qui ne voulaient pas mourir* (Paris: Ar- léa, 2004). I am deeply indebted to Zaza' s description of the nine women and to her book—it was this more detailed account of their escape that allowed me to begin my search. Many of the details of their escape come from her book, which I highly recommend to readers of French.

4. Nicole Clarence, "Lejournal de Nicole vingt ans après," *Elle* no. 962, May 29, 1964; Nicole Clarence, memorial website created by her daugh- ter and friends, http://nicoleclarence.com/-Francais-Home.

5. Jetske Spanjer and Ange Wieberdink, *Ontsnapt* (Escape), documen- tary film, Wieberdink Productions and Armadillo Film, 2010.

6. From my interview with Hélène' s daughter Martine Fourcaut on Feb- ruary 3, 2018.

7. For the purpose of this book I will call her Hélène, though she was known by the others as Christine. And in the Nazi records she is listed only as Christine.

8. Alan Bessmann and Insa Eschebach, eds., *The Ravensbrück Women's Concentration Camp: History and Memory*, exhibition catalogue (Berlin: Metropol, 2013).

9. Sarah Helm, *Ravensbrück: Life andDeath in Hitler's Concentration Camp for Women* (New York: Nan A. Talese/Doubleday, 2015), 651.

10. Germaine Tillion, *Ravensbrück* (Paris: Éditions du Seuil, 1988),

492.

11. Helm, *Ravensbrück*, 279.

12. Lise London, *La mégère de la rue Daguerre* (Paris: Seuil-Mémoire, 1995), 315.

13. From the transcript of Hélène' s interview with me.

14. Madelon L. Verstijnen, *Mijn Oorlogskroniek* (Voorburg: Verstijnen, 1991), 10 (Lon' s translation).

15. Margaret Collins-Weitz, *Sisters in the Resistance: How Women Fought to Free France 1940–1945* (New York:John Wiley & Sons, 1995), 92–93.

16. Hélène described this incident to me.

第二章　扎扎

1. Madelon L . Verstijnen, *Mijn Oorlogskroniek* (Voorburg: Verstijnen, 1991), 30 (Lon' s translation).

2. Sarah Helm, *Ravensbrück: Life andDeath in Hitler's Concentration Camp for Women* (New York: Nan A. Talese/Doubleday, 2015), 284.

3. Helm, *Ravensbrück*, 11.

4. The Nazi concentration camp system was guided by the principles the Nazi Party stood for. As summarized by the historian Nikolaus Wachsmann, these were "the creation of a uniform national commu- nity by removing any racial, political, or social outsiders; the sacrifice of the individual to achieve racial purity; the use of slave labor to build the fatherland; mastery of Europe and enslaving foreign nations so the Aryans could colonize the living spaces; and mass extermination of unwanted races and peoples, especially the Jews." Nikolaus Wachs- mann, *KL: A History of the Nazi Concentration Camp System* (London: Little, Brown, 2015), 6.

5. Germaine Tillion, *Ravensbrück* (Paris: Éditions du Seuil, 1988), 214ff. In August 1944 Tillion calculated that there were 58,000 women reg- istered at Ravensbrück, of whom 18,000 were dying. Calculating with 40,000 workers being rented out at 2.5 marks a day net (she deducted 1.5 as the cost of food, etc.), she estimated a profit of 100,000 marks a day, or 35 million marks annually.

6. Helm, *Ravensbrück*, 285.

7. Alan Bessmann and Insa Eschebach, eds., *The Ravensbrück Women's Concentration Camp: History and Memory*, exhibition catalogue (Berlin: Metropol, 2013), 190.

8. Helm, *Ravensbrück*, 378.

9. Lise London, *La mégère de la rue Daguerre* (Paris: Seuil-Mémoire,

1995), 327–328.

10. Sangnier was a remarkable man. He was a French Roman Catholic thinker and politician who in 1894 founded a socialist Catholic movement. He also founded a newspaper, *La Démocratie,* which campaigned for equality for women and for proportional representation at elections.

11. Juliette Bes, *Une jeune fille qui a dit: non* (Perpignan: Cap Bear Éditions, 2011), 10.

12. From the website of the Leipzig Nazi Forced Labour Memorial, Gedenkstätte für Zwangsarbeit Leipzig, https://www.zwangsarbeit-in-leipzig.de/en/nazi-forced-labour-in-leipzig/ns-forced-labour-in-leipzig.

13. Wolfgang Plaul was the commandant of HASAG Leipzig Schönefeld, and Paul Budin was his superior, being the general manager. Plaul dis- appeared at the end of the war and was never found, nor tried for his war crimes. It is assumed that Budin committed suicide with his wife in April 1945, when he blew up the company' s head office building in Leipzig. No HASAG personnel were put on trial at the International Military Tribunal in Nuremberg.

14. London, *La mégère*, 330.

15. Felicja *Karay, HASAG-Leipzig Slave Labour Camp: The Strugglefor Sur- vival Told by the Women and Their Poetry, trans. Sara Kitai* (Portland, OR: Vallentine Mitchell, 2002), 156.

16. Karay, *HASAG-Leipzig*, 157.

17. Karay, *HASAG-Leipzig*, 93.

18. Guillaume Leplâtre, email to author, December 10, 2018.

19. The description of how Hélène sabotaged the furnaces and her friendship with Fritz Stupitz came from my interview with her.

20. Verstijnen, *Mijn Oorlogskroniek*, 28.

21. Guillaume Leplâtre, email to author.

22. London, *La mégère*, 359– 362.

23. Daniel Blatman, *The Nazi Death Marches, 1944 –1945*, Online Ency- clopedia of Mass Violence, August 28, 2015, accessed April 27, 2020, http://bo-k2s.sciences-po.fr/mass-violence-war-massacre-resistance / en/document/nazi-death-marches-1944-1945, ISSN 1961-9898.

24. Amicales et associations des camps, *Les évasions des marches de la mort, janvier–février et avril– mai 1945*, Conférence débats, Hôtel de ville de Paris,January 12, 2012, 14.

25. Jorge Semprun, *Exercices de survie* (Paris: Éditions Gallimard, 2012), 118.

26. From Zaza' s unpublishedjournal, given to me by Zinka' s daughter, France.

27. Suzanne Maudet, *Neuf filles jeunes qui ne voulaient pas mourir* (Paris: Arléa, 2004), 26.

28. Maudet, *Neuf filles*, 21.

29. Nicole Clarence, interviewed by Raphaël Enthoven, *À voix nue,* France-Culture, 2005 (author' s translation).

30. Verstijnen, *Mijn Oorlogskroniek,* 60.

第三章　妮科尔

1. Felicja Karay, *HASAG-Leipzig Slave Labour Camp: The Struggle for Sur- vival Told by the Women and Their Poetry*, trans. Sara Kitai (Portland, OR: Vallentine Mitchell, 2002), 220.

2. Suzanne Maudet, *Neuf filles jeunes qui ne voulaient pas mourir* (Paris: Arléa, 2004), 33.

3. Nicole Clarence, Visual History Archive, USC Shoah Founda- tion, 1999, interviewed by Hélène Lévy-Wand Polak on February 16, 1996, accessed at the American University in Paris on April 15, 2019.

4. Nicole Clarence, from her private, unpublished writing, shared with me by her daughter.

5. I am deeply indebted to Nicole’ s daughter for showing me her mother’ s unpublished writing about her childhood and her time in the Résistance. The following section is largely based on those documents written by Nicole, as well as her video interview at the George and Irina Schaeffer Center for the Study of Geno- cide, Human Rights and Conflict Prevention, USC Shoah Founda- tion’ s Visual History Archive, American University of Paris, France, and the memorial website her daughter created after Nicole’ s death, http://nicoleclarence.com/Francais-Home, last accessedJanuary 2020.

6. After the war, Marie-Madeleine Fourcade took on the duty of ensuring that the 431 agents who died under her command were not for- gotten. She spent years caring for the survivors and their families. She published a memoir titled *L'arche de Noé, réseau Alliance 1940–1945* (Paris: Plon, 1989).

7. The Sicherheitsdienst’ s first director was Reinhard Heydrich, the man whose assassination would lead to the experimentation on the women in Ravensbrück, the lapins. Sarah Helm, *Ravensbrück: Life and Death in Hitler's Concentration Campfor Women* (New York: Nan A. Talese/Doubleday, 2015), 210.

8. Denise was working in the Résistance while her parents and younger sisters were living in Nice. They were rounded up and her parents were murdered in Auschwitz. Her sisters, also rounded up, would survive. Denise

was later captured, tortured by the Gestapo, and imprisoned in Ravensbrück and Mauthausen.

9. From private papers written by Nicole, shared with the author by her daughter.

10. Helm, *Ravensbrück*, 403.

11. Clarence, Visual History Archive.

12. Maudet, *Neuf filles*, 56.

第四章　隆和居居

1. From Zaza' s unpublishedjournal.

2. Nicole Clarence, from her unpublished journal, "Le journal de Nicole version complète," given to me by Marc Spijker, 7 (author' s translation).

3. Madelon L . Verstijnen, *Mijn Oorlogskroniek* (Voorburg: Verstijnen, 1991), 65 (Lon' s translation).

4. Verstijnen, *Mijn Oorlogskroniek,* 66.

5. Some of the information about Joanna Szuma ńska comes from Lon' s book, but also from Felicja Karay, *HASAG-Leipzig Slave Labour Camp: The Struggle for Survival Told by the Women and Their Poetry*, trans.

Sara Kitai (Portland, OR: Vallentine Mitchell, 2002), 50 – 51, 112– 113.

6. Verstijnen, *Mijn Oorlogskroniek*, 66 – 68.

7. Amicale de Ravensbrück, *Lesfrançaises à Ravensbrück* (Paris: Éditions Gallimard, 1965), 158.

8. Sarah Helm, *Ravensbrück: Life andDeath in Hitler's Concentration Camp for Women* (New York: Nan A. Talese/Doubleday, 2015), 90.

9.Juliette Bes, *Unejeunefille qui a dit: non* (Perpignan: Cap Bear Éditions, 2011), 14.

10. Amicale de Ravensbrück, *Lesfrançaises à Ravensbrück*, 217.

11. Amicale de Ravensbrück, *Lesfrançaises à Ravensbrück*, 185.

12. Margarete Buber-Neumann, *Milena*, trans. Ralph Manheim (London: Collins Harvill, 1989), 3.

13. Verstijnen, *Mijn Oorlogskroniek*, 96.

14. Verstijnen, *Mijn Oorlogskroniek*, 54.

15. I am indebted to Guigui' s family for detailed information about her character and childhood. I had conversations with Olivier Clémentin and his mother, Laurence Spijker Clémentin, on November 18, 2018, and further email exchanges and letters. I also had many conversations and emails with Marc Spijker, and correspondence with Guigui' s grand- children.

16. Bes, *Unejeunefille*, 13.

17. Helm, *Ravensbrück*, 367.

18. Verstijnen, *Mijn Oorlogskroniek*, 20.

19. Verstijnen, *Mijn Oorlogskroniek*, 24.

20. Verstijnen, *Mijn Oorlogskroniek*, 24.

21. Bes, *Unejeunefille*, 61.

第五章　津卡

1. Lise London, *La mégère de la rue Daguerre* (Paris: Seuil-Mémoire, 1995), 361. London talks about “Zimka” making a cigarette case for her husband using a strip from her mattress.

2. Madelon L . Verstijnen, *Mijn Oorlogskroniek* (Voorburg: Verstijnen, 1991), 79 (Lon’ s translation).

3. Verstijnen, *Mijn Oorlogskroniek*, 78.

4. Verstijnen, *Mijn Oorlogskroniek*, 80.

5. Most of my information about Odette Pilpoul comes from the Archives Nationales, Pierrefitte-sur-Seine, dossier 72AJ/2172.

6. London, *La mégère*, 159.

7. London, *La mégère*, 293.

8. London, *La mégère*, 307.

9. London, *La mégère*, 308.

10. Musée de le Résistance et de la deportation du Cher, Archives départementales du Cher, témoignages audiovisuels portant sur la Seconde Guerre mondiale, Cote: 8NUM, Guette, Renée, 8NUM/53, 2004, 2 CDs.

11. Verstijnen, *Mijn Oorlogskroniek*, 95.

12. This story was told to me by Gilles Châtenay during an interview, July 21, 2019.

13. I have imagined this scene. With the dates, I think there is a good chance that Zinka was on this transport that was bombed near Château-Thierry, but I can' t be certain.

14. Sarah Helm, *Ravensbrück: Life and Death in Hitler's Concentration Campfor Women* (New York: Nan A. Talese/Doubleday, 2015), 210 –235.

第六章　若塞

1. Information about this event comes from several sources but mostly

the website https://www.zwangsarbeit-in-leipzig.de/en/nazi-forced -labour-in-leipzig.

2. Suzanne Maudet, *Neuf filles jeunes qui ne voulaient pas mourir* (Paris: Arléa, 2004), 77.

3. Maudet, *Neuf filles*, 78.

4. Amis de la Fondation pour la Mémoire de la Déportation de l' Allier, web page about Joséphine Bordanava, http://www.afmd-allier.com / PBCPPlayer.asp?ID=1532755.

5. Most of the information about Moussa Abadi and Odette Rosenstock comes from Fred Coleman, *The Marcel Network* (Dulles, VA: Potomac Books, 2013).

6. Coleman, *The Marcel Network*, 11.

7. Coleman, *The Marcel Network*, 12.

8. The Forts' work with the Marcel network was honored after the war when they received the designation "Righteous Among Nations" from the State of Israel at the Yad Vashem memorial inJerusalem.

9. Amis de la Fondation pour la Mémoire de la Déportation de l' Allier, web page aboutJoséphine Bordanava.

10. 425 rue de Paradis was the infamous site used by the terrible Ernst Dunker, a low-level thug who rose to prominence in the Gestapo for

his efficient use of brutal torture to decimate the Résistance in Mar- seille. He took part in the arrest ofJean Moulin and the execution or deportation of hundreds of Resistance fighters. Known as the "Black Legend of Marseilles," he was condemned to death and executed in 1950.

第七章　雅基

1. Information about recipe books comes from Anne Geor- get, a journalist and documentary filmmaker. Her film *Festins imaginaires* (Planète+, 2015) covers the subject of recipe books made in all kinds of prison camps and extreme conditions. She also wrote a book with Elsie Herberstein, *Les carnets de Minna* (Paris: Seuil, 2008).

2. Suzanne Maudet, Neuf filles jeunes qui ne voulaient pas mourir (Paris: Arléa, 2004), 91.

第八章　梅娜

1.Jean-Pierre Leplâtre, phone interview on December 8, 2018.

2. Guillaume Leplâtre, email to author, December 11, 2018.

3. Albert Starink, "Mémoires pour ses enfants Casper, Dorin et Reiner," written in Dutch in April 1995 and sent to Guigui inJune 1995, trans- lated into French in October 2019 by Marc Spijker.

4. Marceline Loridan-Ivens, *Et tu n'es pas revenue* (Paris: Éditions Grasset, 2015), 63.

5. Lise London, *La mégère de la rue Daguerre* (Paris: Seuil-Mémoire, 1995), 349.

6. London, La mégère, 350.

7. Amicale de Ravensbrück, *Lesfrançaises à Ravensbrück* (Paris: Éditions Gallimard, 1965), 203.

8. Sarah Helm, *Ravensbrück: Life andDeath in Hitler's Concentration Camp for Women* (New York: Nan A. Talese/Doubleday, 2015), 418.

9. Helm, Ravensbrück, 420. This was reported to Sarah Helm by Marie-Jo Chombart de Lauwe in an interview. In Valentine Goby' s, Kinderzimmer (Arles: Actes Sud, 2015), she confirms that of the thirty- one babies who survived until liberation, three were French: Sylvie Aymler (born March 1945), Jean-Claude Passerat (born November 1944), and Guy Poirot (born March 1945).

10. "Children at the Bergen-Belsen Concentration Camp," traveling exhibition with the Bergen-Belsen Memorial, Diana Gring, curator. Seen at the Ravensbrück Memorial in February 2019, http://kinder-in -bergen-

belsen.de/en/home#stations.

第十章　重返人间

1. William W. Quinn, *Dachau* (San Francisco: Normandy Press, 2015).

2. Suzanne Maudet, *Neuf filles jeunes qui ne voulaient pas mourir* (Paris: Arléa, 2004), 136.

3. The exact numbers vary widely— some accounts say as many as 30,000 were saved, but 15,000 is the Swedish Red Cross' s own estimate from a report published in 2000, https://www.redcross.se/contentassets/ 4b0c5a08761c417498ddb988be6dd262/the-white-buses.pdf.

4. Sarah Helm, Ravensbrück: *Life andDeath in Hitler's Concentration Camp for Women* (New York: Nan A. Talese/Doubleday, 2015), 594.

5. Helm, *Ravensbrück*, 622.

6. Marceline Loridan-Ivens, *Et tu n'es pas revenue* (Paris: Éditions Grasset, 2015), 35.

7. Anonymous, *A Woman in Berlin*, 176.

8. Most of the information about these few weeks after they found the US soldiers comes from Suzanne Maudet' s unpublished journal, shared

with me by France Dubroeucq.

9. Amicale de Ravensbrück, *Lesfrançaises à Ravensbrück*, 285.

第十一章　归家之路

1. Amis de la Fondation pour la Mémoire de la Déportation (AFMD), *Lutetia, 1945, Le retour des déportés*, exhibition catalogue, 2015, 17.

2. AFMD, *Lutetia, 1945, Le retour des déportés*, 17.

3. AFMD, *Lutetia, 1945, Le retour des déportés*, 19.

4. Nicole Clarence, Visual History Archive, USC Shoah Foundation, 1999, interviewed by Hélène Lévy-Wand Polak on February 16, 1996, accessed at the American University in Paris, April 15, 2019.

5. Albert Starink, "Mémoires pour ses enfants Casper, Dorin et Reiner," written in Dutch in April 1995 and sent to Guigui inJune 1995, trans- lated into French in October 2019 by Marc Spijker.

6. From interview with Guigui' s daughter, Laurence Spijker Clémentin, on November 18, 2018, in Paris.

7. From phone interview with Mena' s son-in-law, Jean-Louis Leplâtre, on December 7, 2018.

8. From phone interview with Mena’ s grandson, Guillaume Leplâtre, on December 19, 2018.

9. AFMD, *Lutetia, 1945, Le retour des déportés*, 47.

10. From interview with Laurence Spijker Clémentin, November 18, 2018, in Paris.

第十二章　只是个再见

1. Suzanne Maudet, *Neuf filles jeunes qui ne voulaient pas mourir* (Paris: Arléa, 2004), 10.

2. From interview with Zaza’ s nephew, Pierre Sauvanet, with Sophie Strauss Jenkins and Anne-Florence Sauvanet, on November 10, 2018, in La Rochelle.

3. M. Gerard Fromm, ed., *Lost in Transmission: Studies of Trauma Across Generations* (London: Karnac, 2012), xvi.

4. Ilany Kogan, “The Second Generation in the Shadow of Terror,” in *Lost in Transmission: Studies of Trauma Across Generations*, ed. M. Gerard Fromm (London: Karnac, 2012), 7.

5. From interview with Martine Fourcaut, on February 3, 2018, in Paris.

6. Dori Laub, “Traumatic Shutdown of Narrative and Symbolization:

A Death Instinct Derivative?," in *Lost in Transmission: Studies of Trauma Across Generations*, ed. M. Gerard Fromm (London: Karnac, 2012), 37.

7. Howard F. Stein, "A Mosaic of Transmissions After Trauma," in *Lost in Transmission: Studies of Trauma Across Generations*, ed. M. Gerard Fromm (London: Karnac, 2012), 175.

8. Most of the description of thisjourney home comes from the documentary *Ontsnapt*, the filmed interview of Lon, and Lon' s book.

9. From interview with Lon' s daughter, Patricia Elisabeth Frédérique Wensink, and Wladimir Schreiber, Lon' s son-in-law, February 23, 2020. They shared with me private documents and photos, and we had fur- ther email exchanges.

10. "The Mauthausen Concentration Camp 1938– 1945," Mauthausen Memorial, https://www.mauthausen-memorial.org/en/History/The-Mauthausen-Concentration-Camp-19381945.

11. Anne Sebba, *Les Parisiennes: Résistance, Collaboration, and the Women of Paris Under Nazi Occupation* (New York: St. Martin' s Press, 2016), 387.

12. Adrienne Rich, *On Lies, Secrets and Silence: Selected Prose 1966–78* (New York: W. W. Norton, 1985), 199; first published in an essay, "It Is the Lesbian in Us" in Sinister Wisdom 3, Spring 1977.

13. From Jacky' s military records, Service historique de la Défense,

Centre historique des archives, Vincennes, dossier GR 16 P 471442.

14. From phone interview with Jacky' s heir, Michel Lévy, on May 6, 2020.

15. From phone interview with Jacky' s friend Philippe Monsel, on December 6, 2018.

16. Gilles Châtenay, "La Psychanalyse, étrange et singulière," paper presented at the conference "Comment on devient analyste au XXIe siècle," Journées de l' École de la Cause freudienne, November 2009.

17. Madelon L. Verstijnen, *Mijn Oorlogskroniek* (Voorburg: Verstijnen, 1991), 95 (Lon' s translation).

18. From conversation with Gilles and Tom Châtenay on August 28, 2019, in Ménerbes.

19. From conversation with Zinka' s daughter, France Lebon Châtenay Dubroeucq, with her husband, Didier Dubroeucq, and Sophie Strauss Jenkins on March 3, 2019, in Die.

20. From interview with Martine Fourcaut, Hélène' s daughter, on February 3, 2019, in Paris.

致读者

1. The term “dark tourism” was coined in 1996 byJ.John Lennon and Malcolm Foley, two faculty members of the Department of Hospitality, Tourism, and Leisure Management at Glasgow Caledonian Univer- sity. Dark tourism involves travel to places historically associated with death, suffering, and tragedy.

参考文献

书籍、文章、新闻通信和网站

Alexievich, Svetlana. *Last Witnesses: An Oral History of the Children of World War II*. Richard Pevear and Larissa Volokhonsky, translators. New York: Penguin Random House, 2019.

Alexievich, Svetlana. *The Unwomanly Face of War: An Oral History of Women in World War II*. Richard Pevear and Larissa Volokhonsky, translators. New York: Random House, 2017.

Amicale de Ravensbrück et Association des déportées et internés de la Résistance. *Les françaises à Ravensbrück*. Paris: Éditions Gal- limard, 1965.

Amicales et associations des camps d’ Auschwitz (UDA et Cercle d’ étude de la déportation et de la Shoah), Bergen-Belsen, Buchenwald-Dora, Dachau, Langenstein, Mauthausen, Neuen- gamme, Ravensbrück, Sachsenhausen. *Les évasions des marches de la mortjanvier–février et avril–mai 1945*. Conférence débats, Hôtel de ville de Paris,January 12, 2012.

Amis de la Fondation pour la Mémoire de la Déportation. *Lu- tetia, 1945, le retour des déportés*. Catalogue for the exhibition on the seventieth anniversary of the liberation of the camps, 2015.

Amis de la Fondation pour la Mémoire de la Déportation de l’ Allier. “Bordonava, Joséphine, parfois orthographié Bordanava.” http:// www.afmd-allier.com/PBCPPlayer.asp?ID=1532755.

Anonymous. *A Woman in Berlin, Diary 20 April 1945 to 22 June 1945*. Philip Boehm, translator. London: Virago Press, 2006. (First pub- lished 1954.)

Assouline, Pierre. *Lutetia*. Paris: Éditions Gallimard, 2005.

Berr, Hélène. *Journal 1942–1944*. Paris: Éditions Tallandier, 2008.

Bes, Juliette. *Une jeune fille qui a dit: non*. Perpignan: Cap Bear Éditions, 2011.

Bessmann, Alan, and Insa Eschebach, editors. *The Ravensbrück Women’s Concentration Camp, History and Memory*. Exhibition catalogue. Berlin: Metropol, 2013.

Boivin, Yves. *Les condamnées des Sections spéciales incarcérées à la Maison centrale de Rennes, déportées les 5 avril, 2 mai et 16 mai 1944.* Mono- graph, January 2004, http://www.cndp.fr/crdp-rennes/crdp/crdp _ dossiers/dossiers/condamneesRennes/comdamnes.pdf.

Bouju, Marie- Cecile. *Notice FELD Charles, Léon, Salomon*. Version posted online March 8, 2009, http://maitron-en-ligne.univ-paris1 .fr/spip.php?article24892, last updated April 30, 2015.

Buber-Neumann, Margarete. *Milena*. Ralph Manheim, translator. London: Collins Karvill, 1989.

Castelloe, Molly S. "How Trauma Is Carried Across Generations." *Psychology Today*, May 2012, https://www.psychologytoday.com /us/blog/the-me-in-we/201205/how-trauma-is-carried-across -generations.

Châtenay, Gilles. "La Psychanalyse, étrange et singulière." Paper pre- sented at the conference "Comment on devient analyste au XXIe siècle," Journées de l' École de la Cause freudienne, November 2009.

Chevrillon, Claire. *Une Résistance ordinaire*. Paris: Éditions du Félin,1999.

Clarence, Nicole. Interview 9722, Visual History Archive, USC Shoah Foundation, 1999, accessed at the George and Irina Schaeffer Cen- ter for the Study of Genocide, Human Rights and Conflict Preven- tion, at the American University of Paris, France, on August 26,2019.

Clarence, Nicole. "Lejournal de Nicole vingt ans après." *Elle*, no. 962, May 29, 1964.

Clarence, Nicole. Memorial website created by her daughter and friends, accessed January 2020, currently unavailable as of Sep- tember 2020, http://nicoleclarence.com/-Francais-Home.

Cognet, Christophe. *Eclats: Prises de vue clandestines des camps nazis.* Paris: Éditions du Seuil, 2019.

Coleman, Fred. T*he Marcel Network: How One French Couple Saved 527 Children from the Holocaust.* Dulles, VA: Potomac Books, 2013.

Collection Résistance Liberté-Mémoire. *Femmes dans la guerre, 1940–1945*. Paris: Éditions du Félin, 2003.

Delbo, Charlotte. *Aucun de nous ne reviendra.* Paris: Les Éditions de Minuit, 1970.

Delbo, Charlotte. *Le convoi du 24janvier*. Paris: Les Éditions de Minuit, 1965.

Desnos, Robert. *Destinée arbitraire*. Paris: Éditions Gallimard, 1975.

Durand, Pierre. *La chienne de Buchenwald.* Paris: Messidor/Temps Actuels, 1982.

Eger, Edith Eva. *The Choice.* New York: Scribner, 2017.

Fallada, Hans. *Every Man Dies Alone.* Brooklyn, NY: Melville House,

2009.

Femmes résistantes. Sénat de France. Taped interviews of survivors. Jac- queline Fleury is one of the *résistantes* interviewed at length. http://www.senat.fr/evenement/colloque/femmes_resistantes/webdoc /fleury.html.

Fleury, Jacqueline. "Témoinage de Jacqueline Fleury, née Marié ." http://lesamitiesdelaresistance.fr/lien17-fleury.pdf.

Fleury-Marié, Jacqueline. *Une famille du refus mais toujours l'espérance, recueils et récits 1914–1918 et 1939–1945*. Versailles:Jacqueline Fleury- Marié, 2013.

Fromm, M. Gerard, editor. *Lost in Transmission: Studies of Trauma Across Generations*. London: Karnac, 2012.

de Gaulle-Anthonioz, Geneviève. *La traversée de la nuit*. Paris: Seuil, 1998.

de Gaulle-Anthonioz, Geneviève, and Germaine Tillion. *Dialogues*. Paris: Éditions Plon, 2015.

Gildea, Robert. *Fighters in the Shadows*. London: Faber and Faber, 2015.

Hannah, Kristin. *The Nightingale*. New York: St. Martin' s Griffin, 2015.

Helm, Sarah. *Ravensbrück: Life and Death in Hitler's Concentration*

Camp for Women. New York: Nan A. Talese/Doubleday, 2015.

Herberstein, Elsie, and Anne Georget. *Les carnets de Minna.* Paris: Seuil, 2008.

Humbert, Agnès. *Notre guerre, journal de Résistance 1940–1945*. Paris: Éditions Tallandier, 2004.

Hunter, Georgia. *We Were the Lucky Ones*. New York: Penguin Books, 2017.

Karay, Felicja. *HASAG-Leipzig Slave Labour Camp for Women: The Strug- gle for Survival Told by the Women and Their Poetry.* Sara Kitai, trans- lator. Portland, OR: Vallentine Mitchell, 2002.

Koreman, Megan. *The Escape Line: How the Ordinary Heroes of Dutch Paris Resisted the Nazi Occupation of Western Europe*. New York: Oxford University Press, 2018.

Lasnet de Lanty, Henriette. *Sous la schlague*. Paris: Éditions du Félin, 2018.

Levi, Primo. *The Drowned and the Saved.* New York: Vintage International, 1989.

Levi, Primo. *Si c'est un homme*. Paris:Julliard, 1987.

London, Lise. *La mégère de la rue Daguerre*. Paris: Éditions du Seuil, 1995.

Loridan-Ivens, Marceline. *Et tu n'es pas revenu*. Paris: Éditions Grasset, 2015.

Mason, Bobbie Ann. *The Girl in the Blue Beret*. New York: Random House, 2012.

Maudet, Suzanne. *Neuf filles jeunes qui ne voulaient pas mourir*. Paris: Arléa, 2004.

Mémoires de la guerre. "Noël 1943, ils étaient huit enfants enfermés avec leurs mamans, courageuses patriotes, dans la sombre Cen- trale de Rennes." http://memoiredeguerre.free.fr/biogr/fournier /fournier-lalet.htm#deb.

Mendelsohn, Daniel. *The Lost: A Searchfor Six of Six Million*. New York: HarperPerennial, 2007.

Moorehead, Caroline. *A House in the Mountains: The Women Who Liberated Italy from Fascism*. New York: Penguin Random House, 2019.

Moorehead, Caroline. *A Train in Winter: An Extraordinary Story of Women, Friendship, and Resistance in Occupied France*. New York: HarperPerennial, 2012.

Morris, Heather. *The Tattooist of Auschwitz*. London: Zaffre, 2018.

Olsen, Lynne. *Madame Fourcade's Secret War: The Daring Young Woman Who Led France's Largest Spy Network*. New York: Penguin Random

House, 2019.

Núñez Targa, Mercedes. *El valor de la memoria, de la cárcel de Ventas al campo de Ravensbrück*. Seville: Renacimiento, 2016.

Pagniez, Yvonne. *Évasion 44, suivi de souvenirs inédits de la Grande Guerre*. Paris: Éditions du Félin, 2010.

Pavillard, Anne-Marie. "ADIR: S' entraider et témoigner." *Varia, matéri- aux pour l'histoire de notre temps,* no. 127– 128, 2018.

Quinn, William W. *Dachau*. San Francisco: Normandy Press, 2015.

Rayon de Soleil de Cannes. Website. http://www.rayondesoleilcannes .com.

Rich, Adrienne. *On Lies, Secrets and Silence: Selected Prose 1966– 78*. New York: W. W. Norton, 1985.

Roberts, Mary Louise. *What Soldiers Do*. Chicago: University of Chicago Press, 2013.

Sands, Philippe. *East West Street: On the Origins of "Genocide" and "Crimes Against Humanity."* New York: Vintage, 2017.

Sebald, W. G. *Austerlitz*. New York: Modern Library, 2011.

Sebba, Anne. *Les Parisiennes: Résistance, Collaboration, and the Women of Paris Under Nazi Occupation*. New York: St. Martin' s Press, 2016.

Semprun,Jorge. *Exercices de survie*. Paris: Éditions Gallimard, 2012.

de Silva, Cara, editor. *In Memory's Kitchen: A Legacy from the Women of Terezin*. Bianca Steiner Brown, translator. Lanham, MD: Rowman and Littlefield, 2006.

Sodaro, Amy. *Exhibiting Atrocity: Memorial Museums and the Politics of Past Violence*. New Brunswick, NJ: Rutgers University Press, 2018.

Thalmann, Rita. "L' oubli des femmes dans l' historiographie de la Ré- sistance." *Clio: Femmes, Genre, Histoire*,January 1995, http://journals .openedition.org/clio/513;DOI:10.4000/clio.513.

Tillion, Germaine. *Ravensbrück*. Paris: Éditions du Seuil, 1988.

Tillon, Raymonde. *J'écris ton nom*, Liberté. Paris: Éditions du Félin,

2002.

Verstijnen, Madelon L . *Mijn Oorlogskroniek*. Voorburg: Verstijnen, 1991.

Virgili, Fabrice. "Les 'tondues' à la Libération: Le corps des femmes, en- jeu d' une réaproppriation." *Clio: Femmes, Genre, Histoire*,January 1995, http://journals.openedition.org/clio/518;DOI:10.4000/clio.518.

Wachsmann, Nikolaus. *KL: A History of the Nazi Concentration Camps*. London: Little, Brown, 2015.

Weitz, Margaret Collins. *Sisters in the Résistance: How Women Fought to Free France 1940–1945*. New York:John Wiley & Sons, 1995.

Weston,Joe. "The GIs in Le Havre." Life, December 10, 1945.

电影和纪录片

Basty, Françoise. *Résistant mort en deportation*. Françoise Basty, 2015.

Bosche, Rose. *La rafle*. Legend, 2010.

Georget, Anne. *Festins imaginaires*. October Productions, 2014.

Lanzmann, Claude. *Shoah*. Aleph/Historia Films, 1985.

Loridan-Ivens, Marceline. *Lapetiteprairie aux bouleaux*. Studio Canal, 2004.

Resnais, Alain. *Nuit et brouillard*. Nouveaux Pictures, 1955.

Spanjer,Jetske, and Ange Wieberdink. *Ontsnapt*. Wieberdink Productions and Armadillo Film, 2010.

Wechsler, Maia. *Résistance Women*. Women Make Movies Release, 2000.

访谈（录）

Hélène Bénédite, with Eva Paillard, onJuly 8, 2002, in Paris.

Hélène’ s daughter, Martine Fourcaut, on February 3, 2019, in Paris.

Zaza’ s nephew, Pierre Sauvanet, with Sophie Strauss Jenkins and Anne-Florence Sauvanet, on November 10, 2018, in La Rochelle, and further email exchanges and letters.

Guigui’ s grandson, Olivier Clémentin, and his mother (Guigui’ s daughter), Laurence Spijker Clémentin, on November 18, 2018, and further email exchanges and letters.

Guigui’ s son, Marc Spijker, email and conversations beginning in September 2019. Marc shared Lon’ s own English translation of her book with me, as well as other Dutch texts he had translated about the Dutch-French resistance networks.

Nicole’ s daughter, on November 19 and 21, 2018, at La Batelière in Paris, and further phone calls and email exchanges. She also shared with me unpublished writings by her mother.

Jacky’ s cousin through her first marriage and heir, Michel Lévy, phone interview on May 6, 2020.

Jacky’ s friend Philippe Monsel, phone interview on December 6,

2018.

Mena’ s grandson, Guillaume Leplatre, email December 11, 2018, and phone interview on December 19, 2018.

Mena’ s son-in-law, Jean-Louis Leplâtre, phone interview on December 7, 2018.

Zinka’ s daughter, France Lebon Châtenay Dubroeucq, with her husband, Didier Dubroeucq, and Sophie Strauss Jenkins on March 3, 2019, in Die, and further emails.

Zinka’ s son, Gilles Châtenay, with his son, Thomas Châtenay,July 21, 2019, in Ménerbes, and further emails.

Documentary filmmakersJetske Spanjer and Ange Wieberdink, February 23, 2020, in Amsterdam.

Lon’ s daughter, Patricia Elisabeth Frédérique Wensink, and her husband, Wladimir Schreiber, February 23, 2020, in Amsterdam, and further email exchanges.

档案

Department “Collections” of the Mauthausen Memorial, KZ-

Gedenkstätte Mauthausen

Service historique de la Défense, le centre historique des archives,

Vincennes

Université Paris Nanterre, Archives de Denise Vernay

Archives Nationales, Pierrefitte-sur-Seine

Musée de la Résistance et de la Déportation du Cher, Archives départementales du Cher, Témoignages audiovisuels portant sur la Sec- onde Guerre mondiale

The George and Irina Schaeffer Center for the Study of Genocide, Human Rights and Conflict Prevention, USC Shoah Foundation's Visual History Archive, American University of Paris, France

International Tracing Service, Bad Arolsen

Archiv Mahn-und Gedenkstätte Ravensbrück

Leipzig Nazi Forced Labour Memorial, Gedenkstätte für Zwangsar- beit Leipzig

United States Holocaust Memorial Museum, Washington, DC